山东省社会科学规划研究项目"民主执政视阈下的中国网络民主参与实效研究"（批准号16CDJJ03）

中共山东省委党校创新工程科研支撑重大项目"网络空间民主参与实效研究"（编号：2017CXZ005）

刘树燕 著

网络空间民主参与的演进与对策研究

WANGLUO KONGJIAN MINZHU CANYU DE YANJIN YU DUICE YANJIU

中国书籍出版社
China Book Press

图书在版编目（CIP）数据

网络空间民主参与的演进与对策研究/刘树燕著．
—北京：中国书籍出版社，2018.11
ISBN 978 - 7 - 5068 - 7122 - 8

Ⅰ.①网… Ⅱ.①刘… Ⅲ.①互联网络—影响—民主
—研究 Ⅳ.①D082

中国版本图书馆 CIP 数据核字（2018）第 263966 号

网络空间民主参与的演进与对策研究

刘树燕 著

责任编辑	李 新	
责任印制	孙马飞 马 芝	
封面设计	中联华文	
出版发行	中国书籍出版社	
地 址	北京市丰台区三路居路 97 号（邮编：100073）	
电 话	（010）52257143（总编室） （010）52257140（发行部）	
电子邮箱	eo@ chinabp. com. cn	
经 销	全国新华书店	
印 刷	三河市华东印刷有限公司	
开 本	710 毫米×1000 毫米 1/16	
字 数	262 千字	
印 张	15.5	
版 次	2018 年 11 月第 1 版 2020 年 11 月第 2 次印刷	
书 号	ISBN 978 - 7 - 5068 - 7122 - 8	
定 价	78.00 元	

目　录
CONTENTS

导　论

一、选题依据和研究意义

进入新时代，在中国特色社会主义建设进程中，网络空间民主参与对我国社会生产生活各个方面均产生深刻影响，成为党领导人民实现中华民族伟大复兴历史使命需要解决的崭新课题。作为我国现代化过程中的一个新事物，在推进社会主义民主政治伟大实践时，如何实现以网络空间民主参与的健康发展助力"党的领导、人民当家作主、依法治国有机统一"，既发展网络空间民主参与又有效防范新时代中国特色社会主义发展进程中潜在的政治风险，成为社会各界高度关注的重大课题。

（一）选题依据

本研究基于如何破解下述四个问题展开研究。

1. 借力网络空间民主参与推进人民当家作主成为社会热点问题

自 20 世纪末起，以互联网为支撑的网络空间民主参与在我国逐渐孕育崛起。随着网络空间民主参与逐渐发育、党的建设理论日渐丰富、党的工作实践逐步推进，网络空间民主参与对我国民主政治建设和党的工作方式变革影响日甚，党的工作方式乃至整个中国民主政治发展的外在环境和内部运行都发生了重大变迁。

人民当家作主，是社会主义中国的政治主题。近年来，以网络问政、网络投票、网络舆情等为载体的网络空间民主参与形式，均给我国民主政治发展和党的建设进程带来了机遇和挑战。这不仅成为政界关注的焦点，也成为学界的研究热点。网络空间民主参与改变我国政治文化生态环境构成要素，进而推动党领导人民治理国家的方式方法发展创新。运用网络空间民主参与独特优势催化现有政治生态，唤醒并培育公民的民主意识和公民意识，加速推进我国民主政治发展进程，以党和政府工作实践的落实为抓手，使社会主义民主在推进实现人民当家作主进程中迈出更大步伐。

我们党高度重视工作方法和方式创新。党重视顺应工作环境变迁进行工作方式变革，重视以工作方式的科学化和现代化来推进人民当家作主实践。2004年9月，在十六届四中全会上，中国共产党大胆地解放思想，勇于改革创新，推动执政理论不断向前迈进，完整提出了"科学执政、民主执政、依法执政"等理念和战略目标。之后，党的十七大有两个相关点非常引人关注：其一，十七大报告鲜明指出，党和社会主义中国政治经济的各项发展，要坚持党总揽全局的领导核心作用；党要利用一切有利条件，努力提高自身的科学执政、民主执政、依法执政水平；在"三执政"的指引下，保证领导人民开展有效治理国家的伟大实践；报告提出，各级党的组织机构和领导部门都要探索科学执政、民主执政、依法执政的实质内涵，按照"三执政"要求，在实践中切实改进领导班子作风，提高党领导群众进行社会主义建设的执政本领，适应现代社会发展特点改善领导方式，改善执政方式。其二，党的十七大修订通过的《中国共产党章程（修正案）》，高瞻远瞩，求真务实，与时俱进，明确要求党要适应改革开放的要求，适应社会主义现代化建设的内在规律性和特殊性，在坚持科学执政、民主执政、依法执政条件下加强和改善党的领导，在新的世情、国情、党情中巩固党的执政地位，为实现全面小康社会打造坚实的领导核心。2012年，党的十八大报告总结阐述世情、国情、党情，明确提出新阶段党的建设总体规划和战略部署，使全党树立起更加注重改进党的领导方式的党建理念，重视工作方法方式的革新，并将之提高到以此保证党领导人民有效治理国家的高度。2017年，党的十九大报告重点强调了坚持以人民为中心、坚持人民当家作主的执政理念，人民主体地位进一步清晰，党把人民对美好生活的向往作为奋斗目标，把群众路线贯彻到治国理政全领域全过程全部活动中。人民是历史的创造者，立党为公，执政为民。国家治理体系和治理能力现代化和全面深化改革进程中，党的领导、人民当家作主、依法治国三者有机统一，"我国社会主义民主是维护人民根本利益的最广泛、最真实、最管用的民主"[①]，要改进党的工作方式方法，进一步将社会主义民主政治制度化、规范化、程序化，以此保证人民

---

① 习近平：《决胜全面建成小康社会　夺取新时代中国特色社会主义伟大胜利》，人民出版社2017年版，第36页。

依法通过各种途径和形式对国家事务、经济文化事业、社会事务等进行管理。

事实说明，国家发展、社会进步和党的建设，对完善党领导人民治理国家的方式方法的呼唤日益加强。优化党领导人民管理国家和社会事务的方式方法并促进其不断科学化、现代化，在党治国理政中的地位日益显著。网络空间民主参与作为党治国理政依存的政治生态的重要组成部分，作为党实现对国家领导的政治生态中的现代科技要素，正以与党治国理政互动日益密切的方式，彰显出二者的高度关联性，成为党治国理政应对发展机遇、调整风险格局必须解决好的重要课题。

2. 认知网络空间民主参与的功能和作用是学界尚在破解的课题

从网络空间民主参与兴起，至今已有20余年。关于如何认知网络空间民主参与功能，如何界定它在新时代我国社会主义民主政治发展中的作用与价值，学界分歧众多，实践领域也见仁见智。20余年网络空间民主参与发展历程，是否已展现出某些发展规律？回答这一问题，需探究网络空间民主参与的内涵、特征、影响因素、发展现状、发展趋势等基本概念和理论，需通过对网络空间民主参与的广泛考察加以解决。在网络空间民主参与发展中，如何实现党领导人民治理国家的方式方法适应新时代要求，避免民众在虚拟空间走入"沉默的螺旋"，避免党和政府的工作实践陷入网络舆论旋涡的陷阱，充分利用网络空间民主参与的积极作用，实现党和政府工作方式方法的创新，塑造党的良好形象，以更好地实现治国理政目标，是本研究拟解决的重要问题。

网络空间民主参与影响我国传统形式民主的丰富和发展，这是不争的客观事实。它恰是借助影响我国传统形式民主的丰富和发展等途径，进而影响党和政府的工作实践方式方法。网络具有"平等、直接、廉价、便捷"等特征，为充分表达民意畅通渠道。但网络空间民主参与的消极作用也不可轻视。网络空间民主参与与社会主义现行民主之间，存在着相互促进又彼此冲突的辩证关系。廉价便捷的网络空间民主参与，很容易发展成为网络民粹主义的温床。如何在推进我国民主政治进程中，加速党和政府工作内涵的丰富和发展，在发挥网络空间民主参与积极作用的同时避免其负面影响，这是本研究的核心问题。我国政府对互联网的管理和监督，辅以正确的价值取向引导，必然会推进网络空间民主参与与我国现代化治理体系的关联性实践，推进上述问题的深入研究和解决。

3. 探寻网络空间民主参与与我国党群、干群关系结合点以实现二者共进成为党面对的重大现实问题

有效应对网络空间民主参与给党和政府工作实践创新提出的新课题，逐渐成为新时代中国特色社会主义发展中的一个迫切问题。2001 年初，面对科技浪潮的冲击，江泽民围绕党的建设的条件变迁，对各地各部门的领导干部发出了学习新兴技术的号召，要求大家必须加紧学习网络化知识。他针对党的建设任务和社会发展历史阶段，向全党提出适应信息网络化特点的发展要求。这一思想成为推进党的工作方式方法适应网络空间民主参与政治生态的重要动力。2008 年 6 月，胡锦涛曾与网友之间有过一次亲密互动。在那次亲密互动中，胡锦涛对人民网"强国论坛"上的网友讲道：党和人民政府在领导社会主义建设进程中，强调以人为本、执政为民。这种执政理念，要求党政部门在做事情、作决策时，需要广泛听取人民群众的意见建议，要求各级部门集中人民群众的智慧，以把事情做好、把决策做对。胡锦涛还向在线的网友们指出，互联网是党和政府了解民情、汇聚民智的一个重要方式和渠道。2014 年 2 月 27 日，习近平主持召开中央网络安全和信息化领导小组第一次会议。会上，他强调指出了互联网已经融入社会生活方方面面的现实，同时指出互联网体现出深刻改变人们生产和生活方式的重要作用。2016 年 4 月 19 日，在全国网络安全和信息化工作座谈会上发表的讲话中，习近平向各界强调网信事业发展必须贯彻以人民为中心的发展思想。他进一步阐述说明网信事业要适应人民期待和需求，要让亿万人民共享互联网发展成果，使人民有更多获得感。习近平指出，网民来自老百姓，"老百姓上了网，民意也就上了网"；他要求"群众在哪儿，我们的领导干部就要到哪儿去"，并认为这一方式是领导干部联系群众的重要方式。习近平指出：各级党政机关和领导干部要学会通过网络走群众路线，经常上网看看，潜潜水、聊聊天、发发声，了解群众所思所愿，收集好想法好建议，积极回应网民关切、解疑释惑。2016 年 10 月 9 日，在中共中央政治局第三十六次集体学习中，习近平对网络强国建设提出了明确要求。他对提高网络管理水平，用网络信息技术推进社会治理等六个"加快要求"，全面推进政府决策科学化、社会治理精准化、公共服务高效化等内容，作为明确的工作要求作了指示。2018 年 4 月 20 日至 21 日，全国网络安全和信息化工作会议召开，习近平发表了重要讲话。讲话对领导干部要主动适应信息化要求作出指示，要求领导干部强化互联网思维。他强调指出，政务公开、党务公开要用信息化手段推进工作，同时要

用信息化手段解决企业、群众反映强烈的问题。

网络空间民主参与对党的工作方式方法的影响，已成为我国民主政治进程的一个重要变量，成为一个关键点。研究网络空间民主参与与党领导人民治理国家及社会二者之间的关系，成为新时代密切党群、干群关系，加强党的领导的重要内容。破解此题，要从网络空间民主参与发展的相关因素入手，提出以培育发展健康网络空间民主参与来推进党和政府工作创新的思路方法，形成网络空间民主参与发展与党和政府工作创新二者的良性互动。

4. 实现网络空间民主参与与牢牢掌握网络空间话语权相结合的专门性研究需加强深化

下文学术综述表明，关于党的执政的专题性研究成果颇丰，而关于网络空间民主参与的专题性研究成果相对少些，但也拥有一定的基础。将网络空间民主参与与掌握网络空间话语权结合到一起的研究相对薄弱，从政党执政视角研究网络空间民主参与的成果相对缺乏。这一学术研究状况，与科技对民主政治产生重大影响的现实不相吻合，与网络空间民主参与和新时代社会主义民主政治的发展需求存在一定差距，需要加强和深化。

（二）研究意义

计算机和网络技术的兴起，使网络空间民主参与对民主政治的影响成为中、西方关注的焦点和重点之一。在我国，网络空间民主参与的发育对民主政治建设的影响日益加强。党的十六届四中全会提出"科学执政、民主执政、依法执政"的战略目标，加速党的"三大执政"战略建设的步伐。在计算机技术和互联网技术的推动下，网络空间民主参与与党治国理政之间的互动日益加强，关联性日益明显。研究网络空间民主参与及其内部各要素之间的关系，是推进我国网络空间民主参与健康发展的重要内容，也是深入理解我国政党、政府、公民、社会关系的重要内容。

近年来，我国网络空间民主参与发展的作用和影响愈加凸显。2007 年，党的十七大报告提出要"提高党科学执政、民主执政、依法执政水平，保证党领导人民有效治理国家"的战略思想。十七大《中国共产党党章（修正案）》也明确提出："党要适应改革开放和社会主义现代化建设的要求，坚持科学执政、民主执政、依法执政，加强和改善党的领导。"2012 年，党的十八大报告中提出"坚持走中国特色新型工业化、信息化、城镇化、农业现代化道路"及"健全信息安全保障体系，推进信息网络技术广泛运用"的战略部署，将网络空间民主参与与党治国理政二者更加紧密地结合起来。2017 年，党的十九大报告提出，建设"网络强国"，"加强互联网内容建设，建立网络综合治理体系"，"善于运用互联网技术和信息化手段开展工作"。① 2017 年 12 月，中国网民数量达到 7.72 亿，互联网普及率达 55.8%。如此形势下，网络空间民主参与对党和政府工作的政治生态的影响可想而知，我国网络空间民主参与建设的研究价值愈发彰显。

1. 实践价值

我国党和国家领导人高度重视网络空间民主参与发展。这既是党对内外政治环境变化的准确把握，也是网络空间民主参与现实影响的重要反映。我国网络问政、网络民意、网络舆情等网络空间民主参与形式给党领导社会主义建设带来的影响及挑战，不仅是学界研究的热点，也是政界关注的焦点。如何加强网络空间民主参与建设，以应对网络空间民主参与给党和国家事业带来的影响，成为当前不断提高党的建设质量中一个迫切需要解决的重大课题。2014 年 12 月 31 日，习近平在发表 2015 年新年贺词时使用了"我们的各级干部也是蛮拼的""我要为我们伟大的人民点赞"② 等网络语言，成为党和政府在工作实践中关注网络民意、汇集网络民智的重要风向标。研究清楚网络空间民主参与的内涵和发展历程、网络空间民主参与发展中存在的问题和对策，成为新时期加强党的领导的必然要求，成为完善党和政府工作方式方法的一项重要内容，也成为引导网络空间民主参与健康发展的重要途径。这一培育和谐网络社会和健康网络公民的重要途径，是打造和谐网络空间的重要方法，是开展我国网络空间民主参与建设研究的现实价值。简言之，将我国网络空间民主参与建设研究纳入新时代语境下展开的实践意义主要集中于两方面：第一，有助于通过实际调研和案例分析，进一步判断在网络新时代党和国家建设事业面对的重大问题，为党确立正确的网络空间民主参与发展战略提供实证依据；第二，以推进党和国家事业发展为考察坐标，提出我国网络空间民主参与建设的对策和建议，有助于深入思考我国网络空间民主参与发展的总体原则、立场、思路和方式、方法，为提升公民民主素质，实现我国网络空间民主参与的健康发展，推进新时代中

---

① 习近平：《决胜全面建成小康社会　夺取新时代中国特色社会主义伟大胜利》，人民出版社 2017 年版，第 31、42、68 页。

② 《国家主席习近平发表二〇一五年新年贺词》，新华网，http://www.xinhuanet.com/politics/2014-12/31/c-1113846581.htm.

国民主政治进程，提供智力支持。

2. 理论价值

加强新时代条件下的我国网络空间民主参与建设研究，具有深远的理论意义。它是丰富和发展马克思主义政治理论的重要环节，也是新时代以推进我国网络空间民主参与建设方式来丰富社会主义民主、发展社会主义政治的重要内容。具体说，这一理论价值主要包括以下三个方面。

一是新时代深化党领导人民治理国家的理论的重要环节。1949 年中华人民共和国成立至今，党坚持走社会主义道路，带领人民执掌政权已有 69 年，并成功实现了从革命党到执政党的转变。从 2004 年十六届四中全会明确提出进行民主执政建设算起，至今也有 14 年时间。在"革命—执政—民主执政"的逻辑中我们党始终坚持"人民主权"思想，坚持"人民当家作主"的发展理念，成功带领全国人民取得了社会主义建设的伟大成就，创造了世界瞩目的辉煌。对党带领人民建设社会主义伟大事业来讲，这 10 余年的探索并非一帆风顺。它也是在对社会本质的思考和对社会主义发展方向的追问中，坚持并发展起来的。在这样的前提下，深化对党领导人民治理国家的理论的认识，正确认识党领导人民治理国家的过程中遇到的新挑战，显得格外重要。

与世界其他国家的执政党一样，对于执政 69 年的中国共产党来说，如何通过创新巩固党长期带领人民进行社会主义建设取得的伟大理论和实践成果，是一个重要课题。在社会主义建设道路上，我们党依然时刻承受着诸如互联网信息技术带来的网络空间民主参与新事物等各种执政风险的考验。面对新技术、新挑战、新风险，政权究竟该如何掌握？权力究竟该如何运用？这些问题始终考验着全党的经验和智慧。党领导人民治理国家究竟该如何推进？党的建设理论究竟该如何深化才能满足指导新的实践的需要？党必须深刻认识党的建设理论的新情况、新问题，认识清楚党的建设与时俱进的理论品质，主动地不断强化理论探索，适应互联网技术和网络空间民主参与发展以改进工作的方式方法，以工作方式创新和科学化来推动党的建设现代化。

二是新时代创新我国网络空间民主参与理论发展的重要内容。发展环境的优劣，对任何政党活动来说都至关重要。进入新世纪以来，世界政党的发展环境都发生了巨变。这种变化迫使各国政党不断调整以适应变化，顺应客观形势需要，以获得生存和发展。中国共产党也不例外。网络空间民主参与伴随科技进步融入人类社会政治体系，逐渐成为我们党的建设政治生态的重要内涵和组成部分，对新时代党的建设理论和实践产生了重大影响。同时，党的发展环境中信息化的变化尤其迅速，这要求中国共产党调整和顺应时代潮流的发展变革应更为及时。

党的发展环境是一个丰富多彩的要素系统。在这系统内，全球化的影响越来越大，我国社会主义制度和西方国家制度的较量也时隐时现。近些年来，在某些西方国家支持下，有不少个人和组织以民主名义来恶意围攻我国。更有甚者，有些别有企图的个人和组织，依靠某些国家或明或暗的唆使，罔顾我国和西方国家政治制度在不同国情中酝酿发展起来的事实，而就两者异同进行以颠覆社会主义制度为目的的粗暴比较和批评。诸如此类的言论和行为在网络世界中极其泛滥。民主本身是社会主义的本质属性和必然要求，党和政府工作的目的之一就是推进我国民主政治的进步和发展。如何应对虚假民主的挑战，创造和推进社会主义民主的发展和繁荣，是我国党和政府肩负的重要使命，也是我国党和政府工作实践发展创新的一项动因。考察我国政治生态环境，对我国政治生态环境保持清醒的认识，深化对我国党和政府工作环境的理论研究，有助于更好地优化环境，塑造环境，更好地推进我国民主政治发展进程。

网络空间民主参与作为党和政府工作环境新内容之一，加强对其研究是加强党领导人民治理国家的环境理论的必然要求。当前，对于网络空间民主参与与党领导人民治理国家的交叉研究相对薄弱。从文献综述中可以看出，在对网络空间民主参与与党领导人民治理国家的研究时，必然使用交叉学科研究的方法、技术和手段。我国发展进入新时代，怎样实现我国网络空间民主参与的健康发展，避免陷入网络舆论漩涡中，充分利用网络空间民主参与的积极功能以实现党领导人民治理国家的创新，是本研究的重要理论意义，也是本研究的重要宗旨。网络空间民主参与在发展中对传统民主形式的影响和改变显而易见。网络空间民主参与虽然以"平等、直接、廉价"等多重特征为充分表达民意畅通渠道，但其消极因素也不可忽视。廉价、"蒙面式"的网络空间民主参与，极易发展为"网络民粹主义"的温床。如何在发挥网络空间民主参与积极功能的同时克服其消极作用，是新时代我国网络空间民主参与建设研究的一个重要内容。

三是推进新时代社会主义民主政治建设进程的重要步骤。无论网络空间民主参与发展，还是党的发展创新，都对我国民主政治建设具有极其重要的意义。从网络空间民主参与发展来说，网络技术能否在我国得到合理应用，网络空间能否健康发育，网民的虚拟空间参与活动能否健康发展，网络空间民主参与是以推进现实社会民主的形式存在、活动，还是以反民主的形式存在、活动，这些问题都事关我国民主政治发展进程顺利与否。从党带领人民治理国家的角度看，党和政府工作的理论和实践能否正确、科学、合理地推进，党能否在治国理政中合理吸收网络空间民主参与的有利因素并塑造、引导网络空间民主参与健康发展，既关系到党的治国理政成效，关系到党的建设成效，也关系到以民主为媒介的国家、社会、公民之间关系的合理规范和调整。只有在正确的价值取向、制度保证、法制保障的情况下，网络空间民主参与和党领导人民治理国家实现共赢，我国民主政治建设进程才会少些曲折，多些成效。

总之，研究我国网络空间民主参与发展问题，是新时代国家和人民事业发展的需要，是新时代加强党的建设的需要，是我国民主政治发展的需要。加强我国网络空间民主参与发展研究具有现实的紧迫性和重要性，也具有理论建设的重要意义和价值。

二、国内研究综述

本研究基于网络空间民主参与与我国新时代历史方位中党和国家事业的互动关系理论，考察新时代我国网络空间民主参与的内涵、特征、价值、发展现状及作用机制等，分析思考新时代我国网络空间民主参与建设存在的障碍及对策。这既是一个关乎我国民主政治进程的重大理论问题，又是一个关乎我们党治国理政的重大现实问题。

目前，国内学界以新时代语境下的我国网络空间民主参与为题的研究成果较少，从政党执政视角研究网络空间民主参与的成果亦不丰富，具有很强的理论性和系统性的研究成果更是凤毛麟角，针对我们党执政和网络空间民主参与的独立专题研究较多。鉴于此，本研究对国内研究状况从以下三方面进行综述。

（一）中国共产党科学执政、民主执政、依法执政研究成果

党的执政特别是民主执政的代表性成果主要有：高新民《中国共产党活动方式研究》（浙江人民出版社 2006 年版），冯秋婷等《中国共产党执政方式探析》（中共中央党校出版社 2001 年版），杨绍华《科学执政　民主执政　依法执政——中国共产党执政方式问题研究》（人民出版社 2008 年版），袁曙宏《党的执政方式的深刻转变——论党依法执政》（载《求是》2005 年第 22 期），张恒山等《法治与党的执政方式研究》（法律出版社 2004 年版），姚桓《科学执政

对话录》（载《中国党政干部论坛》2005 年第 8 期），卢先福《执政也要高举民主的旗帜》（载《人民论坛》2005 年第 4 期），黄宗良《民主执政：社会主义根本的政治原则》（载《人民论坛》2005 年第 4 期），林亚兴《中国共产党与西方执政党执政方式比较及启示》（《莆田学院学报》2006 年第 6 期），项焱《政党执政方式比较研究》（载《求索》2010 年第 10 期）等。其他同类文章还有，如张紧跟《论民主执政》（载《岭南学刊》2005 年第 2 期），姚桓《关于民主执政若干问题的思考》（载《中国特色社会主义研究》2005 年第 3 期），胡伟《民主执政：中国共产党执政方式的新取向》（载《学术月刊》2005 年第 2 期），齐卫平《民主执政的理论视角》（载《探索与争鸣》2005 年第 2 期），秦立海《论民主执政》（载《长白学刊》2005 年第 3 期），张劲松、金太军《民主行政与民主执政》（载《毛泽东邓小平理论研究》2005 年第 7 期），张书林《党的民主化与民主执政》（载《中共福建省委党校学报》2006 年第 2 期），中共中央组织部党建所课题组《关于坚持民主执政若干问题的调研报告》（载《马克思主义与现实》2007 年第 1 期）等。

1. 关于基本概念

在民主执政问题研究中，对"民主执政"的基本概念进行解析，是探索党的执政方式问题的一个基本命题。党的十六届四中全会之后，伴随理论探索的深入，国内对执政方式的研究热情高涨，成果如雨后春笋般涌现。2007 年，在中共中央组织部党建所课题组的《关于坚持民主执政若干问题的调研报告》中，对十六届四中全会概括的"民主执政"概念进行学理肯定、概念阐释和内涵延伸，并作了内容和层次的系统分析。该研究报告认为，对民主执政内涵的探索，以十六届四中全会的论述和阐释最为完整和科学。课题组在研究报告中提出，十六届四中全会的阐释把党的民主执政的本质特征揭示出来，同时清晰地揭示出中国共产党民主执政的动力源泉；阐释告诉全党和人民民主执政要实现的根本目的以及实现这一目的的现实途径。从研究报告对民主执政相关内容的分析来看，其理论成果对于探讨执政方式问题已经达到一定深度，党对民主执政的探索已经向前迈进了一大步。

学界对民主执政的研究分析可再向前追溯。2005 年，姚桓在《关于民主执政若干问题的思考》中，对"民主执政"的基本含义作了高度概括。他以党的执政目的、执政依靠力量和执政方式之间的关系为坐标，提出两个观点：第一，中国共产党执掌政权的本质是为人民执政。围绕民主执政的性质，他认为党是为人民服务的，民主执政的根本目的就是实现党为人民服务的性质和宗旨。第二，他认为党执政有坚实的依靠力量，这个依靠力量就是人民，因此党的执政必须要在支持和保证人民当家作主的前提下来实现。这就要求党执政必须达到两个基本条件：一是党的权力运行必须要以符合民主政治要求为活动原则，二是党的权力运行必须通过民主的方式、以民主的多样化途径来进行。这是党能够靠人民执政必须达到的两个条件。姚桓提出的上述两个观点，前者是"核心和基础"，后者是"条件和保证"，相互依存，相辅相成，不可分割；二者共同体现出党的性质、宗旨，体现了社会主义制度优势。张紧跟在《论民主执政》中，通过对"政党""民主政治""国家政权"等政治范畴及其实践活动的观察、分析，阐述了对民主执政含义的理解。张紧跟认为，在最一般的意义上，民主执政主要应该包括"执政目标的民主化"和"执政方式民主化"两个方面。这两个方面是政党在民主政治的基础上获得，其内涵是一种实现党的目标的途径、方法和机制，其手段是对国家政权的掌握、运用和控制。胡伟在《民主执政：中国共产党执政方式的新取向》中，对"民主执政"的含义作了制度化、规范化、程序化角度的分析。秦立海在《论民主执政》中，从"人民当家作主"角度对"民主执政"概念进行解读。他认为民主执政从一般意义上讲是指执政党在治国理政中要施以民主方式，执掌政权中同时应遵循民主的原则和程序。秦立海的这一界定与胡伟对民主执政实践途径的解读相吻合。齐卫平在《民主执政的理论视角》中，对民主执政的内涵从学理视角作了分析。他指出，民主执政既是一个先进时代理念，又是一种执政方略。该文将民主执政的概念分析提升到党的执政经验总结的高度进行研究，实现了党的历史经验对新时期党建的推动和支持。

以"民主执政"概念为观察起点，学界还将之拓展到两对密切相关的民主范畴：一是民主执政和民主行政的关系，二是民主执政与党内民主的关系。前一范畴的代表性文章有张劲松、金太军的《民主行政与民主执政》等。该文提倡运用民主执政方式变革的"无缝隙"理念，从一个侧面佐证了运用网络民主推进党的执政的重要价值。文章借用经济学等学科理论，提出"无缝隙"政府在与民众进行沟通和联系时，宜最大限度地减少顾客（民众）为政民互动沟通所支付的成本，即实现行政行为的零顾客（将公民在沟通中的地位类比为商业行为中的顾客）成本，采取直接、快捷和低成本、高效率的方式，为民众的公共产品个性化需求提供面对面、多样化服务。这一理论实际上是一种降低民众当家作主成本的重要设想。上述几项关于低成本、直接、方便、快捷、高效的要求，恰恰是健康的网络民主给党治国理政所能提供的最大支持，是网络民主的优势。后一范畴的代表性文章有张书林的《党的民主化与民主执政》等。张书林认为，党要民主执政则"打铁先要自身硬"，必须首先重视党内民主的建设和完善问题，通过处理好党内民主与民主执政的关系，最终实现党内民主对民主执政的推进作用。上述两方面关系的论述，既有助于"民主执政"概念的准确化、科学化，也有助于对网络民主发展价值的深入认识，以及对其发展机制的设计。尤其是关于党内民主与民主执政逻辑关系的论述，是分析社会民主和网络民主、网络民主和党内民主、网络民主和民主执政关系的重要理论基础。

综合起来观察，学界已经对民主执政内涵进行了丰富的论述和深入的解读。这些论述概括起来，集中体现出三个特点。

一是研究者都高度重视"人民当家作主"的国家性质，并将之在"民主执政"概念分析中进行深入挖掘、拓展丰富。民主执政提升了人民群众在国家中的地位和重要性，体现了社会主义国家建设和谐社会的价值取向和追求。

二是研究者在民主执政概念分析中融入我国"依法治国"发展理念。民主执政与依法执政，与执政程序的制度化、法制化、程序化紧密结合，在民主执政进程中，推进国家行为、政府行为、公民行为的法制化，将党的执政方式与依法治国战略结合起来，推进党的建设和国家建设战略的融合式发展。

三是研究者将党的实事求是和改革创新精神展示在"民主执政"概念分析中，将务实、求真的共产党人品格和对民主执政的探索高度结合起来。民主执政无论从哪个角度分析和解读，都是党在自身建设中冲出藩篱、大胆革新、与时俱进的重要举措，都是党实践"三个代表"重要思想、科学发展观、习近平新时代中国特色社会主义思想的重大创新。

上述三个特点，既体现了民主执政这一范畴自身应有的内涵，也展示出研究者的观察思路和视角，为深入研究此课题及相关内容奠定了重要的理论基础。

2. 关于意义价值

刘新宜在《民主执政：当前执政能力建设的重中之重》（载《中国特色社会主义研究》2005年第1期）一文中，考察了我国目前面临的世情和国情。在对国内外历史经验和现实问题的观察中，作者论述了民主执政建设的重要价值。

张紧跟在《论民主执政》一文中，将民主执政的意义归纳为"领导方式和执政方式发展"视角、"历史经验总结"视角、"民主政治发展"视角都要求坚持民主执政三个要点。

罗恢远《论民主执政的客观依据及其基本要求》（载《学术论坛》2005 年第 9 期）从我国社会性质和党治国理政的视角入手，认为民主执政的重要性和必要性在于它是党治国理政的必然选择。罗恢远认为：（1）民主执政是社会主义的本质要求。他分别论述了我国国家属性问题，探讨了人民民主在国家中的地位问题，分析了人民当家作主在社会主义民主中的地位问题，从不同角度对社会主义的本质进行了论证，最终得出一个重要结论，即党的执政方式选择必然是民主执政。（2）民主执政是"三个代表"重要思想的本质要求。罗恢远分析认为，从逻辑上看，以立党为公、执政为民为桥梁，以"三个代表"的具体内容"党始终代表中国先进生产力的发展要求""党要始终代表中国先进文化的前进方向""党要始终代表中国最广大人民的根本利益"为纽带，"三个代表"重要思想和民主执政二者之间存在着密切的联系，民主执政是"三个代表"重要思想的本质要求。（3）民主执政是科学发展观的本质要求。作者分析认为，我们党经过深入探索，最终对科学发展观有了深刻的认识，认识到其本质是以人为本。以人为本，在社会主义民主政治中就是以人民为主体，践行社会主义理论。它要求深入理解坚持走民主执政道路的全面要求，深入理解真正实践人民当家作主的深刻意义，将二者结合起来，在落实人民民主权利中做好以人为本的大文章。选择民主执政，坚持民主执政，是我们党对执政规律认识的深化和实践；深入了解民情，以开阔的胸襟容纳四面声音，在各项决策中充分反映社会民意，将民智广泛地集中到党政部门的公务活动中。在党的执政中，以人民疾苦为核心，围绕人民切身利益办事，关注民生，珍惜民力，党和政府制定的发展政策才能够做到科学，才能使我国得到全面、协调、可持续的科学发展。

王道坤在《关于民主执政的几点思考》（载《社会主义研究》2005 年第 5 期）一文中，从政治学研究的视角，对我们党坚持实行民主执政的重要价值进行了分析，对实行民主执政的必要性、重要性和现实性都进行了归纳，顺理成章地得出民主执政发挥着多维功能的可靠结论。论文中，王道坤经过思考归纳，认为民主执政的功能主要指向六个方面：（1）民主执政与政治增长关系中的民主执政——能够促进政治增长；（2）民主执政与人民意愿关系中的民主执政——有利于更好地体现、反映人民意愿；（3）民主执政与利益机制关系中的民主执政——民主执政可以推进各方利益的协调与整合；（4）民主执政与社会关系中的民主执政——民主执政有利于维护社会稳定，有利于构建和谐社会；

（5）民主执政与政治文化和政治社会化关系中的民主执政——民主执政的进步，是推进政治文化发展的重要杠杆，是推动政治社会化的重要力量；（6）民主执政与政治认同关系中的民主执政——民主执政可以促进政治认同的提升。上述六个方面，包含了作者对社会主义制度内的民主执政与经济政治关系的理解，体现了作者对民主执政与民意表达的思考成果，包含了作者对民主执政与社会差异及价值冲突、民主执政与社会矛盾、民主执政与公民政治教育及政治文化发展、民主执政与政治认同等问题的理解，从而最终梳理出对于民主执政的功能价值的思考和归纳、探索和界定。

　　杨绍华在论文《科学执政、民主执政、依法执政的由来与意义》（载《山东社会科学》2008年第3期）中对党的执政方式问题进行了专门分析。作者站在党长期执政的历史发展视角进行观察，对民主执政等"三执政"的理论与实践意义进行了高度概括总结：（1）"三执政"概念的提出和运用，深化了中国共产党对自身执政环境和执政规律的认识，它是在当今社会条件下对马克思主义执政理论的重要推进和重大发展。（2）"三执政"是深入贯彻落实科学发展观、构建社会主义和谐社会的重要保证，是中国共产党领导人民全面建成小康社会的重要保证，是中国共产党领导人民建设现代化执政使命和开拓国家建设新局面的重要保证。（3）"三执政"是保持中国共产党组织和队伍先进性的必然要求，是提高中国共产党执政能力基础上巩固中国共产党执政地位的必然要求。杨绍华认为，"三执政"的提出不是偶然的，它是中国共产党执政发展的必然现象和规律总结。"三执政"既是中国共产党对自身执政规律认识深化的重要成就，也是中国共产党在实践为人民服务宗旨中得出的科学结论。运用和发展"三执政"，既是中国共产党因势利导、顺应潮流向人民作出的郑重承诺，是中国共产党的理性抉择，也是中国共产党自觉认识建设一个什么样的党、准确把握怎样建设党的必然结果。"三执政"从提出理念到成型再到实践演进历程，展现了中国共产党作为一个马克思主义执政党坚持先进性、保持共产党性质的动态过程，是中国共产党长期保持政党自觉、重理论重实践的必然结果。概言之，坚持"三执政"，是密切党群关系、实现中国共产党长期执政的必要条件，是中国共产党完成马克思主义政党执政使命的根本保证。

　　上述关于民主执政意义的探索，尊重历史经验，注重教训吸取，把党的发展战略伟大构想融合于国家建设重大战略中，按照人民主权价值取向，进行了多角度观察和总结。所有分析视角，归根到底，都可归结为一个事实：在我国当前国情下，在我们党当前发展阶段和历史使命、首要任务中，探索民主执政、实践民主执政具有极其重要的理论与实践价值。在这一问题上，学界和政界保持着认识上的高度一致性。

3. 关于执政实现路径的思考

罗恢远的《论民主执政的客观依据及其基本要求》（载《学术论坛》2005年第9期）提出，在我国社会主义政治系统中，党的民主执政的核心是真正落实人民当家作主。作者的这一结论将党的执政基础和民主执政的本质同时揭示出来。围绕这一核心，罗恢远认为，可供民主执政选择的实现路径有四项：（1）从认识视角上，要增强干部和群众的民主意识，这是立足于民主执政主体要素而选择的路径。（2）从制度视角上，要建立健全完善的民主执政制度，这是民主执政实践路径的硬件，是制度保障。（3）从体制视角上，要致力于完善民主执政的方式，进行宏观架构设计，按照总揽全局、统筹兼顾、协调各方的原则，处理好党委与人大、政府、政协等多方关系，这是以民主执政政治环境为坐标进行的路径选择。（4）从制约视角上，要强化对政府权力的有效监督，这是对民主执政实践进行的系统性架构。作者通过分析，将民主执政的软要素——民主意识、民主执政的硬要素——制度和机制，以及民主执政的环境要素——党际关系和人民监督四者结合，突出了社会主义国家人民当家作主的核心和本质主题。

姚桓对民主执政实现路径的分析，更具系统全面的特点。他在《关于民主执政若干问题的思考》（载《中国特色社会主义研究》2005年第3期）中提出，民主执政要推进和实现，必须坚持积极稳妥的现实对策和基本出路。他强调，在积极稳妥的对策和出路中，核心是要突出三要素：民主执政意识的强化、执政主体的优化和执政方式的完善。

秦立海在分析民主执政的实现路径时，注重着眼于党内民主和人民民主的紧密联系视角。他在《论民主执政》（载《长白学刊》2005年第3期）一文中提出实行民主执政必须坚持两项中心路径的思路。同时，作者高度强调民主执政建设必须重视加强执政制度建设，要推进民主执政制度化的实现和发展。秦立海把民主执政、人民民主、党内民主、党的决策科学化水平、国家权力运行监督等几个党的建设重大问题联系起来，纳入我国民主政治发展的宏观系统进行分析，强化了民主执政建设的重要意义，同时将民主执政的建设路径分析视野提高到新的高度。

刘绍春在《论民主执政的实现途径》（载《云南财经大学学报》2005 年第 4 期）中，对民主执政的实现路径设计更为宏观、系统。他直接将民主执政的实现路径纳入我国基本政治制度的层面进行分析，使民主执政的实现与整个国家的政治制度建设结合起来，与整个社会主义制度结合起来。这种分析视角既体现了党坚持民主执政、发展民主执政的历史价值，又体现了推进民主执政对党建设社会主义事业的重大影响。

由上述分析可知，目前阶段社会各界对民主执政的讨论和实现路径的设计，是在新的世情、国情、党情下展开的。所有的构想都围绕着党的建设和国家发展形势进行，与之密不可分。在当前国际、国内政治态势下，我们党站在新的历史阶段起点上对民主执政进行内涵丰富和路径研究，其结果必然最终落脚到实践党的宗旨——"人民"主题上来。

（二）网络空间民主参与的研究成果

网络空间民主参与研究领域，代表性成果主要集中在 2010 年以来。其中，以网络民主和网络政治为直接研究对象的主要作品有：郭小安《网络民主的可能及限度》（中国社会科学出版社 2011 年版），赵春丽《网络民主发展研究》（经济科学出版社 2011 年版），胡泳《网络政治：当代中国社会与传媒的行动选择》（国家行政学院出版社 2014 年版），李斌《网络政治学导论》（中国社会科学出版社 2006 年版），周宇豪《政治传播学》（武汉大学出版社 2013 年版），龙森《当代中国网络民主发展问题初探》（载《湖南第一师范学报》2006 年第 3 期），侯斌《试析"网络民主"特征及其对民主政治发展的影响》（《中共云南省委党校学报》2005 年第 1 期），宋迎法、刘新全《电子民主：网络时代的民主新形式》（载《江海学刊》2004 年第 6 期）等著作和文章，以及叶敏《中国特色网络民主形态研究》（华东理工大学，2011 年）、张欧阳《网络民主的核心要素及现实效应理论分析》（吉林大学，2013 年）、邹卫中《自由与权力：关于网络民主的政治哲学研究》（中央民族大学，2013 年）、金毅《当代中国公民网络政治参与研究——网络政治参与的困境与出路》（吉林大学，2011 年）、杨振宏《当代中国政府转型中的公民参与问题研究》（苏州大学，2010 年）等一批博士论文。

1. 关于网络民主的基本概念

国内学界提出的主要观点可以归纳为两种类型：

第一类是"拿来主义"手法下的直接借用。将国外学界对网络民主研究提出的观点直接拿来，用于界定"网络民主"的基本概念。如龙淼的《当代中国网络民主发展问题初探》一文、韩志磊的《中国"网络民主"的发展现状、问题与对策研究》［载《首都师范大学学报》（社会科学版）2005 年第 5 期］一文，直接学习、借鉴美国学者斯劳卡在著作中对网络民主的定义内容，称网络民主为"以网络为媒介的民主"。当然，这种民主超越传统民主技术手段，民主技术中渗入了网络的成分。这一类型的界定，直接体现、反映国外学者对网络民主的理解，对国内进行网络民主探索具有重要的借鉴意义。

第二类是"为我所用"手法下的创新创造。国内学者结合我国的客观实际来界定"网络民主"的基本概念。如 2004 年毛寿龙在《网络民主的局限》（载《制度分析与公共政策》学术网站）中，较早地提出"网络民主"的内涵。他认为，网络民主的发端时间为在 20 世纪的最后 10 年里；网络民主的基础支撑在于网络基础的飞速发展；网络民主的参与主体非常广泛，分布在整个地球的人都是网络民主的行为主体；广泛的行为主体以互联网技术为支撑，通过投票方式决定公共事务；这一发展现象在人类民主制度发展史上成为一个重要的历史阶段；在赋予这种新事物新名称的时候就暂且把这种新民主形式界定为"网络民主"。毛寿龙对于"网络民主"概念的界定，包含了网络民主的几个典型支撑要素和特性：技术支撑、主体特征、网络民主实践形式及其与人类民主制度的关系。这一界定，对学界分析网络民主、研究网络民主具有重要的推动作用。侯彬在《试析"网络民主"特征及其对民主政治发展的影响》（载《中共云南省委党校学报》2005 年第 1 期）中指出：网络民主是一种新兴的民主形式，这种民主形式的主体是"电子人"，其进行民主实践的空间不是现实社会中的政治组织或街道社区，而是"电子人"在以网络为支撑的网络社区中进行民主表达和政治参与，互联网形势下的网络社区是网络民主发挥威力的基础场所。宋迎法、刘新全在《电子民主：网络时代的民主新形式》（载《江海学刊》2004 年第 6 期）中提出了"电子民主"的概念，他们对"电子民主"的理解是：电子民主是一种民主新形式，其依托的前提是完全网络时代；电子民主需要以发达的信息技术、网络及其相关技术作为运作平台；电子民主的发展趋向是直接民主；这种民主新形式具有公民全体、主动、切实参与民主决策、民主选举等民主运作程序等典型特征。上述对网络民主内涵的界定，反映出我国网络民主研究的程度和阶段。在现实生活乃至部分研究者的著作、认识中，"网络民主"和"网络的民主""电子民主"等经常互相替代使用，"网络政治"和"网络政治参与"等概念也经常混淆使用。这既是网络民主研究的现状，也是网络民主与党治国理政问题研究要努力解决的理论问题。

2011 年的学术成果中，对网络民主的研究取得重要进展。赵春丽《网络民主发展研究》一书给出了网络民主是一种新型的参与式民主形式的界定，指出：网络民主是互联网络等技术平台的运作的现实。在互联网技术支撑下，各种民主主体通过网络空间的参与行为，进行影响民主进程的活动，民主主体参与政府决策，实现自己改进民主运作和完善民主治理的民主追求；网络民主是一个"总和"，包括了使用现代科技终端和信息技术进行思想和观念互动的一切方法、手段和制度在内。这个"总和"的切入目标和发展趋向，是推进并实现直接民主。赵春丽对网络民主的界定，较之之前的几种早期概念论述体现出更为系统、更为全面的特征，是对网络民主研究的一项重要推进。在此基础上，对于什么是网络民主，如何理解网络民主，她创造性地提出了网络民主"两个维度"的观点。第一个维度是组织对个体的维度，即政府或者政党等利用信息技术为社会公众提供服务，在加强与公民的交流、与公民的合作中，不断改进民主治理。这一维度实际上旨在实现组织对个体的输入。第二个维度是公民对组织的维度，即公民利用自身掌握的新技术，不断地向政府反馈信息，向政党和公民社会组织表达自己的意见和见解，同时，公民通过新技术手段提高的物质条件，积极参与政府政策制定过程或政党、公民社会活动。这一维度实际上旨在实现公民对组织的输入。赵春丽认为，在本质上，由于网络民主与网络技术的运用密切相关，因此它是一种更侧重于作为政治技术的民主形式。同时，作者出于对网络民主本身包含的网络技术的文化意蕴的自身价值及对之的重视，认为网络民主也包含着一种新的民主文化和精神，即网络民主不仅具有工具理性的内涵，更具有价值理性的意蕴。从作者对网络民主内涵的界定及两层含义的分析看，网络民主是实现个体和组织之间关于民主问题互动的重要媒介，是个体与组织之间沟通交流进行公民民主实践的一个重要桥梁。郭小安《网络民主的可能及限度》一书认为，所谓"网络民主"，是一个对民主进行培育、强化及完善的过程。在这一过程中，网络技术是政治主体实践民主的平台，政治互动是其实践民主的主要形式，发生这一民主行为的领域为网络空间。作者认为，网络民主的内涵可以概括为三个层面：第一层面是现有民主的信息化层面内涵，也就是网络民主通过网络信息技术提供的现代化手段，巩固和加强民主，其形式或如电子选举，或如电子投票等。第二层面是网络民主对现有民主的重塑、网络民主对现有民主的拓展层面内涵，如网络民主对直接民主的加强、对传统的代议制民主形式的重塑。第三层面是网络民主引发了新的民主形式层面内涵，其形式如发生在网络公共空间的协商对话，如网络空间的电子议政厅议政实践、电子广场和在线民主等。这两部著作对网络民主内涵的研究界定，在当时属于兼具开拓性和系统性的层次。两部作品对网络民主的观察，对深入研究网络民主相关问题具有宝贵的借鉴意义。

2. 关于网络空间民主参与的意义

对于网络空间民主参与的意义，目前观点有相异性，主要有两种。

一种观点是集中于实践层面的悲观。部分研究成果集中关注网络空间民主参与的局限性，着眼于网络空间民主参与的束缚性及缺陷，对网络空间民主参与的发展前景表示出高度质疑。如严小庆在《网络民主的有限性》（载《长白学刊》2002 年第 2 期）中认为，网络民主的自身特点决定其有限性。该文认为，网络主体基于语言、文化水平、性别和年龄、爱好等方面的差异，导致了网络空间民主行为实质上的不平等。娄成武在《质疑网络民主的现实性》（载《政治学研究》2003 年第 3 期）中，表达了对网络民主负面因素的忧虑。该文对网络民主的忧虑主要包括：技术上，国家垄断网络技术；操作上，网上民主投票具有强烈的可操作性；新技术支撑下的民主发展态势上，网络民主发展具有明显的不平衡性；从更深层次上看，网络民主发育受制于网络技术帝国的深入影响；从效果上看，现实中的公民，并非可以在网络空间无限度地进行意见表达和观点阐述。上述现象，是造成网络民主受到质疑的重要因素。此外，网络技术的复杂性，也使得新技术支撑的诸如投票和选举这类"点击民主"从形式到内容都受到怀疑或否定。还有，网络使用主体区域分布的差异、发达国家的技术垄断、技术帝国的背后控制，都使网络民主在其实现环节陷入步履维艰、困难重重的局面。上述文章在分析视角上更加关注网络空间民主参与运行环境的局限性，关注网络空间民主参与实践系统的束缚因素，其重要价值在于为深入研究网络空间民主参与与我们党治理国家和社会问题奠定了重要理论基础。在现实实践中，由于我国网络技术的普及程度使网络实际运用状况尚不够理想，对网络空间民主参与的质疑乃至否定声音的出发点大致在此。

另一种观点是集中于科学分析层面的乐观。这类研究采取了乐观和谨慎的肯定立场，主要集中于理论领域。如郑曙村在《互联网给民主带来的机遇与挑战》（载《政治学研究》2001 年第 2 期）一文中提出，网络时代的民主具有重要的现实意义。作者将网络时代的民主与新的民主形式、完善民主机制、分权化政治现象等民主政治要素结合起来，对彼此之间的关系进行了肯定视角的总结研究。袁峰在其《现代传播技术与深度民主的发展》（载《社会科学》2004年第11期）一文中肯定了民主的存在和发展与技术进步的关系，并进一步提出二者的相互促进和发展观点，认为现代传播技术推进了现有民主的民主化进程。郭小安在《网络民主的可能及限度》一书中从"网络民主给中国民主政治带来的变化"分析入手，对网络民主的价值阐述如下：互联网提供了新的民主政治活动平台，并体现出强大的政治能量，影响甚至改变着我国的政治生态。赵春丽在《网络民主发展研究》一书中将网络民主置于当代中国社会主义民主政治背景下，提出一系列网络民主与社会主义民主政治、民主发展的互动关系观点。作者认为，网络民主在社会主义民主对国家民主的作用中体现出一种推动力，能够起到推动国家民主建设进程的重要作用。上述观点的成立赖以存在的条件是网络民主具有的自由和平等、多元和交互属性，这是网络民主能够在社会主义民主中发挥作用的重要条件。同时，作者认为，网络民主的作用并非全部是积极的。对于社会主义民主发展而言，新技术带来的民主形式必然带来一些负面作用。充分认识、理性对待网络民主具有的"双刃性"，有助于职能部门做到扬长避短，把握主动，有助于党和政府制定恰当的网络空间民主参与发展战略，应对挑战和冲击，更好地推动社会主义民主政治建设。概言之，此类对网络空间民主参与意义、价值、必要性的分析，在乐观中保持谨慎，总体上看对网络空间民主参与的发展持肯定态度。

3. 关于网络空间民主参与实现路径的思考

学界对网络空间民主参与的实现路径的判断，与研究者对网络空间民主参与发展前景的预测密不可分。这些判断，多以服务于我国社会主义民主政治发展为宗旨，围绕网络空间民主参与自身发展中的制约因素展开。刘洋的《网络民主在转型期中国的困境与出路》（载《理论参考》2009年第8期）一文，分析转型期中国网络民主发展的现实困境，提出在转型时期我国网络民主的出路有三种可能：第一，网络民主发展需探索一条制度化的道路；第二，网络时代的民主需增强民主发展异化意识，要在综合平衡中避免因技术介入导致的民主发展失衡；第三，中国网络民主发展的系统要求是健康的网络政治文化，中国网络民主发展要重视对网络政治文化的培育和稳妥推进。刘国军在《推进网络民主健康有序发展》（载《领导科学》2009年第4期）中认为，各级党委和政府及领导干部应当理性地对待网络民主，从实现社会主义民主政治目标的高度，因势利导地推进网络民主的健康发展，从而进一步提高地方政府的执政能力。刘国军认为，要顺应网络民主发展的特点和规律，正确对待和推进网络民主建设，不断加以引导和规范，兴利除弊，充分发挥好网络的积极作用。针对政府角色和行为，他在文章中提出，对各级政府而言，推动网络民主健康有序发展，至少应该在以下几个方面采取必要合理的政策措施：（1）增强政府网上职能，加快电子政务建设；（2）加快网络立法，规范网络秩序，加大网络的管理力度；（3）加强教育和引导，健全网络伦理规范体系以及推进国家信息化等。赵春丽在《网络民主发展研究》中，在考察了网络民主的作用之后，对网络民主"发展思路"提出了三点构想：合理开发民主功能；进一步推进现实政治的民主化，营造网络民主发展的政治氛围；积极借鉴国外网络民主的经验，推动社会主义民主政治进程。在"发展的基本对策"部分，赵春丽认为，网络民主的健全和发展是一个系统工程。她进一步将此系统工程阐述为五个方面：消弭数字鸿沟，完善电子政务，缔造网络公民以及法律道德兼治，优化政治和文化生态等系统举措。

（三）网络治理视角的中国网络空间民主参与的研究成果

关于我国网络空间民主参与的研究，成果相对较少。集中于这一领域的成果，代表性的主要有李民等的《领导干部如何应对大众传媒》（中共中央党校出版社 2008 年版）、丁俊杰等的《网络舆情及突发公共事件危机管理经典案例》（中共中央党校出版社 2011 年版）、陈潭等的《大数据时代的国家治理》（中国社会科学出版社 2015 年版）、程玉红的《网络时代的政治参与和政党变革研究》（知识产权出版社 2013 年版）、王守光的《加强网络环境下民主执政对策研究》（载《理论学刊》2009 年第 12 期）、齐百健的《民主执政视角内的网络政治参与问题及对策研究》（载《求实》2009 年第 2 期）、孙蔚的《浅谈世界政党参与"网络政治"与我党的应对策略》（载《当代世界与社会主义》2011 年第 4 期）等一批著作及文章。上述成果为分析我国网络空间民主参与的对策性建议提供了重要支持。综合起来，上述成果提出了诸多重要观点，如指出执政党要善于通过正确引导媒体，达到与社会公众的良好交流与沟通；发展网络空间民主参与对推进社会主义民主建设具有重要意义；互联网延伸了民主执政的新路，网络环境下民主参政和网络舆论监督的发展推动着党和政府民主执政的实践等。从与本选题密切结合的角度分析，上述成果的重要贡献在于三个方面：第一，为本研究提供了基础理论准备。如：界定了"民主执政""网络民主"等基本概念；梳理了民主执政和网络民主的特点；考察了民主执政和网络民主的价值和功能；分析了民主执政发展和网络民主发展的可能路径；总结了民主执政发展的经验与启示，总结了网络民主发展的问题和展望；等等。第二，为本研究提供了方法论准备。上述成果有使用比较分析方法展开的，有采用历史分析法进行的，也有采用多学科交叉方法进行研究分析的。这些研究方法的使用和探索，为本研究的开展提供了宝贵的参照和支持。第三，为本研究提供了研究思路的启迪。上述研究成果多致力于在观察既有事实的基础上作出预期性的判断。如对民主执政发展前景的分析，对网络民主发展趋向的分析，对网络民主与国家治理之间要素交流发展的预期等。这些成果多立足事实又超越现实，指导本研究开展超越网络空间民主参与范围的束缚，进入更广层面的民主政治制度系统，从而架起网络空间民主参与和党治国理政、网络空间民主参与和我国民主政治进程、网络空间民主参与和我国政治现代化的桥梁。上述成果给予后续研究的，是宝贵的素材和丰富的方法。通过上述陈述，也恰恰展现出一个问题：党和国家事业进入新时代，在网络空间民主参与与党领导人民治理国家二者之间的互动性研究上还存在巨大的探索空间，需要作深入的探讨和丰富。

王守光在《加强网络环境下民主执政对策研究》（载《理论学刊》2009年第12期）中，较为前瞻性地论述了网络技术与民主执政的关系问题。作者在文中指出，互联网在一定意义上延伸了民主执政的新路。他认为，互联网的开放性使民主执政更加阳光，平等性使民众的民主权利更有保障，即时性使民主执政更加方便快捷，匿名性降低了民主参政的风险和代价，廉价性大大降低了民主执政的成本。王守光进一步分析指出了互联网与执政者之间的互动关系，从领导重视、助推实践、成就新气象等三个角度，考察并叙述了网络环境对党的执政行为的积极影响。作者在网络环境对我们党民主执政的影响上总体保持着乐观和肯定的立场，积极欢迎新技术对执政方式的挑战，认真应对新技术对党的执政环境的改变，这种不避讳、不拒绝的态度，分析中所体现的逻辑，为开展本研究奠定了最为直接的基础。

再如，郭小安在《以网络民主推动代议制民主的新思路》（载《电子政务》2010年第4期）一文中，阐述了我国网络民主兴起的必然性和发展逻辑。该文中，郭小安认为，以网络民主推动代议制民主的路径大致有三方面：监督功能的优化、政治输入功能的更新、参政模式的更新。王守光在《加强网络环境下民主执政对策研究》一文中提出四点主张：利用互联网推动民主选举机制、民主决策机制、民主管理机制和民主监督机制的健全和完善。

在袁峰等人的著作《网络社会的政府与政治：网络技术在现代社会中的政治效应分析》（北京大学出版社 2006 年版）中，针对"网络社会的公民民主建设"问题分析深度民主时，在分析和联系广度民主的基础上提出深度民主的四层内涵：公民的广泛参与、包括选举在内的多种参与行为、深层参与形式与公众决策参与并举、深度参与突破主体范围数量的束缚等。从深度民主的四层内涵中可以看出，作者对我国社会的民主参与水平和质量作了深刻思考。这些分析，对于观察我国网络空间民主参与在党治国理政中作用的广度和质量，对于贯彻和分析互联网技术对我们党发展和变革的影响，具有重要的参考价值。

总之，国内研究中，对网络空间民主参与的研究已经积累起大量的素材，其研究广度和深度已经达到一定的层次。但对于网络空间民主参与与国家社会治理的关联性研究，材料还相对缺乏。新时代，党和国家事业发展处于新的历史方位，党领导人民治理国家的要求和条件发生重大变化。网络空间民主参与对党领导人民管理国家和社会事务的影响的研究还有待拓展。

三、国外研究综述

国外对网络空间民主参与的研究多见于 20 世纪 90 年代之后，主要探讨网络民主的正、反两方面作用。比较成熟的作品主要有［美］马克·斯劳卡（Mark Slouka）的《大冲击——赛博空间和高科技对现实的威胁》（*War of the Worlds：Cyberspace and the High-Tech Assault on Reality*，Basic Books，1995；黄锫坚译，江西教育出版社 1999 年版）、［美］葛莱米·布朗宁（Graeme Browning）的《电子民主——运用互联网影响美国政治》（*Electronic Democracy：Using the Internet to Transform American Politics*，2nd edition，Medford，NJ：Information Today，Inc.，2002）、［美］凯斯·桑斯坦（Cass Sunstein）的《网络共和国：网络社会中的民主问题》（*Republic.com*，Princeton University Press，2002；黄维明译，上海人民出版社 2003 年版）、［英］罗莎·查葛若西诺（Roza Tsagarousianou）的《网络民主——技术、城市与市民网络》（*Cyberdemocracy：Technology，Cities and Civic Networks*，London：Routledge，1998）、［英］安德鲁·查德威克（Andrew Chadwick）的《互联网政治学：国家、公民与新传播技术》（*Internet Politics：States，Citizens，and New Communication Technologies*，New York：Oxford University Press，2006；任孟山译，华夏出版社2010年版）、［美］布鲁斯·宾伯（B. Bimber）的《信息与美国民主：技术在政治权力演化中的作用》（*Information and American Democracy：Technology in the Evolution of Political Power*，Cambridge University Press，2003；刘钢等译，科学出版社2011年版）、［美］托马斯·弗里德曼（Thomas L. Friedman）的《世界是平的：21世纪简史》（*The World Is Flat：A Brief History of the Twenty-first Century*，Farrar，Straus and Giroux，2006；何帆等译，湖南科学技术出版社2011年版）、［美］凯斯·桑斯坦的《网络共和国2.0》（*Republic. com 2. 0*，Princeton University Press，2007）、［美］弥尔顿·穆勒（Milian L. Mueller）的《网络与国家：互联网治理的全球政治学》（*Networks and States：The Global Politics of Internet Governance*，MIT Press，2014；周程等译，上海交通大学出版社2015年版）以及［加］亚历山大（Cynthia J. Alexander）和帕尔（Leslie A. Pal）的《数字民主：有线世界的政策与政治》（*Digital Democracy：Policy and Politics in the Wired World*，Toronto：Oxford University Press，1998）等。这些论著集中阐发了如下内容。

一是界定"网络民主"概念，揭示其基本内涵与特征。关于网络民主是什么的问题，国外研究沿袭了两个主要研究方法：技术方法和历史演进方法。

技术方法的解析最早见于马克·斯劳卡的《大冲击——赛博空间和高科技对现实的威胁》。书中，作者提出网络民主是"网络为媒介的民主或者在民主中渗入网络成分"的判断。其后，美国学者克里夫（Steven Clift）的《在线民主》（"Democracy is Online"，*Internet Society*，Vol. 3，1996，pp. 186-192）和莫里斯的《网路民主》（张志伟译，台北商周出版社2000年版），都从互联网对个人民主参与和社群民主参与的角度，将技术和民主连接起来，从而揭示出网络民主内涵中最核心的要素。技术视角对网络民主内涵的界定，从物质基础层面揭示了网络民主存在和发展的根本动因。

历史演进方法解析主要着眼于媒体与民主关系的历史演进过程，试图从事物发展的角度对之进行剖析。如，阿特顿（F. C. Arterton）《远程民主》（*Teledemocracy：Can Technology Protect Democacy?* London：Sage Publication，1987）综合考察了广播民主、电视民主、网络民主三者的启承、演进关系后，得出网络民主是电子民主发展最新阶段的论断，从而在历史视角上将网络民主和电子民主区分开来。作者观察分析指出，对于整个远程民主形式而言，网络民主的价值在于其对整个远程民主形式的修正和完善。这种分析弥补了多数情况下研究者将"电子民主"和"网络民主"混淆使用的缺憾。分析论证中，作者认为，在广播电视、通信卫星以及电缆光纤等现代技术的支持下，远程民主的发展得到丰厚物质条件的推动，从而使广播民主兴起，电视民主发育。在媒介与技术高度互动的情况下，媒介技术被视为一场革命。这场革命因技术的现代性而有了空间上的拓展，突破了束缚传统民主作用时效的时空隔阂。阿特顿的这一论述体现了一个基本观点：在媒介和民主关系发展史上，网络民主是与之前的民主形式一脉相承的一项民主结果。上述两种国外对网络民主内涵的主流界定，其思维逻辑具有一致性：都是以"关系"（前者以民主与技术的关系，后者以三种形态的民主形式之间的关系）为主线，对网络民主的系统要素进行考察，揭示网络民主的本质。此外，国外对网络民主的内涵还有一些探索。如：明确声明对几个与"网络民主"相近的概念（"电子民主""在线民主"等）进行互换使用；有的干脆用"远程民主"和"虚拟民主"代替"网络民主"，用"数字民主""电子共和国"等与"网络民主"等几个概念互相替代使用。

二是探索网络空间民主参与在国家政治生活中的影响。论述民主政治发展中网络空间民主参与的价值，论述政党博弈中网络空间民主参与作用的方式方法模式，考察西方国家这一参照系中网络空间民主参与的功能和影响，考察在民主发展要素中网络空间民主参与的地位和功效，这些研究当前主要集中在一个关键议题——网络空间民主参与与传统现实社会民主的关系上。学界对待这一对关系的态度，可以分为乐观、折衷和悲观三种。三种态度，体现出观察者的基本立场，同时决定了学界对这一对关系的基本理解：网络空间民主参与对传统现实社会民主的重振、重塑和颠覆。上述内容中，对发达国家科技与民主要素互动的分析，以及科技支撑下新生民主形态对传统民主形态的影响，无论研究者持有何种倾向，都围绕上述关系阐述了民主政治发展和政党博弈中网络空间民主参与的价值与作用方式。

三是对网络空间民主参与的影响保持适度谨慎的态度。网络空间民主参与的发展，给各国民主政治增添了一项变量。对于这种新变量的出现所引发的连锁反应，学界众说纷纭。弥尔顿·穆勒在其著作《网络与国家：互联网治理的全球政治学》中，对网络技术带来的民主变化进行了分析。文中他虽努力保持中立，但依然能够看出对网络自由的热忱。与他不同的是，更多学者对网络空间民主参与及其相关要素的发展持一种谨慎的态度，既不否定、反对，也不是显而易见的欢欣鼓舞。这种谨慎，推动着国外学者对"网络民主与中间变量"

的关系进行不断研究。比如，网络对社会资本的作用性质和程度，网络空间民主参与条件下造就理想的公共领域的可能性及现实性问题，网络空间民主参与与政治参与之间的关系变量是参与居多还是控制为首等方面内容的探究。

迄今为止，不确定性是国外学界对网络空间民主参与研究的显著特征。这一现象，与网络空间民主参与的发展阶段、作用形式和功能显现有着密切联系。网络空间民主参与究竟能否充分发展，以及在多大程度上影响现实政治格局，都是未知数。新兴的互联网技术使民主发展进入一个快速的虚拟空间。这个空间因网络技术的可控性而带来更多的民主发展不确定性，有时其作用甚至与技术的最初使用初衷相悖。

分析上述国内外研究可知，有关网络空间民主参与与民主执政的研究具有四个特点：

一是对中国共产党科学执政、民主执政、依法执政的研究，著作和论文材料都相当丰富，并随着党的会议议题的发展、党的建设战略的推进不断加深。这些前期成果探索了科学执政、民主执政、依法执政的内涵及特征、意义，展望了实现科学执政、民主执政、依法执政的框架和路径，建构起推进民主政治现代化的宏观背景，在观点、思路、分析方法等问题上都作了比较深入的研究。新时代随着国际、国内环境的改变，尤其是网络空间民主参与的兴起，网络空间民主参与从哪些方面改变或影响了党和政府的政治生态，党带领人民管理国家事务和社会事务面临哪些问题，承受哪些压力，要应对哪些挑战，目前的研究还比较分散、凌乱，需要作新的延伸和系统化研究，这是本研究力图实现的领域拓展之一。

二是对网络空间民主参与的研究，从研究者的热情和网络空间民主参与自身的发展状况综合分析，最近几年的成果更具有深入研究的价值。关于网络空间民主参与的含义、制约因素、实现路径等的研究成果主要集中在最近几年。这些集中呈现出来的成果，多是在引进西方观点和研究成果的基础上，对网络空间民主参与作的一般意义上的探索。针对我国网络空间民主参与发展背景、我国网络空间民主参与发展对我国民主政治发展生态环境改变的具体研究尚不多见，对我国网络空间民主参与自身发展的特性、我国网络空间民主参与发展阶段性规律的探索以及其理论性、系统性的研究更显不足。这些领域还有深入研究的空间，这是本研究力图实现的领域拓展之二。

三是从我国政治发展和党的建设进程来看，网络空间民主参与的兴起已经构成其中一个重要环节，是我国民主政治进程和党的建设进程中的一个重要内容。分析网络空间民主参与形势下党领导建立社会主义治理体系问题，成为当前加强党的建设、推进人民民主发展的迫切问题。我国网络社会的发展、健康网民的培养、科学网络空间民主参与建设机制的建立，是本研究致力突破的问题。

以上研究，围绕我国网络空间民主参与建设提出了诸多宝贵的观点。关于网络空间民主参与在何种程度上、以何种方式改变我国社会主义民主的发展环境，我们党如何应对网络空间民主参与的影响并在治国理政道路上获得丰富和发展问题，尚有极大的探索空间。在已有成果的基础上实现这些探索，是当前创新党领导人民治理国家的方式方法亟待解决的重大现实课题。从国内外关注和研究网络空间民主参与对执政党实践的影响问题的态度看，网络空间民主参与引发的民意表达的迸发，正持久地改变着党政部门的工作行为。对此，理论界的关注度日益增高，政界的关注也日益加深。这是本研究的重要价值和重要意义所在。

鉴于上述研究现状，从已取得的成就和依然存在的不足出发，本研究选择一个新视角，服务于新时代党和国家事业建设的主题研究新时代我国网络空间民主参与的相关内容——以推进新时代中国特色社会主义伟大胜利为宗旨，研究我国网络空间民主参与发展问题，这是本研究的立论基础和核心；最终提出服务于新时代党和国家事业需要的网络空间民主参与发展对策建议，是本研究的落脚点。方法上，本研究借鉴前述文献使用方法，综合运用政治学、管理学、网络技术学知识，展开分析研究，保证本书核心内容研究的顺利进行。其中，对"网络民主在实践中的运用"作案例分析是本研究开展的重要内容，以对个案的观察和分析作为对核心主题规律性总结的基础，保证整个研究理论的现实性、合理性和科学性。

四、研究方法与逻辑结构

本研究涉及多个交叉领域，需要多学科知识作支撑。

（一）研究方法

本研究拟以理论联系实际方法为基础，理论研究与案例、实证研究相结合，利用本系统社会调研网络，重点利用网络信息平台，用座谈、网络问卷等方式，开展重点调研，获取第一手研究资料；同时，选择典型案例，分析网络空间民主参与相关范畴，揭示网络空间民主参与自身发展规律性。借鉴本专业前沿理论成果，探索我国网络空间民主参与与新时代社会治理体系之间的逻辑关系，提出新时代我国网络空间民主参与建设发展的对策性建议。选题研究力求避免片面性和主观性，案例选择和理论分析努力做到全面性、客观性、科学性、系统性。

具体来说，本研究使用的研究方法有：

1. 唯物史观的根本研究方法。马克思主义唯物史观是本书观察和分析问题的根本出发点和立足点。在观察和分析我国网络空间民主参与问题时，要把分析的视角首先落脚到我国社会主义初级阶段建设现实上来。从考察我国网络技术和网络媒体使用主体的社会阶层等客观因素出发，分析我国网络空间民主参与发展的制约、促进因素。

2. 文献研究、比较研究等具体研究方法。在网络空间民主参与和我们党的执政前期研究成果中，学界已经成功使用比较研究的方法对二者进行了解剖，积累了宝贵的资料。对于这些宝贵的材料要进行分析和梳理，总结出本研究开展的网络空间民主参与的含义、特点、规律及网络空间民主参与功能定位的理论认识等内容。这些内容可以从已有文献中、从对新阶段网络空间民主参与和政党执政的新发展观察总结中分析得出。比较研究的方法可以解决网络空间民主参与与传统民主形式的差异，从而更好地总结网络空间民主参与的特点及规律。进行比较，是观察网络空间民主参与特点的必要手段。

3. 定量分析与定性分析、传统方法与网络技术相结合的分析手段和技术。开展本课题研究，离不开对网络空间民主参与的追踪分析。要研究我国网络空间民主参与的影响，必然要追踪研究网络空间民主参与实践的方式方法、途径原则等问题，必然要选取网络空间的群体事件、典型案例等作深刻剖析。如此，定量分析与定性分析、传统方法与网络技术的手段和技术都会有很大的价值。譬如，对党委和政府在网络空间进行的理政典型案例进行解剖，就要利用网络技术平台对该理政行为的发起、运作、公众参与、实践效果等进行统计，在定量分析与定性分析的结合中实现对问题的解剖，获得正确的判断，形成科学的结论。

（二）逻辑结构

本研究以马克思主义的社会主义民主理论和工人阶级政党执政理论为依据，以网络空间民主参与发展的特点、规律和在西方政党执政中的作用为切入点，以网络空间民主参与在我国民主政治发展中的兴起和发展为线索，以网络空间民主参与与党治国理政的关联、互动、博弈为研究内容，以变革优化党和政府工作生态、创新党和政府工作方式、提高党和政府工作质量和水平目标下的关注网络民意、引导网络民意、推进网络空间民主参与发展为落脚点。具体来说，本研究思路包含的内容主要有：

1. 网络空间民主参与的含义、特点及内在逻辑关联性

主要研究"网络民主"的概念起源和内涵，网络空间民主参与的起因、历史渊源，网络空间民主参与的特点以及与传统民主形式的差异，网络空间民主参与在西方国家政党活动中的作用，网络空间民主参与内部各要素的关联性等。

本部分中，一要对已有文献熟练掌握，解读选题涉及概念的基本含义，奠定选题研究的理论基石。二要分析网络空间民主参与的起因和历史脉络进程，考察我国网络空间民主参与在党和国家事业发展中出现的现实问题、现实需要、现实价值，强化本研究的现实意义。三是分析网络空间民主参与的特点，判断网络空间民主参与发展的自身价值和意义，分析网络空间民主参与与传统民主形式的关系，从而为本研究设计核心问题"新时代中国网络空间民主参与建设"奠定理论基础。四是分析政党执政的含义，奠定分析网络空间民主参与与党领导人民治理国家之间关系的基本范畴基础。最后，以较为成熟的西方国家政党活动为样本，观察网络空间民主参与在政党活动中的价值定位，通过对西方国家政党活动中网络空间民主参与的分析，观察清楚网络空间民主参与在西方国家中的作用形式、作用机制、发展障碍以及地位价值，从而从逻辑上分析我国网络空间民主参与系统要素，为提出我国运用网络空间民主参与观察了解民情民意、引导网络空间民主参与发展新时代党和人民伟大事业打好基础。在上述内容中，辨析我国网络空间民主参与是本研究的逻辑起点，也是本研究努力实现的突破点。

2. 我国网络空间民主参与的发展演进

主要研究全球化信息化以及其他社会主义国家民主政治发展经验教训对我国网络空间民主参与发展的影响、我国政治民主发展对网络空间民主参与的呼唤、我国经济发展为网络空间民主参与发展提供的条件，分析7亿多网民的来源、类型及网络空间民主参与主体的形成和特点，网络空间民主参与在我国发展的进程及状况，网络空间民主参与发育状态对我国的党和政府生存生态变迁的影响。

本部分中，对网络空间民主参与的兴起和发展与上文一般层面的论述有所

差异。此处一个重要参照系是新时代我国国情和背景。这是网络空间民主参与研究针对性的重要基石，是网络空间民主参与现实性的集中体现。通过对全球化、信息化及其他社会主义国家民主政治发展经验、教训对我国网络空间民主参与发展的影响的研究，考察我国网络空间民主参与发展的催生因素、内外动力；通过研究我国政治民主发展对网络空间民主参与的呼唤，进一步深化我国网络空间民主参与发展的现实与理论价值，同时阐发我国网络空间民主参与在新时代的价值、效能；通过比照中国经济发展为网络空间民主参与发展的驱动、提供的物质条件，考察网络空间民主参与发展赖以进行的物质环境；通过研究我国网民的来源、类型及网络空间民主参与主体的形成、构成类型、属性，观察网络空间民主参与的作用发挥及实际效度，总结网络空间民主参与在党和政府工作实践中发挥作用的价值、局限及束缚要素；通过研究我国网络空间民主参与的发展进程，深入厘清网络空间民主参与的发展脉络和阶段性规律。上述内容融会贯通，为归纳网络空间民主参与发展经验教训、深入本研究核心对策问题作基础准备。

以此为基础，研究新时代中国网络空间民主参与的价值与功能定位。

一是对网络空间民主参与价值效度的考察。以网络空间民主参与自身特点为基础，考察网络空间民主参与的正效应和负效应，分析网络空间民主参与客观上存在的对传统民主的振兴和重塑、对传统民主的颠覆和培育等复杂作用。通过对这些普遍问题的研究，把握我国网络空间民主参与的影响，清醒认识我国网络空间民主参与的局限，通晓其对党治国理政生态造成的压力和带来的机遇。网络空间民主参与对政党和政府工作发展政治生态的影响，是本研究的核心点之一。在本部分中，要运用已有网络空间民主参与理论基础，彻底厘清网络空间民主参与与党领导人民治理国家的内在关系，考证二者的关联性和差异性，从而为本研究的科学性、合理性奠定基础。

二是对我国网络空间民主参与的功能定位的理论认识。主要系统梳理我们党对网络空间民主参与作用的有关论述，观察网络空间民主参与在我们党领导人民建设社会主义事业进程中的地位发展，观察党对工作活动中诞生的新事物的立场和态度，为下文分析我国网络空间民主参与发展存在的制约因素及存在的问题作准备。

三是网络空间民主参与在我国党和人民事业发展中的功能目标设计。针对网络空间民主参与的特点，立足网络空间民主参与与党治国理政的逻辑关系，按照保障社会主义国家人民权力的最终目标，分析网络空间民主参与的功能目标。网络空间民主参与的这种功能目标包含对党治国理政理念强化和方式创新的功能、对党治国理政制度构建的功能、对党治国理政能力提升的功能等。

本部分是对网络空间民主参与影响我国社会主义民主政治建设观点的进一步深化。

3. 我国网络空间民主参与在实践中的运用及个案研究和实际调研状况

主要研究我们党为推进治国理政方式创新在利用网络空间民主参与方面所采取的立场和主要态度，梳理网络空间民主参与在党治国理政实践中的地位变迁历程——从被无视、被轻视到被正视、被重视的四个发展阶段；同时，按照行政行为的基本步骤和规律，考察事前公开议题广泛征集民意推进决策民主化、事中公开党务政务实现管理民主化、事后接受公众监督以优化决策效果等问题，分析网络空间民主参与在实践中的运用；最后，通过分析利用网络空间民主参与、推进治国理政的典型案例，观察网络空间民主参与的主要作用模式及推进我国社会主义民主政治发展的主要实践模式。以这种模式为分析标本，进一步考量我国网络空间民主参与发展的主要方向和努力重点。

本部分个案分析，是本研究的重要支撑。依靠对个案的研究，进一步阐明我国网络空间民主参与建设的意义。更重要的是，通过个案分析，增加选题的科学性，提升选题的研究价值。

4. 我国网络空间民主参与发展的制约因素与问题分析

按照党治国理政的发展程度所能够为网络空间民主参与提供的发展空间，主要观察分析三个问题：一是分析网络空间民主参与发展的制度因素。这部分主要基于网络空间民主参与的自身特点，遵循其发展规律性，分析其发挥价值所面临的现实问题。通过对网络空间民主参与发展中的现实问题的梳理，进一步认清我国网络空间民主参与的价值和地位、作用和方式，深化对我国网络空间民主参与发育态势和阶段程度的认识，深化选题的理论深度。二是分析我国网络空间民主参与存在问题的成因。这部分主要辨别"网络民主"还是"网络的民主"，考察"沉默的螺旋"现象对社会主义民主政治质量的影响、网络空间民主参与无序化和极化现象对真实民意的影响等问题，进一步深入分析网络空间民主参与的消极影响和主要表现，厘清网络空间民主参与发展存在的问题及主要原因。三是分析总结网络空间民主参与发展的经验教训。考察网络空间民主参与在我国发展的十几年历程中，在推进党和国家事业发展中初步表现出来的经验和教训。

　　5. 新时代我国网络空间民主参与发展的对策

　　主要研究在新时代出现新情况、新问题和党治国理政新任务、新要求的条件下，如何通过确立正确的网络空间民主参与发展总原则和总方法、总思路，提高网络空间民主参与在创新党治国理政中的战略思维和地位、构建健康网络政治文化、推进网络政治对立法的参与度、加大网络技术开发研究和资金投入、学习和借鉴西方发达国家党利用网络空间民主参与的经验等问题。通过这些问题的研究，形成关注、利用、引导网络民意的政治氛围，提高网络空间民主参与质量，提高党领导人民治理国家的水平，使我国网络空间民主参与发展更加健康有序。

　　本部分是本研究的最终落脚点，是本研究理论和现实意义的载体。本部分将对网络空间民主参与内涵的界定、内在要素之间逻辑关系的梳理、网络空间民主参与对我国民主政治生态环境的改变、网络空间民主参与在我国发展的经验与教训、网络空间民主参与与中国特色社会主义事业的发展历程及经验等分析结果，充分运用到本环节理论阐述中，体现到本部分提出的对策建议中。本部分对策建议能否充分、科学地提出，依赖于前四个部分分析的透彻性；同时，前四部分分析的成效也要完整、深入地体现到本部分的科学性和深入性上。这是本研究论证和分析效果的最终呈现。

　　以梳理总结网络空间民主参与基本发展规律、深入认识网络空间民主参与在我国的发展进程及阶段性特点、深入观察网络空间民主参与在我国社会主义民主政治中的理论价值及实践意义、考察网络空间民主参与的实践模式类型划分及案例分析等为基础，本书力图实现的创新点主要有三：

　　（1）架构起网络空间民主参与和党治国理政互动关系框架及理论解构；

　　（2）深入分析我国网络空间民主参与发展存在的问题及原因；

　　（3）考察提出新时代我国网络空间民主参与发展的可操作性对策。

第一章　网络空间民主参与基本问题概述

我国民主政治的动态发展过程中，伴随党治国理政理念的革新和科技进步的推进，在 20 世纪转折之际出现了一个重要的考验党的工作能力的新事物——网络空间民主参与。网络空间民主参与有着自己独特的成因、内涵和外延，对我国社会主义民主政治有着特殊的价值及影响。在一般意义上，作为人类民主政治进程的一项重要内容，网络空间民主参与和一国民主政治有着重要的关联和互动。这种关联性和互动性在西方政党政治活动中有着初步经验，在我们党的治国方略和现代化建设中有着鲜明体现和特色优势，从理论上对其加以阐释是本章的任务。

一、网络空间民主参与内涵

网络空间民主参与是计算机和互联网技术发展的产物，是新兴科技与民主政治结合的一种反映、一种结果。

顾名思义，网络空间民主参与在人类民主进程中的出现与互联网络的发展有必然联系。它是人类科技发展到一定阶段，在人类民主进程中呈现的一种以网络［主要指国际互联网（Internet）］为媒介的新型的民主参与形式。对于这种新型的民主参与形态，国际、国内学者都从不同的视角表达了独到的见解。

（一）国外学者关于"网络民主"的概念使用和界定

早在 1995 年，"网络民主"一词就进入研究者的视野。美国学者马克·斯劳卡（Mark Slouka），成为使用"网络民主"一词的领先人物。斯劳卡认为，网络民主是以网络为媒介的民主或者是在民主中渗入网络的成分。这一论述，在人类历史上实现了互联网科技与民主的联结。同年，美国另一学者里克·亨德森（Rick Henderson）大胆使用了"Cyberdemocracy"① 概念来畅谈美国电子化议会改革。1997 年，马克·波斯特（Mark Poster）援引"网络民主"概念，在《网络民主——互联网和公共领域》一文中对其进行了新的阐述："网络民主为公民借助网络技术，通过网络公共领域加强和巩固民主的过程"②，使民主突破了传统媒介民主形式的束缚。这是几个比较有代表性意义的界定。此时，更有不少学者对"网络民主""远程民主""电子民主""数字民主""虚拟民主"等概念给出相近意义上使用的定义，如美国罗萨·萨格罗斯（Roza Tsagarous）出版《网络民主——技术、城市与城市网络》等，另有布朗宁、阿特温等人出版了相关著作。2005 年，斯蒂文·克里夫特（Steven Clift）以定义"电子民主"的方式，丰富了网络民主的内涵。他将更多的网络形式，包括互联网和移动通信以及其他技术都纳入网络民主的支撑平台中来，并进一步将网络民主与公民的民主参与积极性联系起来。斯蒂文·克里夫特在自己负责实施的"Minnesota E-Democracy Project"电子民主计划中认为："电子民主意味着在今天的代议制民主中通过互联网、移动通信和其他技术进行的更多的和更积极的公民参与，也包括公民以更为直接的形式参与到公共事务中来。"③ 他的这一论述，既明确了电子民主的发展起因在于互联网和移动通信及其他技术，更明确了电子民主与其他民主形式的关系——电子民主是参与到代议制民主中，同时明确了电子民主对整个民主的作用和方式——更多、更积极和更直接。这样，斯蒂文·克里夫特就用最简洁的语言归纳出现代科技与民主的关系，推动了世人对网络空间民主参与的研究步伐。

（二）国内学界对"网络民主"概念的使用和界定

国内学界对网络民主及其相近使用的概念诸如电子民主等的研究，在新世纪逐渐进入公众视野。2004 年，中国学者毛寿龙敏锐地感知到民主发展中新生科技的力量。在《网络民主的局限》中，毛寿龙将网络民主定义为行为主体、技术和人类民主制度的互动产物。他认为，网络技术使分布在整个地球的人在 20 世纪最后 10 年中依赖飞速发展的网络技术获得了讨论、投票决定公共事务的

---

① 参见赵春丽：《网络民主发展研究》，经济科学出版社 2011 年版，第 48 页。

② Mark Poster, "Cyber Democracy: The Internet and the Public Sphere" in David Holms (ed.), *Virtual Politics: Identity & Community in Cyberspace*, Sage Publication, 1997, p. 218.

③ 转引自赵春丽：《网络民主发展研究》，经济科学出版社 2011 年版，第 48 页。

能力，并将这丰富人类民主制度发展历程的新生事物定名为"网络民主"。① 同年，宋迎法和刘新全又以"电子民主"的概念界定，推动了学界对新技术与民主互动关系认识的深化。宋迎法提出"电子民主是一种民主新形式"的观点，对电子民主从性质上作出认可、界定。他同时明确提出，电子民主赖以存在的前提是完全网络时代，以及发达的信息技术、网络和其他相关现代化技术，从而将技术与民主的关系统一起来，纳入直接民主、民主决策和民主选举等运作程序中。② 2005 年，侯彬把网络民主的含义界定为"电子人"进行的一种新兴民主形式，这种民主形式与其他民主形式的区别在于它的载体是网络社区，是参与主体在网络社区内发生的政治表达和政治参与行为。③ 2006 年，刊于《中国信息界》的文章《关于西方电子民主》论述认为，电子民主是一种将信息通信技术应用于民主的过程，在这一过程中，利益双方——政府政党和公民之间，借助互联网进行信息的沟通、交流和互动，实现服务的传递，进行重要问题的民主讨论。在这种双向互动中，科技信息技术充当了重要的媒介作用，完成了党政部门为公民提供服务交流的重要合作，也实现了公民向党政部门进行信息反馈的利益表达，实现了公民对公共政府决策过程的积极参与，从而使公共决策行为向有利于公众利益的方向发展。④ 同年出版的《网络政治学导论》中，李斌则将网络民主定位到"参与公共决策和政务"上来，认为这是网络民主的核心。他把网络民主从形式上加以分类，列举出"五在线"（在线竞争、在线选举、在线民意调查、在线立法、在线政务公开和公众参与）和"一交流"（被选举人和选举人的电子交流）的方式方法，认为民主实践主体就是在这"五在线"和"一交流"的支撑下，完成了利益双方价值观念、政治立场和个人意见的博弈与沟通，实践了民主的技术参与过程。⑤

上述文章和著作对网络民主内涵的界定，揭示了网络空间民主参与的起源、支撑和发展条件，反映了网络空间民主参与自身发展所达到的阶段，反映了网

① 参见毛寿龙：《网络民主的局限》，百度文库：http://wenku.baidu.com/view/3b175d707fd5360cba1adbbd.html，2012 年 8 月 8 日。

② 参见宋迎法、刘新全：《电子民主：网络时代的民主新形式》，载《江海学刊》2004 年第6 期。

③ 参见侯彬：《试析"网络民主"特征及其对民主政治发展的影响》，载《中共云南省委党校学报》2005 年第 1 期。

④ 参见迪莉娅：《关于西方电子民主》，载《中国信息界》2006 年第 13 期。

⑤ 参见李斌：《网络政治学导论》，中国社会科学出版社 2006 年版，第 240 页。

络空间民主参与研究的进展程度。在实际生活和部分研究著作中，对这一新生民主参与形态的界定还具有广泛性和概括性。在许多对网络空间民主参与与其他事物关系的研究中，研究者经常会将"网络民主"与"电子民主""网络政治"等概念互换与混淆使用，并未进行特殊的比较和区分。这一现象应是网络民主与电子民主、网络政治有着共同的技术支撑力量所致。

以上述研究为基础，2011 年有两部著作详论网络民主。赵春丽在其著作《网络民主发展研究》提出的理论观点中表示，网络民主是一种包含了工具理性和价值理性在内的、融合了新技术促成民主互动的方法、手段和制度总和的系统。这种系统以促进直接民主发展为趋向，囊括了组织和个体之间的双向互动，实现着双方之间的信息沟通与合作，推进民主治理，同时使公众个体获得更多的参与政策制定和政党、公民社会活动的实质性权利。作者在著作中将这种建立在互联网运作基础上的民主实践称为"新型参与式民主形式"①，即网络民主。从作者对网络民主内涵的界定及对其两层含义的分析上看，网络民主是实现个体和组织之间关于民主问题互动的重要桥梁。郭小安的《网络民主的可能及限度》对网络民主也作了严密界定。他将网络民主这一事物界定为"政治主体借助网络技术，以政治互动为主要形式，以网络空间为载体，培育、强化和完善民主的过程"②。按照郭小安的分析，网络民主从含义上可分三个层面：一是现有民主的信息化，二是重塑和拓展现有民主，三是创新民主形式。电子选举、电子投票等属于层面一的范畴，对传统民主形式的重塑属于层面二的范畴，发生在网络空间的协商和在线民主以及电子议事厅、电子广场等属于层面三的范畴。

2013 年，程玉红《网络时代的政治参与和政党变革研究》在探讨网络时代的民主政治发展新现象——网络参政与体制外参政时，也表达了自己对网络民主的理解。作者认为，因网络的出现与应用及其自身的固有属性，它成为当代公民进行民主表达的最佳选择和理想工具。网络基础上的民主表达拥有了"去权威化"属性，让公众得以平等地参与到民主政治实践中来。网络民主使"人民的统治"成为一种实践民主政治权利的新途径和理想方式。程玉红的这一观点，是将网络民主纳入政治参与的框架内进行观察和分析，并对网络民主与公

---

① 赵春丽：《网络民主发展研究》，经济科学出版社 2011 年版，第 49~50 页。
② 郭小安：《网络民主的可能及限度》，中国社会科学出版社 2011 年版，第 130~131 页。

民民主政治参与形式之一——直接参与二者关系作了一个比较。虽然作者在此对网络空间民主参与的描述仅是概括性的寥寥数语，但作者对网络空间民主参与"网络时代开拓了民主政治增长的新起点"的价值和"网民参政议政直指现实政治"① 的本质判断已现于笔端。

（三）本书对网络空间民主参与内涵的界定和概念运用

在吸收已有成果基础上，本研究将网络空间民主参与内涵界定为：政治主体以互联网技术为支撑平台，在网络公共空间内进行民主表达、民主协商、民主决策、民主监督、民主治理等民主政治参与的一种新型民主参与形式。在我国，它是我国公民在互联网空间参与社会治理的有效渠道，是党顺应科技发展潮流，对领导人民治理国家和管理社会的方式方法的新探索。这种新型民主参与形式对之前既有的民主参与形式主要有三方面发展。

一是推进既有民主参与的公开共享范围。即依托网络技术，推进民主信息在更大范围内进行分享，使信息发布和使用进一步公开化，提升民主信息共享度。其形式如使用范围相对较小的电子投票和电子选举，获得普遍使用和高度认可的电子政务和网络监督、在线协商等，都属此内涵范畴。

二是丰富强化既有民主参与的内涵和形态。依托互联网和计算机技术的扩展，巩固和丰富现有的民主参与内涵和形态，强化直接民主在民主制度中的比重和作用，丰富既有的民主形式，如对间接民主的强化。

三是推进既有民主参与的创新变革。科技进步运用到民主政治形态中，催生出新的民主形式，如在网络空间进行的民主协商，网民与党政部门、网民与网民间进行的民主对话，及时快捷的在线交流以及在线政治等，都属此范畴。

鉴于本研究的主要核心在于探讨新时代我国网络空间民主参与建设因应之策，所以在不特定指明的情形下，下文使用"数字民主""电子民主""虚拟民主"等概念时，均与"网络民主"具有同等含义。

网络空间民主参与作为独特的民主政治事物，自身具有区别于其他民主形式的本质和属性。正是由于网络空间民主参与具有的独特属性，才架起网络空间民主参与与党领导网络空间治理二者之间的桥梁。

对网络空间民主参与概念的理解和驾驭使用，需要把它放到与之存在高度关联的新时代社会主义民主政治建设语境中。网络空间民主参与与新时代党和

① 程玉红：《网络时代的政治参与和政党变革研究》，知识产权出版社 2013 年版，第 53 页。

国家事业发展相结合，衍生出网民虚拟空间参与实践和我们党的虚拟空间工作实践两个事物。理解好党的虚拟空间工作实践，对于正确认识网络空间民主参与具有重要意义。

第一，网络空间工作实践是党创新领导人民治理国家的方式的一个重大发展。2004 年，党的十六届四中全会通过的《中共中央关于加强党的执政能力建设的决定》首次提出"科学执政、民主执政、依法执政"新理念和新方式，是党转变工作方式的核心内容。《决定》指出："必须坚持科学执政、民主执政、依法执政，不断完善党的领导方式和执政方式"，要遵循"共产党执政规律、社会主义建设规律、人类社会发展规律""要坚持为人民执政、靠人民执政，支持和保证人民当家作主，坚持和完善人民民主专政，坚持和完善民主集中制，以发展党内民主带动人民民主""要坚持依法治国，领导立法，带头守法，保证执法，不断推进国家经济、政治、文化、社会生活的法制化、规范化"。① 在"科学执政、民主执政、依法执政"中，科学执政是前提，民主执政是核心，依法执政是保障，三者有机结合，相互促进。2007 年 10 月，党的十七大进一步提出："要坚持党总揽全局、协调各方的领导核心作用，提高科学执政、民主执政、依法执政水平，保证党领导人民有效治理国家。"在领导人民治理国家方面强调："坚持国家一切权力属于人民，从各个层次、各个领域扩大公民有序政治参与"②，并提出了扩大人民民主、发展基层民主等具体措施。2012 年 11 月，十八大强调要坚持立党为公、执政为民；要加强和改善党的领导，坚持党总揽全局、协调各方的领导核心作用，保持党的先进性和纯洁性，增强党的创造力、凝聚力、战斗力，提高党科学执政、民主执政、依法执政水平，首次将"必须坚持人民主体地位"和"健全社会主义协商民主制度"写进党的政治报告，并强调要更加注重改进党的领导方式和执政方式，保证党领导人民有效治理国家；要更加注重健全民主制度、丰富民主形式，保证人民依法实行民主选举、民主决策、民主管理、民主监督。③ 2013 年，党的十八届三中全会从实现国家治理

① 中共中央文献研究室编：《十六大以来重要文献选编》（中），中央文献出版社 2006 年版，第 274～275 页。

② 中共中央文献研究室编：《十七大以来重要文献选编》（上），中央文献出版社 2007 年版，第 22 页。

③ 参见胡锦涛：《坚定不移沿着中国特色社会主义道路前进　为全面建成小康社会而奋斗》，人民出版社 2012 年版，第 15、25 页。

体系和治理能力现代化的新目标出发，强调要"紧紧围绕提高科学执政、民主执政、依法执政水平深化党的建设制度改革，加强民主集中制建设，完善党的领导体制和执政方式，保持党的先进性和纯洁性，为改革开放和社会主义现代化建设提供坚强政治保证"①。2017 年，习近平总书记在十九大报告中提出我国发展新的历史定位——中国特色社会主义进入新时代。他着重指出，新时代"要改进党的领导方式和执政方式，保证党领导人民有效治理国家；扩大人民有序政治参与，保证人民依法实行民主选举、民主协商、民主决策、民主管理、民主监督"②。2018 年 3 月 5 日，李克强总理在全国"两会"工作报告中指出，人民政府的所有工作都要体现人民意愿，干得好不好要看实际效果，最终由人民来评判。③ 在建设网络强国战略部署中，党的治国理政逐渐强化网络空间工作实践的重要性，网络空间工作实践成为新时代条件下我们党工作方式创新的一项重要体现。

第二，加强网络空间治国理政实践是新时代马克思主义政党本质的重要体现。在马克思主义政党政治理念里，民主是一项重要内容。马克思曾说："民主是什么呢？它必须具备一定的意义，否则它就不能存在。因此，全部问题在于确定民主的真正意义。如果这一点我们做到了，我们就能对付民主，否则我们就会倒霉。"④ 1945 年 7 月，抗日战争胜利前夕，发生在毛泽东和黄炎培之间著名的"延安窑洞谈话"，也围绕着民主话题展开。黄炎培在对延安进行参观访问过程中，问及毛泽东如何跳出"其兴也勃焉，其亡也忽焉"的历史周期率时，毛泽东明确而自信地回答说，我们已经找到新路，我们能跳出这周期率。这条新路，就是民主。⑤ 民主，成为我们党构建治国理政方略的重要内容。中华人民共和国建立后，努力实现历史方位转换的中国共产党，一直在不断追求社会主义民主的真谛，进行社会主义实践。经过 69 年的发展，我们党对民主含义的理解逐渐深化，逐渐融合渗透到工作实践中。"全心全意地为人民服务，一刻也不脱离群众；一切从人民的利益出发，而不是从个人或小集团的利益出发；向

---

① 《中共中央关于全面深化改革若干重大问题的决定》，人民出版社 2013 年版，第 5 页。

② 习近平：《决胜全面建成小康社会　夺取新时代中国特色社会主义伟大胜利》，人民出版社 2017 年版，第 37 页。

③ 参见《政府工作报告》，中国政府网，http://www.gov.cn/xinwen/2018-03/22/content_5276608.htm，2018 年 3 月 23 日。

④ 《马克思恩格斯全集》第 7 卷，人民出版社 1959 年版，第 304 页。

⑤ 参见金冲及：《毛泽东传（1893～1949）》，中央文献出版社 2004 年版，第 745～746 页。

人民负责和向党的领导机关负责的一致性"①，既主导了党和政府工作的内容，也成为贯穿党和政府工作始终的准则。它在我们党的理念和实践中获得指导地位。当前，我国发展进入新时代，科技发展使社会主义民主对党的工作实践提出了新的要求。适应以互联网为主要载体的新科技要求，成为党的工作践行自身本质彰显特色必须解决的重要课题。对具有强烈自我革新意识的中国共产党来说，推进网络空间工作方式方法建设就成为其在新时代中彰显马克思主义政党本质的新要求、新举措。

第三，网络空间工作实践的实质分析。从党的工作方式内容系统分析，网络空间工作实践包含如下内容：一是目的意蕴。党和政府开展工作的目的是为实现最广大人民群众的根本利益，即实现《中国共产党党章》规定的党的性质，实现为人民服务宗旨，本质是为人民执政，所以我们党的网络空间工作实践的首要目的就是要利用新技术手段为人民服务，其实质是践行一切为了人民、实现人民当家作主的目的。二是途径意蕴。党和政府工作要实践"从群众中来，到群众中去"的路线，依靠人民群众来实现对国家和社会事务的管理，实现人民当家作主的主人翁权利，保障人民群众的国家主人地位，这一意蕴恰恰是网络能够提供给党带领人民治理国家的最大优势和便利。三是程序意蕴。依靠群众管理国家和社会事务过程中，要按照民主原则、以民主方式和手段处理问题，走民主程序，实现为人民服务的价值追求，这也是网络空间民主实践所拥有的独特优势。上述三层含义表明，在互联网建构起的虚拟社会中，党和政府引导广大群众有序参与国家和社会治理，从而利用网络便利，构建起和谐的党政关系和党、国家、社会三者关系的合理框架。

二、网络空间民主参与与政党活动的关系

网络空间民主参与的兴起、发展及态势，有着自身的历程和属性。它在西方国家首先萌芽和发育，所以在西方民主政治和政党活动中首先表现出一些基本属性，与西方国家政党活动密切关联。此处以网络空间民主参与与西方国家政党活动为视角，观察网络空间民主参与与政党活动的一般关系，分析二者的互动状态，为比照分析网络空间民主参与与我们党领导人民有序参与国家治理活动二者关系奠定一般基础。

---

① 《毛泽东选集》第3卷，人民出版社1991年版，第1094页。

（一）网络空间民主参与对政党活动政治生态的改变

网络空间民主参与对政党活动生态的改变，主要通过改变其政治生态集中表现出来。这种对政党活动政治生态的改变，主要作用于政党活动主体及其政治参与的广度、深度和效果。

1. 网络空间民主参与是影响政党意识和价值指向的变量

17 世纪 60 年代，世界上两个具有现代意义的政党诞生。到 21 世纪初，世界上的政党总数达到 5000 余个，200 多个国家和地区中只有 20 多个没有政党，政党在世界各国和地区民主政治发展中的地位可见一斑。有学者曾讲："从政治体系而言，政党的出现是由于民主政治发展的需要。"[①] 这一观点揭示了民主政治自身发展的内部驱动力对其他政治现象的作用。作为新生事物的网络空间民主参与在民主政治发展中的价值，存在困惑和质疑，其发展是在乐观与怀疑并存的状态中展开。"有许多证据表明，在多数国家中，政府、国会、政党以及政客的合法性危机在不断地增长和扩散，包括美国和西欧。"这种"合法性危机"的出现与网络技术、电子民主的崛起之间存在着因果关系："因为因特网被看做最终自由技术，所以它在市民间的普及被认为是代表制度和参与制度中政治弊端的潜在拯救者。同时，批评家已经发出了对电子民主危险性的警告，更不用说对破坏市民关系的潜在力量的警告、对精英人物和煽动政治家吸引公众注意力的警告。"[②] 这一论述在给出互联网与民主之间关系的必然性基础上，向人们展示了一个基本事实：网络空间民主参与或电子民主对民主政治生存环境形成巨大冲击和改变——积极的或消极的。网络空间民主参与就是在这种与民主政治生态环境的博弈中兴起并发展起来的。政党作为当代国家民主政治的重要主体，承受着网络空间民主参与带来的变革压力，集中地将网络空间民主参与对民主政治的冲击表现出来。政党活动成为一个重要变量，承受着来自网络空间民主参与对民主政治的冲击。

观察当前世界各国民主政治的发展阶段、结构和历程不难发现：今天，政党的活动及其变革也是当代民主政治变革的结果。在政党活动及其变革中，网络空间民主参与作为一个重要变革因素，一定程度上影响着"政党所具有的独

---

① 周淑真：《政党和政党制度比较研究》，人民出版社 2001 年版，"前言"第 1 页。

② ［美］曼纽尔·卡斯特主编：《网络社会：跨文化的视角》，周凯译，社会科学文献出版社 2009 年版，第 399 页。

立的意识形态、价值指向、组织体系、运作规范及实践活动等"①，影响政党的纵深发展和演进。网络空间民主参与对政党活动的影响和变更，正是通过对政党意识形态、价值指向、组织体系、运作规范及实践等内在规定的政治生态的改变而起作用的，并在政党竞争的载体——选民身上得到集中体现。

2. 网络空间民主参与带来政党活动参与主体的变革

对选民而言，扔石头、折树枝、纸制投票或网络选举，都是他们表达意愿的具体形式。区别不在民主意愿内涵，而是表达意愿的途径，以及与不同政治家、政党或领袖达成契约的成本。"社会性技术的发展不会决定政治的结果，相反，它只不过是改变了与政治相关的政治协调、动员和组织的机会和成本的架构。"② 布鲁斯·宾伯这一论断向人们指明网络技术对民主政治进程影响的关键。

如此，民众、政客或领袖必须承认一个事实：传统意义上的选民，经过互联网终端的联接，摇身一变成为现代科技"产物"——网民；那些网络上积极活跃的政治参与者，正在以一种便捷、廉价、影响传播力空前的方式，参与到政党活动和民主政治中，寻求网络公共空间参与权。越来越多的民主政治热心者在接近并使用网络，这是政党与社会关系嬗变中的一个重要环节。网络自产生和发展以来，它的覆盖面和效率扩展了民主政治主体的参与途径和方式，获得继立法权、司法权、行政权、大众传媒之外的"第五种权力"地位，这是对网络空间民主参与影响力的一种高度概括。在这"第五种权力"的基础上，普通民众的政治参与机会获得提升，政治民主、政治平等权利得到技术保障。对世界各国政党而言，网络政治主体的参与极大地改变了它们发展的政治环境。在互联网使整个地球都变为一个村落时，各国政党的活动都承受着来自国内、国际的双重塑造与冲击。可以说，网络空间民主参与已经成为一种新的政治实践，影响着政党的生存、发展和政治行为。

3. 网络空间民主参与影响政党活动主体政治参与的广度、深度及效果

互联网的发展，客观上存在着拓展网络主体民主政治参与广度和深度的可能。然而这并不意味着网络空间的民主实践一定带来积极成果。

---

① 王韶兴主编：《政党政治论》，山东人民出版社 2011 年版，第 43 页。

② ［美］布鲁斯·宾伯：《信息与美国民主：技术在政治权力演化中的作用》，刘钢等译，科学出版社 2010 年版，第 222 页。

　　网络使政治主体的民主参与获得更广阔的空间，这是乐观派认可的事实。有数据证明，不考虑管制或专制束缚，依靠互联网，人们可以获得更多的运动信息，并且人们从互联网寻求信息帮助的比例也呈上升状态："美国公众因为认为其他媒体未提供足够的信息而获取在线信息的比例从 2000 年的 29% 增长到 2002 年的 43%。"（见表 1-1）现实表明，人们越来越倾向于从网络中寻求信息支持。

表 1-1　互联网在美国政治方面的使用　　　　　　　　　　单位:%

	1998 年	2000 年	2002 年
1. 竞选新闻	6	18	13
2. 在线浏览竞选新闻的原因			
信息更为方便	—	56	57
其他媒体没有提供足够的信息	—	29	43
新闻资料反映了个人兴趣	24	6	8
3. 在线浏览竞选新闻者的活动			
搜索候选者关于问题的立场	—	69	79
搜索候选者的投票记录	30	33	45
参加在线民意测验	26	35	39
参加讨论/聊天小组	13	8	10
向候选者捐款	—	5	5
访问政治网站	—	19	32

资料来源：[美] 曼纽尔·卡斯特主编《网络社会：跨文化的视角》，周凯译，社会科学文献出版社 2009 年版，第 406 页。

　　对上述数据进一步分析发现：无论政党对网民的态度及二者之间的互动如何，在参加到网络社会的网民中，政治参与积极性和热情在各方面都在总体上保持着上升势头。是否可以由此断定网络空间民主参与使得全体民主政治主体的参与度拓展了呢？答案似乎是肯定的。表 1-2 和表 1-3 中数据呈现的稳定或上升趋势可说明这一点。

表 1-2　美国互联网使用人口统计　　　　　　　　　单位:%

	1996 年 10 月	1999 年 4 月	2001 年 2 月	美国人口
大学学历	48	39	35	25
女性	36	45	47	51
高加索人/白人	88	86	84	75

资料来源:［美］布鲁斯·宾伯《信息与美国民主:技术在政治权力演化中的作用》,刘钢等译,科学出版社 2010 年版,第 206 页。

表 1-3　为政治目的使用互联网者在接入互联网总人数中的比例　　单位:%

	1996 年 10 月	1998 年 2 月	1999 年 4 月	2001 年 2 月
搜索政府或官方正在进行的活动	26	28	30	41
与公共官员或官方候选人联系	10	9	9	14
表达对政治或政府的观点	12	12	13	20
了解政治事件	30	29	32	37
不带特定目的地浏览政治信息	32	31	33	34
这些访问活动的成年人占接触互联网的成年人的比例	47	43	52	56

资料来源:［美］布鲁斯·宾伯《信息与美国民主:技术在政治权力演化中的作用》,刘钢等译,科学出版社 2010 年版,第 209 页。

　　值得关注的是,为政治目的使用互联网人数在 1996 年和 2001 年美国大选中的比例是呈绝对上升趋势的,尽管这一变化在互联网使用人数数据中没有表现出正相关性,但仍能说明在政党发展中网络空间民主参与的发展态势及其对政党发展政治生态的改变。在捐赠上,互联网作用体现比较典型:在大选中使用互联网获得政治信息的人们具有更大的捐赠倾向，在 2000 年美国募集捐赠、出席政治事件以及选举中互联网作用显著。政治捐赠是美国为代表的西方国家政党活动得以正常开展、赖以维持和发展的重要力量。

如此一来，使网络主体情有独钟的民主政治参与实践广度和深度拓展的作用效度如何？这一点可以从以美国为代表的政党活动中获得启示。回顾美国历次大选，在经历从报纸、演讲、集会到广播、电视到网络这样一个基本发展脉络之后，2008 年"网络总统"奥巴马的成功当选给网络以不可忽视的"政治"地位，也证明网络政治参与的广泛存在。这一变化脉络使得网络空间民主参与在以总统选举决定党派竞争成败为标志的西方政党活动及执政中获得不可动摇的地位。

批判者未必赞同上述结论。有人认为，纵然有计算机和网络技术崛起和广泛传播，但网络空间民主参与的广度和深度都未出现预期效果。"自从 1997 年它作为一种公共空间成立以来，其相对于国家决策而言的自主性被认为是它未来力量的指示器，但我们发现它的核心组织部分和受众都毫无扩展的迹象。它依然是专家的空间，只对主干部分少数几个为网络生存直接负责的人发挥作用。""新技术并没有从根本上改变可以使大型媒体组织保持市场操控地位的潜在的经济因素。"① 这一分析为全面观察网络空间民主参与及其影响提供了新视角。即便是肯定网络空间民主参与的巨大影响，但有不少人对其功能保持不太乐观的态度："过多依赖即时的'电子民主'可能导致民众非理性的'情绪性民主'左右政治。"② 对政党政治而言，网络空间民主参与更重要的意义在于，它的产生和发展改变了传统意义上政治主体对客体的政治控制，以互联网的巨大影响改变执政党和网络空间主体之间的动态平衡，最终影响着整个社会的政治稳定。因此，在网络时代进行有效的政治控制，建立一种和谐有序的政治秩序，是所有国家执政党面对的重大课题。

综上，对网络空间民主参与、网络空间民主参与对政党活动及其生存环境的影响及其原因，可作如下归纳。

（1）主观意识上，网络空间民主参与不可能完全替代传统民主形式，它与

---

① ［加］罗伯特·海科特、威廉姆·凯偌尔：《媒介重构：公共传播的民主化运动》，李昇平、李波译，暨南大学出版社 2011 年版，第 47~48 页。

② 李斌：《网络政治学导论》，中国社会科学出版社 2006 年版，第 204 页。

传统民主形式存在着无法逾越的障碍，这种障碍并非来自新技术的使用技能缺陷，也并非使用者尤其政治家们的物质条件造成的不可能，而是在网络便捷和高效状态中政治家对控制政治过程的内在驱动使然。这种政治控制的内在驱动力使掌权者继续在传统通信模式中徜徉，而对开放的互联网保持着潜在的抗拒。

（2）价值论上，网络空间民主政治参与具有极大的先天缺陷——"蒙面式民主"，导致网络空间民主参与主体的政治参与效度仍然有限。目前，从国外包括发达国家在内的民主实践来看，在选举的投票人登记、各阶段的审议、投票选举等各个环节中，完全实现互联网投票取代传统的投票方式是不可能的。这种远程投票，在其合法性、实践性和财政支持的可靠性上，都缺乏必要的条件。信息掌握者的主观意愿和网络空间民主参与的自身缺陷两方面共同决定：网络空间民主参与只能是传统民主形式的补充、修正和完善，而不可能是完全意义上的替代。因此，网络空间民主参与仅仅是新型的民主形式中符合科技发展潮流趋势的一种而已。十几年来美国政党竞争和总统选举的事实证明此论断的正确性和客观性。

（二）政党对网络空间民主参与的捕捉和运用

政党作为现代政治活动的重要主体，在新科技带来的影响和冲击中不会束手待毙。各国政党都对网络空间民主参与的发育和影响保持着高度警惕，并在自身活动中对之进行有效应对。

概言之，20世纪后半期，政党活动处境分为两大方面：压力和动力。压力是指公众对政党活动的民主参与的弱化或衰退。对此，持批评意见最为严厉的学者是美国本杰明·巴伯。在"强势民主"理论中，本杰明·巴伯指出，在代议制民主中，各项政治活动的公民参与不断弱化；他认为，民主要实现超越，不能仅仅局限在国家民主层面上，不能仅仅在选举国家领导人、选举代表层次上吸引公众参与民主活动，而要扩大参与领域，扩展参与范围，要全面强化公民对政治的直接参与，发展强势民主，因为在巴伯看来，"强势民主是参与型民主的一种独特的现代模式"①，这一观点揭示了西方政党活动面对形势中不利的一面，即政党发展面对的压力。动力则是指随计算机和网络技术发展而崛起的网络空间民主参与，既改变政党活动的外部环境和政治生态，又使面对民众热

---

① ［美］本杰明·巴伯：《强势民主》，彭斌、吴润洲译，吉林人民出版社2006年版，第141页。

情衰退束手无策的政党看到希望和曙光。政党工作者和政党领袖注意到网络政治参与新形式带来的政治主体新奇感，注意到网络给政党信息发布和传播带来的便利，注意到网络信息传播的惊人速度和范围，敏锐地捕捉到政党发展的信息和契机，发展了政党驾驭网络政治参与的战略思维。从这种压力与动力并存局势分析，在西方国家政党活动中，网络空间民主参与改变了政党的生存及运作模式，其发展趋势和潮流与政党活动趋势和潮流相互影响、相互依存。

从网络霸权的两个主要表现——美国霸权和英语霸权角度分析，互联网40%的网民在美国，互联网信息流量的80%使用英语。① 对西方国家政党活动及其工作思路的分析，以美国政党发展思路为例进行研究。网络空间民主参与对美国政党发展的影响，不仅表现在美国政党发展思路的改变上，也通过美国政党发展战略具体展示出来。

1787 年 12 月，为维护联邦权力，汉密尔顿等在《纽约邮报》（New York Packet）、《纽约日报》（New York Journal）、《独立时报》（Independent Journal）和《每日广告商报》（Daily Advertiser）等四家报纸上连续发表 23 篇文章，此后一段时间联邦党人和反联邦党人之间围绕着"信息与美国政治发展的关系"展开较量。在联邦党人汉密尔顿看来，"一个社会对于信息的掌握程度可以衡量其社会的发展程度"。但在布赖恩等反联邦党人看来，"一旦民主政体的范围越来越大，政治信息终将变得过于复杂，以至于无论是普通公民还是官方政府都无法掌握这些信息……在大型的民主中，政府面临一个困境：对于公共利益和私人利益，或者只能掌握一个粗略、片面的印象；或者在掌握完整的公共情况和公共需求时，崩溃在大量繁杂的信息面前"②。以汉密尔顿为代表的联邦党人和以布赖恩为代表的反联邦党人之间的较量，目标指向一个关键问题——信息。当时信息最好的形式是广播、报刊等，不是网络信息，但这种对于媒体和信息的意识及思考深度，称得上是真知灼见，这种对信息价值的乐观主义和怀疑/悲观主义态度在未来网络信息效度判断中也是两种主要思想流派。

尽管存在信息效度的认识分歧，但联邦主义者和反联邦主义者在一个关键点上达成共识：在信息与民主的关联中，信息是民主成败的关键，信息状态是

---

① 参见李民、李宏等：《领导干部如何应对大众传媒》，中共中央党校出版社 2008 年版，第 99 页。

② ［美］布鲁斯·宾伯：《信息与美国民主：技术在政治权力演化中的作用》，刘钢等译，科学出版社 2010 年版，第 33 ~ 35 页。

制度安排的关键。所以，其后的联邦主义者和反联邦主义者的有关政治信息争论就主要围绕具有复杂性的和最恰当的政治安排展开。在上述争辩奠定的理论根基中，虽然他们对信息的观点没有得到足够的重视，但美国还是实现了19世纪早期、19世纪80年代至1920年前后、20世纪50～70年代三个阶段的信息转变，信息载体发展到电报、电话、电视的丰富程度，美国政治信息从"黑暗时代"进入光明。与此相伴的是美国民主化核心——国家化政党的成熟与发展。在这个过程中，1832年，民主党人就是通过传统媒体增强党的力量，以致在19世纪中期，美国政党被视为一种新兴的、特别适合利用新的社会通信能力和通信机会的组织形式。媒体和信息对政党的影响和政党对信息和媒体的主动运用呈现出来。经过政党与信息控制关系的几度变化之后，在20世纪50年代前后，政党角色在政治通信中逐渐隐退，政党转移到选民背后，电视技术和民调作用引发以候选人为中心的竞选的兴起，以政党为基础的竞选暂时告别政治舞台，直到20世纪90年代党派的小苏醒——新的党派重组成为一种组织化的政治顾问。这种反复调整显示了西方政党在信息媒体冲击下不断调整自我（上述党派的小苏醒属于组织变化、组织调整），从而取得自我发展的战略思路和策略。西方政党根据媒体信息的特点调整发展战略还有一个典型，即以运作模式调整来适应外界挑战，从而获得发展。这个典型是胡佛（Herbert Hoover）总统竞选演讲时间的安排：共和党根据周一听广播的人将会更多的权威估计，把胡佛的竞选演讲时间从周六晚上调整到周一。上述两例清晰展示出信息媒体（反映的是政治主体参与变化）在美国政党活动中的影响，以及美国政党对这种影响的回应。

在前三次信息革命及其引起的多元主义思想动态发展中，美国信息与民主政治、信息与政党的关系调整进入第四次信息革命与后科层多元主义时代——20世纪90年代以来。这一时期，互联网在美国政治生活及政党活动中起了重要作用，虽然它不能完全取代传统媒体信息传播方式，但是，当代信息技术发展确实引起了许多新变化。信息的密集、政治沟通成本和结构的实质性变革，是乐观主义学派和悲观主义学派均不能否认的。信息的密集或信息丰富，给民主政治或政党活动带来多方面冲击，其中之一就是以更多更深层次参与为基础的网络信息对政党组织形式和边界的性质的冲击，即海克施尔（Charles Heckscher）和阿普勒盖特（Linda M. Applegate）所讲的打开原来闭环的组织界线。在网络信息、网络主体政治参与或说网络空间民主参与对这种"闭环的组织界线"冲击中，冲击对象除了上述政党的组织结构之外，还包括对政党成员及其性质的冲击。网络空间民主参与的特点决定：西方政党的成员会比传统政治组织形态下更为自由、更为广泛、更具选择性的自主流动。网络空间民主参与时代，人们再也不必受时段、费用和选择性利益的束缚。由此，布鲁斯·宾伯认为，后科层制政治组织的限制因素是多重的，至少包含以下因素：

1. 大众传媒和公众注意力的动力学；

2. 与一成不变的正式政府机构的互动的需要；

3. 基于以信任和熟悉为基础的个人关系的重要性；

4. 需要在事件和过程中保持可持续的运作；

5. 廉价信息和通信带来的价值贬值。①

现代西方国家政党属于后科层制政治组织范畴，发展必然受到上述因素的制约。

从新世纪西方国家政党对网络媒体的运用情况判断，当代西方国家政党正更加自觉、主动地运用网络媒体扩大政党、政党领袖的影响。西方国家政党在选举或其他重要宣传、竞争环境中，都把互联网作为重要技术支撑平台。它们在利用网络建立自身竞选资源的同时，进行丰富多样的在线募捐，为政党选举和发展筹措资金。2000 年美国总统大选，在当时掀起了一股网络争夺浪潮。共和党和民主党两党竞选人为扩大自己的影响力，纷纷建立网站，强化宣传自己的竞选纲领和政治主张，力求获得更多网络选民支持。美国"滚动虚拟辩论"空间由 17 个顶尖网站合作建立，在这个公共领域内，每天都会发生网民自由提问和总统竞选候选人回应或辩论的民主互动行为。② 除美国外，英国、德国、日本等国政党都建立了政党网站，政党领袖建立个人网站，充分将网络空间民主参与贯穿到政党选举和政策制定中。2001 年，英国工党创建独立网站，以动员年轻选民为目标。在 2005 年英国大选中，据称有 18% 的人认为，互联网帮助他们作出了更明智的选择，19% 的人称互联网帮助他们下定决心，或是坚定最初选择，或是作出改变。③

上述论证和分析展示出包括网络在内的媒体信息、大众参与对西方政党发

---

① ［美］布鲁斯·宾伯：《信息与美国民主：技术在政治权力演化中的作用》，刘钢等译，科学出版社 2010 年版，第 102 页。

② 参见谭国雄：《世界政党对互联网的运用与启示》，载《桂海论丛》，2005 年第 1 期。

③ 参见马千山：《英国政党对互联网的应用》，载《中央社会主义学院学报》，2008 年第 2 期。

展的影响、脉络及西方政党对这种影响的态度。这种动态过程，展开了网络空间民主参与与西方国家政党发展之间的互动。当代西方发达国家多注意到网络空间民主参与的巨大能量，注重借助网络助推力实施政党战略。近年来，西方国家高层借助网络、电视等媒介释放政党能量的事例颇为普遍。"据不完全统计，目前使用微博的各国元首已达 60 多位，其他政党政要则不计其数。"① 俄罗斯总理梅德韦杰夫、德国总理默克尔都是通过微博实现与普通民众的近距离互动。

（三）西方国家网络空间民主参与与政党活动关系总结

在世界各国政党活动中，网络空间民主参与正在极大地影响着政党的政治生态环境，改变其政治运作模式和规范，起着越来越举足轻重的作用。在西方国家，网络空间民主参与的这种作用通过网络选举、网络监督、网络结社、网络决策等表现出来。但这一形式发挥作用的群体和范围具有明显的局限性（如2008 年奥巴马选举成功，年轻人这一特定群体选民起的作用就非常明显），它在整个选举和政党政治时代的价值不是对传统选举方式的100% 替代。如布鲁斯·宾伯讲，传统快递方式和"一种政治信息和通信丰富的环境"并存且具有同等重要的战略意义，民主、网络空间民主参与和传统民主形式的关系，正是如此。

很多时候，人们会感到网络空间民主参与发展对现实民主政治中代议制度构成的潜在挑战。在信息化条件下，网络空间民主参与已成为现代社会民主政治的一个基本要素。在上述网络空间民主参与与西方国家政党活动、政党实践的分析中不难看出，这种潜在挑战未必成为对抗性现实。网络空间民主参与可以通过虚拟社会平台支撑，为现行制度挑战者和制度维护者双方提供充分、畅通的表达渠道，使挑战者和维护者双方都作为政党实践的重要参与者，在法律允许框架内自由博弈，并最终达成一致或妥协，从而推进政党实践民主化进程。在这一层面上，当前阶段的网络空间民主参与，正是以一种崭新的形式，成为一个魅力四射的桥梁，成为制度化政党政治与非制度化政党政治的纽带。

懂得网络空间民主参与的实质，是更好地理解政党和政府机构制度化运作和民意代议制度及其运作的途径。无论政党选举还是政党工作开展，临时或常设组织机构、代议机构，都有一套更为制度化的运作程序及规则。网络空间民主参与通过讨论、投票等方式，将网民意愿反映出来，与代议机构和政党组织

---

① 邹国煜：《国外政党创新群众工作的方式方法》，载 2013 年 6 月 12 日《党史信息报》。

密切交流，相互渗透，对政党组织和代议机构产生影响。这种影响超越网络空间民主参与活动本身简单回应的范畴，进入一个双向互动的更大空间。

1. 互动关系效果的双重性

当然，网络空间民主参与与西方国家政党活动的双向互动有积极和消极两重效果。影响这种效果的因素主要包含四个方面：

（1）制度化政治体系的相对开放程度或封闭程度；

（2）精英联盟稳定与否；

（3）是否存在精英盟友；

（4）国家的镇压能力与镇压倾向。①

上述四个方面构成网络空间民主参与与政党工作活动二者矛盾体的基本结构，是产生积极或消极效果的内在动力源。四者之间以力量强弱为基础，互相制约，最终决定网络空间民主参与与政党活动之间互动效果的性质和走向。事实上无论美国还是西欧，政党选举和工作开展与网络空间民主参与都在政治活动中成为交叠的、相互依赖的因素。2008 年奥巴马在美国总统选举中获胜表明，在信息化社会中，网络空间民主参与扮演关键角色，甚至可以受到一些老党的欢迎和支持。

这种欢迎和支持，从本质上说依赖于网络空间民主参与的内在特质——网络空间民主参与与代议民主的四方面互补性。

一是网络空间民主参与的季节性、年份性约束少，代议制民主的季节性、周期性强。在西方国家政党活动中，代议制民主活动多集中在选举之年或其他重大事项中，具有时间限制和周期；而网络空间民主参与活动可以在任何时间持久进行，不受周期性干扰和约束，无时无刻不在发挥作用。

二是网络空间民主参与具有更直接、广泛地反映公民心声的特异性。常规代议制民主多围绕着粗线条、广泛的选项表达而进行，如美国大选中对于党内某个或某几个具有广泛代表性人物的支持或反对，或提出新的候选人等；网络空间民主参与则可以避开这种粗线条、广泛的弊端和约束，针对更多、更广的社会议题进行讨论和意见表达，从而影响政党行为。同时，网络空间民主参与是网民直接表达心声，不经由中间环节的信息传输和损耗；而传统代议制民主

①　［美］杰克·戈德斯通主编：《国家、政党与社会运动》，章延杰译，上海人民出版社 2009 年版，第 200 页。

是由代表代替选民表达意愿，一旦代表产生，其后代表的言行能否真实代表选民意愿尚存在主观意愿和客观能力的变数。

三是网络空间民主参与提供了民主制度建设的新方法。民主政治建设的路径和方法是公众关注、研究探索的焦点。传统民主形式对西方政党活动来说，已经经历了200多年的检验，但对于网络技术时代条件下民主和政党政治发展中遇到的新问题、新矛盾应该如何应对，还处在一个观察、比较、反思的过程。网络空间民主参与适应计算机和网络技术的发展，为推进或重塑政党发展提供了新的思路。

四是网络空间民主参与能够影响政党活动结果。网络空间民主参与针对特殊议题，可以在各个团体和网民之间展开充分的交流和交锋，避开种族、身份、经济地位和年龄的弊端，对自己关心或关系政党发展的大小事情表示充分的赞成或反对。

2. 以新型技术为依托，在媒介与民主的互动中实现与政党活动的关联性

网络空间民主参与从产生到发展，都依赖互联网技术提供的物质平台。网络空间民主参与的发展和扩大进程，技术上取决于计算机和互联网技术的传播和发展。互联网的迅速崛起，冲击了民主政治的发展生态，对民主政治发展产生重大影响。在互联网的支撑下，网络空间民主参与拥有了传统民主形式难以比拟的速度、效率和公平优势，将其触角延伸到世界每个角落。每时每刻，都有数以万亿计的信息在看不见的信息高速公路上传递着，从而才可能形成"精通网络的活动分子有可能在他们的家中向决策者施加压力"① 的局面。各色各类思想互相影响，特别是民主时代人们都普遍关心的各项民主权利实践问题，更是借助网络技术，到处散播，实现媒介与民主的互动推进。

在网络媒介与民主之间，并不总是一种良性互动、和谐共进的关系。网络空间民主参与自身也存在与传统民主形式的诸多冲突。网络空间民主参与毕竟有诸多难以克服的缺陷。但与网络空间民主参与对民主思想的传播和交锋、冲突和共容而言，相辅相成还是更深入人心。人们对在规范和制度基础上实现网络空间民主参与与现实民主之间的和谐互动，依然充满期待。正是在如此和谐互动中，网络空间民主参与推进了大众媒介与民主的结合——高度交互性、隐

---

① 史达：《政府网络与网络政治：多维视角的研究》，东北财经大学出版社2011年版，"前言"第1页。

蔽性、平等性和非中介性。网络空间民主参与与政党活动之间的关联性，就在媒介与民主的这种冲突和共进中完成。

三、网络空间民主参与与我国现代治理体系的辩证关系

随着 20 世纪中后期政党政治的形成和发展，各国政党在国内民主政治进程中均扮演着举足轻重的角色，同时面对政党政治发展全球化带来的机遇和考验。网络空间民主参与作为民主政治全球化的内容之一，给各国政党政治发展带来风险，也给我们党治国方略带来考验。在我国民主政治进程中，网络空间民主参与与我国传统现实社会民主实践二者之间存在互动关系的基础，这依赖于二者共同生存并服务于中国特色社会主义民主政治发展的目标和任务。

网络空间民主参与与我国现代治理体系二者之间有着广泛的联系，有着丰富的互动内涵。之所以能够存在这样密切的互动关系，其重要基础和核心支撑就在于，网络空间民主参与自身属性与我国现代治理体系之间存在互相促进的可能。这种可能存在的一个重要条件在于，在网络空间民主参与和我国现代治理体系之间产生了一个重要的变量——互联网技术。互联网技术使中国民主内涵拓展出一个网络空间民主参与的新内容，同时使党治国理政增添了科技的新内容，并在二者之间产生重要的互动关系（如图 1-1 所示）。

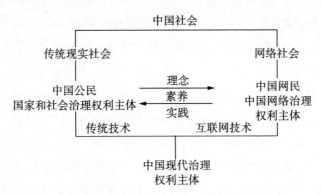

图 1-1　网络空间民主参与与我国现代治理体系互动关系框架

（一）网络空间民主参与与我国现代治理体系互动关系的基础

网络空间民主参与与我国现代治理体系之间之所以存在互动关系，其基础有赖于网络空间民主参与具有的三方面重要特征：平等性、互动性和微观属性系统。正是在这三方面内容的支撑下，网络空间民主参与与我国现代治理体系

之间发生着复杂的互动关系。

1. 网络"电子人"的平等性是网络空间民主参与与我国现代治理体系互动关系的实践主体支撑要素

在电子公共空间内，网络空间民主参与突破某些传统代议制民主实践对选举制度设计中平等精神的冲击，实现了更深远意义上的民主参与主体的平等性。在诸如论坛板块、网络社区等网络公共空间中，普通民众与议员、代表或委员乃至国家元首等进行直接沟通和对话，不再简单地受制于等级和官阶限制，这在今天已经成为常见现象。网络空间民主参与的这种优势，使更多具有政治热情的人积极参与到民主实践中来。这样，客观上带来一个积极效果，民主活动主体呈现扩大化、多样化趋势，这种变化了的主体构成就冲破了传统的社会秩序结构，克服了传统社会基于社会职务、地位的束缚，一定程度上避免了社会阶层和职业等给民主实践带来的约束，"形成了'电子人'之间话语权上的相对平等"①。

这一局面的出现，对我国民主进程尤其是党带领人民有效治理国家来说，无疑具有极大的积极意义，"互联网的平等性使民众的民主权利更有保障"②，网民的自由言论权得到发挥，表达权得到实践，虚拟空间支撑下的国家和社会治理参与主体在平等性上获得突破。

不过，网络空间的民主行为具有很大的局限性，其平等具有相对性，从而使网络空间民主参与对国家和社会治理参与主体平等性的推进具有局限性。形形色色的网络社团、论坛板块等，也有领袖和权威。与众多的普通网民相比，网络领袖、网络权威也享有一定的特殊权利。网络实践主体的平等性在于：这种网络空间民主参与实践中的网络意见领袖和权威的形成条件是人人具备的，它超越社会等级或职务的束缚，只要参与者勇于实践，积极参与论坛板块或网络社区活动，而不是只做沉默的听众或看客，靠自己的能力和努力都可以上升到虚拟空间的网络意见领袖或权威"阶层"中。这就是网络空间民主参与实践主体的平等性拥有"绝对平等"特征的真相。

2. 网络空间民主参与互动性是网络空间民主参与与我国现代治理体系互动

① 侯彬：《试析"网络民主"特征及其对民主政治发展的影响》，载《中共云南省委党校学报》2005 年第 1 期。

② 王守光：《加强网络环境下民主执政对策研究》，载《理论学刊》，2009 年第 12 期。

关系的实践途径支撑要素

互动，是指一种不同主体彼此间的相互影响和内在关联。它更多地表现为一种作用和变化的意蕴。互联网独特的互动内涵，成为网络空间民主参与高度互动性的成因。由此，互联网本身就是网络空间民主参与主体间彼此沟通彼此影响相互作用高度"互动"的代名词。基于互联网的独特属性，更多人对曼纽尔·卡斯特的"互联网的附加值"观点表示赞同，认可它的"自治通信潜力"分析。①

与现实社会人际之间、系统之间、事物之间的相互影响和关联一样，网络空间民主参与极大地拓展了网络互动广度，拓展了不同主体间的互动深度，影响了政党工作的主体互动内涵。马克思曾说："社会——不管形式如何——是什么呢？是人们交互活动的产物；社会结构最终是由个人行为及其互动所构成和保持的。"② 在网络社区，所有人都可以畅所欲言，发布真实见解，而且可以在第一时间收到关注此话题或议题的其他主体的回应。

网络空间民主参与互动性特征赋予网络空间民主参与多维度内涵，也使得党带领人民管理国家事务和社会事务具有更多的互动属性和要素。所有参与到网络协商、网络监督、网络决策、网络交流中来的人或机构、组织，无论是普通网民、政治家、政府官员、国家领导人，还是政府机构或民间团体组织，只要参与网络空间民主政治活动，就都是网络空间民主参与的主体，而这些网络空间行为主体与现实国家事务和社会事务治理主体二者之间存在着一定的重合，从而使网络空间的民主参与反映、影响到现实社会民主实践。网络空间民主参与的互动性特征可通过图 1-2 的互动方式表现出来：

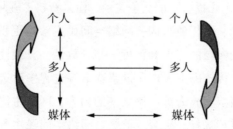

图 1-2 网络空间民主参与的互动性特征

---

① 参见［美］曼纽尔·卡斯特主编：《网络社会：跨文化的视角》，周凯译，社会科学文献出版社 2009 年版，第 405 页。

② 《马克思恩格斯选集》第 4 卷，人民出版社 1995 年版，第 532 页。

这些互动要素彼此影响、彼此关联，从而实现网络空间民主参与的一对单、一对多、多对多网格式信息交流和分享——交叉进行，实现网络空间民主参与的互动运行。网络空间信息与民主行为的互动性有多强，它对传统现实社会民主的影响就有多大：信息的流动、主体的互动、彼此之间的刺激和反应，都在现实民主治理实践中体现出来，成为民主参与者们热衷的话题。

3. 网络空间民主参与的诸多微观特征是网络空间民主参与与我国现代治理体系互动关系的实践过程支撑要素

与传统民主形式相比，网络空间民主参与新路的"开放直接""廉价便捷"等特征，成为网络空间民主参与的独特优势，也成为网络空间民主参与作用于我国传统现实社会民主的更为具体的要素。这些优势的存在，依赖于网络公共空间提供的条件和便利，尤其是网络公共空间对现实政治、经济、文化、社会活动行为的虚拟承载。

（1）开放性、直接性和全面性。网络空间民主参与运行的空间——网络社区、网络论坛或网络公共空间具有阳光性或开放性，以网络信息自由流动为标志，网络空间民主参与具有直接性。因此，网络空间民主参与、网络政治被等同于"广场民主""广场政治"。"广场民主""广场政治"的优越性在于，避免了传统民主政治易于暗箱操作、信息封锁的弊病，很大程度上使民主摆脱了一直以来为人诟病的缺陷。

开放性和直接性并不能决定网络空间民主参与就是直接民主。网络空间民主参与强调更多直接参与，但直接参与的网络空间民主参与与传统民主方式之间并非完全冲突、"你死我活"的竞争关系，而是新技术崛起时代里对传统民主的丰富、补充、辅助、强化或巩固。网络空间民主参与更积极的优势在于，它扩大了传统民主公民参与的广度和深度。与开放性、直接性伴生的是网络空间民主参与的全面性。传统民主表现在投票选举等过程中对选举人和被选举人的信息控制，现在网络空间成为被广泛共享的内容，网络主体可以在充分了解和全面参与的基础上进行选择、决策或监督。网络空间民主参与运作过程中信息的全面性特征与信息的碎片化并存。在网络信息的综合意义上讲，网络空间民主参与的全面性特征是事实，但这种全面性体现在大量信息数据中，不会自动汇总，需要特定的人用特定的技术去综合分析；多数情况下，信息是以独立形式自由、碎片化存在的，单个数据包含的信息量是特定的，甚至离开宏观分析和界定，它有可能不能正确反映事实。

（2）便捷性和廉价性。网络技术以其便捷和廉价特征，打破了传统民主制度中的信息占用和分配形式，打破了特有政治群体对政治资源的垄断，使公众能够以便捷的形式获得无限量的自由流动信息。网络空间民主参与的廉价性则是指，网络空间民主参与实践需要付出的成本低，极大地改变了落后的交通、通信技术对民主参与的限制局面，"互联网为民主机制的建立提供了以最低消耗创造最大效益的基本途径"①。国际电联 1998 年底的报告显示："横跨大西洋光缆每话路分钟的建设成本不到 1% 美分，运营成本较高的国际通信卫星每话路分钟的综合成本也不超过 1 美分，如果合理利用，传输单位成本随着容量的扩大趋近于零。随着计算机性能的提高和价格的不断降低，家用电脑会越来越普及，网络越来越简便，费用越来越低廉。"② 网络空间民主参与使民主主体的构成、参与模式、参与广度和深度都发生了重大改变，使民主政治经历从暗箱模式到虚拟空间群众路线的重大转变，逐步推进人类自古希腊罗马以来就一直追求的民主梦想。

（二）我国网络空间民主参与的复杂影响

伴随着计算机技术的发展及互联网的崛起，网络空间民主参与对我国改革开放尤其是 21 世纪的中国影响巨大。近年来，我国学界和政界对网络空间民主参与的关注度越来越高。对民主政治和党治国理政而言，网络空间民主参与是一把"双刃剑"，它对我国社会主义民主政治产生着复杂的影响，在党带领人民管理国家事务和社会事务时有着鲜明的特色。

1. 我国网络空间民主参与的消极影响

网络空间民主参与具有显著优势，但也并非完美无缺。从民主主体、网络空间和舆论引导等现状看，网络空间民主参与依然存在严重缺陷。

一是网络空间民主参与可能造成新型的不平等——"数字鸿沟"，从而导致社会民主一定程度的不平等性。互联网带来"数字鸿沟"是网络空间民主参与研究领域公认的事实。根据经济合作与发展组织（OECD）的定义，"数字鸿沟"是指一种机会差异，在个人、家庭、企业和地区之间，基于社会经济水平的不同而导致的接触信息通信技术和利用互联网进行各种活动的机会的差异。在对信息通信技术的接触和互联网利用中，毫无疑问存在着个体和家庭以及企

---

① 王守光：《加强网络环境下民主执政对策研究》，载《理论学刊》，2009 年第 12 期。

② 郑曙村：《互联网给民主带来的机遇与挑战》，载《政治学研究》，2001 年第 2 期。

业和地区上的不同，这种不同有可能造成网络空间民主活动对平等权的事实侵犯。如有学者所指出的那样，"因特网确确实实是一项自由的科技，但它也解放出了对信息匮乏者的压制能量"①，"受到压制的能量"是网络空间民主参与实践不平等性的一种反映，这种基于民主实践主体的差异性及其对网络空间民主参与的负面影响是不可忽视的。新时代，伴随我国"网络强国"战略的推进，"数字鸿沟"正在不断缩小，但网络空间民主参与的这种消极影响尚无法彻底消除。

二是网络空间远未达到理想的程度，从而也使其对我国传统现实社会民主以及对我国现代治理的作用具有相当的有限性。网络空间作为一个虚拟存在的"社会"，其结构、运作及管理依然是网络技术探讨和攻关的范畴。网络空间为网络空间民主参与的发生提供了基本平台，但这种平台自身有一个发育过程。作为一个不断发展的动态事物，尤其从当前我国互联网发展态势看，网络空间距离理想的虚拟社会还有遥远的距离。"理想的公共领域绝非单一、普通的公共概念，而是能够开放给弱势者表达不同意见，容纳多样的意见表达，丰富公共论坛的多元性。在此公共领域传媒应提供开放的公共论坛，尊重弱势社群的发言空间，呈现多元化的报道，以彰显公共领域的精义及多元社会的理念。"② 从我国网络空间发展阶段分析，它显然无法达到理想标准，从而使网络空间民主参与的效应、网络空间民主参与对我国传统现实社会民主和我国现代治理体系的推进效果打了折扣。

三是"群体极化"以及网络暴政现象依然存在，并有可能在党的治国理政实践中产生不良后果。如果把网络空间背离理想公共领域的效应往前再推进一步，那么网络领域的"群体极化"和网络暴政现象马上就会浮出水面。在某种意义上，"群体极化"和网络暴政都是网络空间不完善、不理想的集中表现。"群体极化"（Group Popularization）一说最早由美国学者桑斯坦界定提出："群体极化"现象是指"团体成员一开始即有某些偏向，在商议后，人们朝偏向的

---

① ［美］曼纽尔·卡斯特：《网络星河：对互联网、商业和社会的反思》，郑波、武炜译，社会科学文献出版社 2007 年版，第 291 页。

② ［德］尤尔根·哈贝马斯：《交往与社会进化》，张博树译，重庆出版社 1993 年版，第 173 页。

方向继续移动，最后形成极端的观点"①。简言之，群体极化是指群体成员中原已存在的倾向性通过群体的作用而得到加强，使一种观点或态度从原来的群体平均水平，加强到具有支配性地位的现象。比较观察网络暴政现象与网络群体极化现象，二者具有相同本质：网络空间民主参与主体在非理性基础上，达成一种对事实真相的"支配"，一种带倾向性的支配，并且最终形成"网络多数"对少数人的"暴力"作用。在这种网络暴力作用下，在可控性极强的网络空间内，居于少数身份的群体的平等性被剥夺，平等言论权、自由表达权被压制，网络空间民主参与失去其最基本的平等要素，凸显了网络空间民主参与的消极效应。如果党和政府的工作被网络空间民主参与的这种消极效应所左右，那么网络空间民主参与必然会对真正意义上的人民通过互联网空间参与治理国家和社会事务的公平性造成伤害。

综合上述网络空间民主参与的主要特征，可以得知，网络空间民主参与并非游离于民主体制之外的"天外来客"，而是基于现代科技进步产生的新型民主作用方式。它蕴含于科技与民主、媒介与民主的密切联系中，冲击并考验着党和政府的智慧和战略。网络空间民主参与更新了传统民主（如广播民主、电视民主）与媒介的关系，发展和推进了人类民主进程，从载体上将媒介与民主的关系拓展到新的发展空间。网络空间民主参与的显著属性和主要特征，在于其对传统民主及媒介与民主关系形式的革新和集中诠释，从而构成了对党和政府工作的考验和推进。2014年2月17日，习近平总书记在省部级主要领导干部学习贯彻十八届三中全会精神全面深化改革专题研讨班上的讲话中指出："必须适应国家现代化总进程，提高党科学执政、民主执政、依法执政水平……不断提高运用中国特色社会主义制度有效治理国家的能力。"②贯彻落实习近平总书记的讲话精神，就必须正视并勇敢面对网络空间民主参与带来的挑战。

2. 我国网络空间民主参与的积极作用

网络空间民主参与与传统现实社会民主之间有着积极的关系。这种积极关系包含这样一个逻辑：网络空间民主参与为提高传统现实社会民主质量，促进传统现实社会民主发展提供动力和活力；传统现实社会民主以目的性和引导性

---

① ［美］凯斯·桑斯坦：《网络共和国：网络社会中的民主问题》，黄维明译，上海人民出版社2003年版，第47页。

② 《习近平谈治国理政》，外文出版社2014年版，第104页。

为标志，规范、运用、推进网络空间民主参与发展。在这一逻辑关系中，实现党领导人民对国家和社会事务的有效治理。

（1）网络空间民主参与为传统现实社会民主发展注入活力。传统现实社会民主不仅是一个制度范畴，也是一个技术范畴。传统现实社会民主必须依赖一定的技术平台，才可能更好地了解民意、汇集民智、反映民意、体现民意，使传统现实社会民主得以实现并获得更好的发展。网络是实现这一可能的技术支撑，网络空间民主参与是实现这一发展的重要推动力。

网络空间民主参与对传统现实社会民主的积极作用，必然要纳入我国整个民主政治框架内考察。从网络空间民主参与与传统现实民主的差异看，网络空间民主参与的特征给予其在传统现实社会民主发展中以重大的存在价值：网络支撑下的民主形态，"互联网像一张'不放过任何东西'的庞大的蛛网，它所具有的对信息的收集、存储、传递和处理能力，对打破政治生活领域内的信息垄断和由此衍生的集权控制，潜在地具有颠覆作用；它扩大了公众的知情权和选择权，天然地符合民主精神"①。正是基于这一优势，民主主体才具备了平等、真实、充分地进行信息共享的权利，优化政治参与、民主决策、民主监督，使政府的公开、透明、科学化向前推进，实现高质量的人民民主，促进人民民主发展。

（2）传统现实社会民主为网络空间民主参与发展确立框架规则。领导人民管理国家事务和社会事务是党长期革命和建设经验的高度总结，它的提出、实践和发展都是在社会主义制度框架内进行的，是符合我国社会主义政治制度构建和社会主义制度原则的理性选择。我国网络空间民主参与发展，作为社会主义民主政治进程中的新生事物和现象，它的地位确定和发展原则，必然要在不违背自身属性的基础上，遵循党和政府服务人民的工作原则的要求，受到党和政府工作目的的制约。网络空间民主参与发展要以助推党和政府工作为目的，才能符合社会主义国家民主政治要求；网络空间民主参与发展要遵守党和政府工作规律和要求，才有在社会主义民主制度中生存发展的余地和价值。

网络空间民主参与与党领导人民治理国家、管理社会事务的传统社会主义民主之间的这种积极和消极并存关系，是一个统一的系统，共存于新时代中国社会主义民主政治进程中。网络空间民主参与挑战或推进传统现实社会民主；

① 李永刚：《互联网络与民主的前景》，载《江海学刊》，1999 年第 4 期。

同时，传统现实社会民主引导、规范、运用网络空间民主参与。我国的社会主义国家民主主体——我国公民的政治追求中，二者之间的刺激与反应不断循环，实现更新；二者不断自我矫正，互相适应，走向协调。这是社会主义制度下的网络空间民主参与与传统现实社会民主的理想出路，是实现人民在党领导下有序参与的理想出路。

当然，理论上网络空间民主参与与传统现实社会民主二者也可能走向冲突和决裂，从而阻碍党领导人民治理国家。网络空间民主参与的消极作用和负面影响若得不到控制或及时消除而任由发展，以致网络空间民主参与的破坏作用扩张到极致并危及国家和政权安全，那么我国传统现实社会民主必然会受到致命的打击；同样，若在这样的情形下，党和政府惮于网络空间民主参与的消极作用而对网络空间民主参与发展简单地采取抵制或抗拒态度，或以技术手段扼制网络空间民主参与，网络空间民主参与也将走向夭折。但从世界发展潮流看，技术的进步和扩张是时代发展的必然，任何政党和国家都无法摆脱技术冲击的大势，罔顾计算机技术的发展和网络技术的扩张只能是暂时行为。在网络空间民主参与与我国传统现实社会民主互动发展中选取冲突和决裂的立场显然是违背人类历史发展规律而不够理性、不够明智的。毛泽东说："民主这个东西，有时看来似乎是目的，实际上，只是一种手段。"① 这为探索我国网络空间民主参与与我国传统现实社会民主的关系奠定了最普遍意义上的理论基础。努力构建网络空间民主参与与人民有效参与国家治理的良性互动才是一国和一党智慧的体现，这也是世界各国政党发展和工作实践已经告诉世人的一个道理。新时代，党在领导人民实现中华民族伟大复兴的中国梦实践中，应当也有能力探索出一条推动网络空间民主参与发展的中国道路。

---

① 《建国以来毛泽东文稿》第 6 册，中央文献出版社 1992 年版，第 321 页。

第二章 中国网络空间民主参与的发展演进

对党领导人民进行社会主义建设伟大事业来说，网络空间民主参与是新时代伟大事业所依存的政治生态中的重要组成部分。而对网络空间民主参与而言，其兴起和发展依赖于包含党领导人民进行社会主义建设伟大事业在内的更为宽泛的生态系统。我国网络空间民主参与的兴起和发展，不断改变着新时代党领导人民奋斗的政治生态，拓展着社会主义民主体系和党领导人民治理国家的发展空间，为社会主义民主体系发展培育着新的生长点。本章重点考察网络空间民主参与在我国兴起和发展的背景以及历史进程，考察网络空间民主参与对党实现新时代历史使命产生的影响，考察网络空间民主参与在我国现代治理体系建立和发展中的功能价值。

一、中国网络空间民主参与的源起

政治是经济的集中表现，这是马克思主义唯物辩证法的基本观点，是"马克思主义政治学对人类社会政治现象和政治生活的基本的规定性，是马克思主义政治学分析政治现象和政治生活最具方法论的观点"①。网络空间民主参与作为人类社会政治现象发展到现代的一个重要元素，作为政治学研究领域一个基础范畴，它的出现必然以经济社会物质发展水平为基本条件。在我国现代化进程中，经济社会发展是我国网络空间民主参与兴起的基本物质基础，这一物质基础集中表现在我国经济社会发展水平提高所促成的计算机网络技术的迅速崛起和发展上。整个社会的物质水平提高，是我国网络空间民主参与得以萌芽的基础因素；信息网络技术的迅速扩展，是我国网络空间民主参与兴起和发展的直接因素。此外，我国网络空间民主参与得以扎根、发芽、开花，还借助于当

---

① 王沪宁主编：《政治的逻辑：马克思主义政治学原理》，上海人民出版社2004年版，第31页。

前国际、国内形势中两个关键性"助推力"——全球化信息化对网络空间民主参与的启蒙和我国政治民主发展对网络空间民主参与的引领给我国网络空间民主参与发展带来的有利环境。

（一）全球化信息化为我国网络空间民主参与兴起提供外部推动力

第二次世界大战后，随着亚非拉许多国家和地区的独立，世界经济政治格局发生了重大变化。伴随着各国经济发展的相互依存和深入渗透，经济全球化成为各国共识。在经济全球化的推动下，政治多极化获得发展推动力。随着经济政治全球化和全球意识的崛起，世界各国政治制度、政治模式和民主框架等都进入民众参照、比较视野。全球化作为一把"双刃剑"，成为一个矛盾进程。虽然人们对全球化的作用存在意见分歧，但多数人对全球化带来的影响有一个共识：（全球化）发展既是机遇也是威胁，（全球化）冲突与合作并存。①

在全球化进程中，在五千年文明传统和社会主义中国国家制度框架设计下，我国民主发展逐渐融入更多"全球化要素"：不断输入中国人视野的繁杂的国际民主理念、世界各国实践的多样民主制度以及总体上越来越完善的政治秩序。全球化给我国民主发展既带来参照——经验与教训，也带来挑战——后发民主国家普遍面对的西方发达国家民主"倒逼"形势。这种参照和挑战，对我国民主发展的影响越来越深。

互联网给全球意识和全球联系带来了无法估量的巨大动力。信息化的发展，使全球化对我国民主发展的双重作用产生了巨大推动力。"互联网络已经打破了传统的地缘政治、地缘经济、地缘文化的概念，形成了以信息为中心的跨国界、跨文化、跨语言的全新虚拟空间，并成为对外传播中最为重要的舆论阵地之一。"② 如此巨大的互联网能量支撑基础上，全球化犹如插上一双有力的翅膀，对世界各国的政治、经济、文化产生更大、更深刻的影响。这种影响既可能是正向推进，也可能是反向断裂性冲突。在互联网世界，当个别国家利用技术优势"试图推行自己的价值观或将其强加给另一文明的国家时"③，就必然会在两种文明之间产生价值观念和文化的冲突，从而对别的国家造成文明冲击。对所

---

① 参见［英］克莱格：《中国的全球战略：走向一个多极世界》，葛雪蕾、洪漫、李莎译，新华出版社 2010 年版，第 77～80 页。

② 段鹏：《政治传播：历史、发展与外延》，中国传媒大学出版社 2011 年版，第 157 页。

③ ［美］塞缪尔·亨廷顿：《文明的冲突与世界秩序的重建》（修订版），周琪等译，新华出版社 2010 年版，第 185 页。

有开放的国家来说，无论是发达国家还是发展中国家，世界模式、带有"普适"标签的价值观念等都成为国家民主政治建设中的复杂课题，对各国的民主政治发展起着或推进或阻碍的重大作用。

我国的网络空间民主参与就是在全球化和信息化的大背景下发展起来的。全球化为我国网络空间民主参与发展构建了基本外围环境、国际背景，信息化为我国网络空间民主参与发展提供了基本技术支撑。全球化和信息化二者互相推动，成为我国网络空间民主参与发展土壤的重要组成部分。

（二）社会主义现代化建设的持续推进为我国网络空间民主参与发展提供内部驱动力

中华人民共和国成立后，社会主义国家基本政治制度逐渐确立并发展起来。独具特色的中国人民代表大会制度、符合中国国情和历史发展逻辑的中国共产党领导的多党合作和政治协商制度、民族区域自治制度以及基层群众自治制度等基本政治制度，奠定了我国民主政治的发展基础。改革开放后，随着我国经济的发展，政治建设的步伐也逐渐迈进。人民的国家主体地位不断巩固，各项制度逐渐健全，在党的领导下，行政、立法和司法工作有步骤地展开。当前，共产党领导的、人民当家作主和依法治国有机统一的中国特色社会主义民主模式，是新时期我国民主政治发展的基础和条件。

虽然我国的民主政治发展在社会主义优越性基础上进行，但从1949年毛泽东《论人民民主专政》中对社会主义国家民主发展的伟大构想算起，我国民主政治建设历程也不过走了69年光景。在短暂的民主建设历程中，党和人民能够获得的民主经验，相对于社会主义民主目标来说，显得不足。我国民主的现实发展条件和程度，离实现保障人民当家作主的社会主义民主建设目标还有距离。民主规范、实现民主的程序，都还不能充分满足我国公民表达权利、行使权利、监督权利、保护权利的深层要求。这种距离和不足所带来的矛盾，在新时代的中国表现得依然突出。但是，互联网技术的优势是我国网络空间民主参与获得异军突起的重要契机。

1. 内部动因

政治经济转型所带来的结构性参与压力，是我国网络空间民主参与发展的内部动因。

改革开放40年，我国的政治、经济获得了巨大发展。政治上，中华人民共和国作为一个独立的政治力量活跃在国际政治舞台，以人民主权为特征的社会主义政权日益巩固，我国在国际事务中的话语权不断得到巩固和提升。经济上，国家总体经济实力获得飞速提升，创造了世界罕见的经济建设奇迹。丰硕的经济成果是在国家整体区域发展战略从均衡发展到非均衡发展再到协调发展的大格局中取得的，是在整个国家从贫穷到总体小康的发展进程中取得的。与国家总体经济实力提升相伴而生的，是整个国家东、中、西部经济差距的拉大，是全国城乡经济水平的差异化。2012 年 11 月，胡锦涛在党的十八大报告中曾就此向全党警示指出："中国社会前进中的发展不平衡、不协调、不可持续问题依然突出，城乡区域发展差距依然较大，居民收入分配差距依然较大。"① 随着时间的推移，中国特色社会主义发展进入新时代。面对新的历史定位，针对我国社会主要矛盾已经转化为人民日益增长的美好生活需要和不平衡、不充分的发展之间的矛盾的重大现实，2017 年习近平总书记在党的十九大报告中指出，人民的民主、法治、公平、正义、安全、环境等方面要求日益增长，② 这成为新时代党和政府工作要解决的主要问题。

政治经济发展成果丰硕，体现了党的治国方略的正确性，我国人民当家作主底气十足，人民参与国家政治治理和经济建设都有了基础性保障。但我国政治经济领域依然存在诸多问题，一些经济发展不均衡、不协调现象依然存在，某些领域的政治发育不充足现象依然存在。上述现状是我国社会主义建设"重要战略机遇期"的基本内涵，是政治经济转型给我国民主发展带来结构性参与压力的重要内容和体现。

我国在实现由传统社会向现代社会转型阶段，与其他任何国家一样，要面临政治经济以及社会价值观念等领域重大的系统性变迁。这是我国现代化进程的重要变革。这种系统性变迁，必然刺激着社会政治心理，伴随着广泛的社会动员和政治参与现象。即传统政体在向现代政体变迁的过程中，各种要素汇集激荡，会有更多的社会成员、更多的利益群体受到驱动，从而进入政治体系，③谋求自身或群体的政治经济利益。政治经济转型就是网络空间民主参与在我国

---

① 胡锦涛：《坚定不移沿着中国特色社会主义道路前进　为全面建设小康社会而奋斗》，人民出版社 2012 年版，第 5 页。

② 参见习近平：《决胜全面建成小康社会　夺取新时代中国特色社会主义伟大胜利》，人民出版社 2017 年版，第 11 页。

③ 参见孙关宏、胡雨春、任军锋主编：《政治学概论》，复旦大学出版社 2008 年版，第211 页。

发展起来的内部动因。

2. 直接动因

广义上，政治发展是指政治体系向更高级形态的变迁过程。在这一过程中，政治体系内部结构、功能和运作的科学化、合理化都得到了巨大提升，囊括政治进步、腐败控制、社会发展的有序等各个环节。在亨廷顿看来，发展中国家的政治发展多灾多难，其政治发展存在诸多问题，这些问题归结起来可概括为发展中国家现代化进程过快。在我国政治发展进程中，确能看到现代化尤其是经济现代化高速发展的影响。在我国现代化建设过程中，一方面，公民利益诉求渠道、利益表达形式和对党政机关的监督等都取得了很大进展。但随着社会政治经济地位的分化及社会阶层的复杂化，公民利益诉求的内容日益丰富，人民群众向党和政府反映诉求的愿望越来越强烈。另一方面，"社会主义民主政治建设取得重大进展"①，但现有的利益表达渠道和形式尚难以满足群众日益丰富、复杂多样的要求。因此，公民寻找新的利益表达渠道成为必然，互联网技术支撑的网络空间民主参与应运而生。

国家和社会发展的特定阶段，使网络技术发展赋予我国网络空间民主参与独有的政治参与优势。在传统政治系统之外，互联网技术的独特优势，使网络媒体成为当前我国公民主张权利、表达诉求、进行监督的重要方式；揭发官员失职、渎职，举报各种腐败，披露社会不公、社会丑恶现象等，网络媒体尽其所能地发挥着独特作用。2015年1月，《人民论坛》上半月刊发文章数据显示，互联网正逐步成为舆论交锋的主要阵地。在调查团队总结梳理的数据中，92%的受访者选择"网络论坛、微博、微信等互联网平台"，作为对"您认为2014年思想争鸣讨论的主阵地"问题的回答。② 这一比例远远超过选择传统表达渠道和方式的受访对象。这一调查及其披露的数据说明：作为重要舆论阵地之一，互联网不仅成为世界各国对外传播信息的有效手段，也成为公民了解信息、传播信息的重要途径。我国公民的政治参与热情在网络空间内得到抒发，网络空间民主参与成为我国公民政治参与情绪的缓冲带。在我国实践的多党合作和政治协商制度框架下，网络空间民主参与会给政治协商带来新的生机，会以科技

---

① 胡锦涛：《坚定不移沿着中国特色社会主义道路前进　为全面建成小康社会而奋斗》，人民出版社2012年版，第25页。

② 参见《（报告）2010～2014社会思潮动向》，载《人民论坛》微信"思想潮"，执笔人为人民论坛记者周素丽、潘丽莉、高骊，2015年1月12日。

手段和现代化途径保证人民管理国家事务、管理经济文化事业、管理社会事务。

在互联网高度发展的今天，网络社区是群众呼声和利益诉求的重要"集散地"，网络空间民主参与能够在一定程度上反映民意。掌握网络虚拟社会动态，了解网络民意主题和动向，是党和政府了解民意、汇集民智的一个重要渠道。党和政府可以运用智慧做到大浪淘沙，分辨、提取真实反映群众利益的话题，把群众关心的事和正当要求在国家制度和政策中体现出来，从而巩固党的群众基础，保证党带领人民治理国家，更好地实现党对国家和社会的领导作用。1997年1月1日，《人民日报》开通网络版。这一重大的标志性事件，向国内外传达出我们党重视网络力量的信息。党既认识到网络新媒体在传播党和人民意愿中的重要价值，又能够充分利用网络占据舆论阵地，发挥以正确舆论引导人、教育人的重要功能。

综上所述，网络空间民主参与在我国获得发展的深层原因，根本在于我国经济社会发展转型的推动，在现实中则与现代化进程中我国民主政治发展阶段性和发育程度存在必然联系。这些现实民主政治发展因素综合起来，主要集中于我国公民当家作主权利的实现和保障状况。这种现实状况包含的因素丰富繁杂：第一，经过60多年社会主义民主政治建设，中国人民代表大会制度的根本保障、中国共产党领导的多党合作和政治协商制度的根本保障、民族区域自治制度的根本保障等各方面均获得了巨大的发展。第二，现实依然存在种种不足——与这些基本制度相匹配、能够保障人民行使当家作主权利的法律法规还有待进一步完善。网络空间民主参与的崛起，以空间拓展和渠道畅通的方式，弥补了我国现实民主发育尚待进一步丰富、充实的需求。网络空间民主参与的形式多样、方便快捷、成本低廉、传播迅速的优势，成为现实民主欠缺的重要补充，这是网络空间民主参与飞速发展的重要因素。当然，这种政治现象背后，是我国经济发展水平的刺激和制约。全面小康社会的物质经济基础，为满足公众的政治诉求提供了基本物质支撑，这是我国网络空间民主参与得以飞速发展的根本原因。

二、中国网络空间民主参与的发展

我国网络空间民主参与的兴起和发展，与信息网络技术的迅速扩展有密切关系。计算机的广泛使用和互联网的迅速普及，是我国网络空间民主参与得以生根发芽的物质前提。

（一）我国网络技术的发展阶段

我国网络空间民主参与的兴起，依赖于我国互联网技术的发展。

20世纪80年代，网络技术在我国的发展，加快了我国政府部门信息化的步伐，各类非政府组织的活动也进一步通过虚拟空间展示在公众面前，经济领域中大型企业管理信息化程度进一步提升。互联网空间的民主行为，开始探索走向我国现实民主空间的多样化道路。由此，我国党和政府工作活动逐渐融入科技进步带来的民主要素。接入互联网成为我国民主政治生活与世界其他国家民主政治生活相互比照、相互影响的重要开端。而在国内，信息化社会的公民参与、监督、分化、整合，成为党和政府开展工作的重要条件和内容。1994年，我国接入国际互联网络，我国的媒介与民主关系进入新的互动时代。

整个20世纪90年代，我国顺应科技发展潮流，相继启动多项信息化工程。"金桥""金卡"工程在中国先后发起，"金关""金税""金盾"等一系列工程在中国落地生根。这些工程涉及国家安全和新科技扩展多个层面。公安部门的计算机应用系统，公安工作的信息化标准建设，公安信息和网络保障系统建设以及全国范围的公共信息安全监控系统等，都在整个90年代的互联网技术支撑下建立起来。在科技大潮面前，"数字政府"成为我国政府实现跨越式发展的重要内容。一系列信息工程的确立和实施，成为我国党政部门对互联网技术挑战的及时、有效应对。

以现代信息化计算机技术发展为基础，我国互联网技术经历了三个阶段，走向今天的全面加速发展时期。这三个阶段及其标志性事件如下。

1. 试验阶段（E-mail Only，1986～1993年）

1986年，北京市计算机应用技术研究所的国际联网项目——中国学术网（China Academic Network，CANET）启动，中国互联网研究试验阶段开始。1987年9月14日，在北京计算机应用技术研究所运用其建成的我国第一个国际互联网电子邮件节点，执行了一个具有重大历史意义的技术行为，发出了我国的第一封电子邮件："Across the Great Wall we can reach every corner in the world."1989年10月，国家计委重点学科项目"中关村地区教育与科研示范网络"（NCFC）正式立项，并于11月启动。随后三年左右时间，到1992年底，清华大学校园网（TUNET）、中科院网（CASNET）和北京大学校园网（PUNET）建成。1993年是我国互联网络发展进程中关键的一年，这年4月，就各国的域名体系问题，担负重要职责的中国科学院计算机网络信息中心召集在京部分网络专家进行调研。经过充分的研讨，我国的互联网域名体系得以确立，我国互联网研究的发端——试验阶段，完成其历史使命。

2. 起步阶段（Full Function Connection，1994～1996 年）

对我国的互联网发展来说，1994 年 4 月 20 日是颇具纪念意义的一天。这天，我国 NCFC 工程连入 Internet，并实现了与之全功能连接。我国科技发展正式迈入网络时代。1996 年，我国公用计算机互联网（CHINANET）全国骨干网经过前期准备和艰苦工作建成，顺利启用。这一革命性的举措使全国的公用计算机互联网络具备服务功能。同年，在 2 月 1 日这天，国务院发布《中华人民共和国计算机信息网络国际联网管理暂行规定》，对已经建成的互联网管理归属问题作了明确规定，对 Internet 管理规范化问题提出指导性意见，由邮电部、电子工业部、国家教委和中国科学院对之分工负责，共同构成我国的互联网管理体系系统。

3. 快速发展阶段（The Accelerated Development Stage，1997 年至今）

1997 年之后，我国互联网获得快速发展，进入日新月异的历史阶段。在这种喷涌式发展中，国家逐渐开始探讨支持互联网技术发展，规范互联网技术行为，建立互联网管理体系。1997 年 5 月，《中国互联网络域名注册暂行管理办法》由国务院信息化工作领导小组发布，互联网域名问题开始走向有法可依的阶段。11 月，中国互联网络信息中心发布第一次《中国互联网发展状况统计报告》，开了我国互联网发展统计的先河。1999 年 8 月，信息产业部发布《电信网间互联管理暂行规定》。2000 年 12 月，国务院新闻办公室批准人民网、新华网、中国网、国际在线网等开展登载新闻业务，上述网站成为获许登载新闻的先锋部队。2001 年 7 月，中共中央在中南海举办法制讲座，探讨我国如何运用法律手段保障信息网络健康发展，研究如何促进互联网健康发育问题。此后，在工信部等相关职能部门的主导和努力下，我国互联网行业一系列规范文件相继出台。

2000 年 12 月，《全国人民代表大会常务委员会关于维护互联网安全的决定》通过，后经 2011 年等多次修改。

2003 年 11 月，《信息产业部关于从事域名注册服务经营者应具备条件法律适用解释的通告》向社会公布。

2004 年 8 月，《中华人民共和国电子签名法》公布，2005 年 4 月 1 日起实施。

2004 年 9 月，《中国互联网络域名管理办法》通过。

2005 年 2 月，《非经营性互联网信息服务备案管理办法》发布，2005 年 3 月 20 日起施行。

2010 年 1 月，《通信网络安全防护管理办法》出台。

2012 年 3 月，《关于下一代互联网"十二五"发展建设的意见》出台。

2012 年 11 月，《最高人民法院关于审理侵害信息网络传播权民事纠纷案件适用法律若干问题的规定》通过，2013 年 1 月 1 日起施行。

2012 年 12 月，《关于加强网络信息保护的决定》出台，要求确立网络身份管理制度等。

2013 年 2 月，《信息安全技术公共及商用服务信息系统个人信息保护指南》实施。

2013 年 9 月，《最高人民法院、最高人民检察院关于办理利用信息网络实施诽谤等刑事案件适用法律若干问题的解释》通过，2013 年 9 月 10 日起施行。

2014 年 5 月，《关于加强党政机关网站安全管理的通知》出台。

2014 年 6 月，《最高人民法院关于审理利用信息网络侵害人身权益民事纠纷案件适用法律若干问题的规定》审议通过。

2014 年 8 月，《国务院关于授权国家互联网信息办公室负责互联网信息内容管理工作的通知》发布。

2014 年 8 月，《关于推动传统媒体和新兴媒体融合发展的指导意见》审议通过。

2015 年 2 月，《互联网用户账号名称管理规定》制定出台，2015 年 3 月 1 日起实施。

2015 年 4 月，《互联网新闻信息服务单位约谈工作规定》出台，2015 年 6 月 1 日起实施。

2016 年 8 月，《关于加强国家网络安全标准化工作的若干意见》出台。

2016 年 11 月，《中华人民共和国网络安全法》出台，2017 年 6 月 1 日实施。

2017 年 8 月，《互联网论坛社区服务管理规定》《互联网跟帖评论服务管理规定》出台，2017 年 10 月 1 日起实施。

2017 年 9 月，《互联网群组信息服务管理规定》出台，2017 年 10 月 8 日起实施。

2017 年 10 月，《互联网新闻信息服务新技术新应用安全评估管理规定》出台，2017 年 12 月 1 日起实施。

2018 年 2 月，《微博客信息服务管理规定》出台，2018 年 3 月 20 日起实施。

与互联网技术发展相适应，我国网民数量连续递增。2012 年 7 月，我国网民数量达到 5.38 亿。其中，通过手机终端接入互联网的网民数量为 3.88 亿，通过台式计算机接入互联网的网民数量为 3.80 亿，手机终端用户比例达 72.1%，手机网络用户第一次超越其他网络用户。2018 年 1 月，第 41 次《中国互联网络发展状况统计报告》发布的公开数据显示：截至 2017 年 12 月，我国互联网普及率达 55.8%，网民数量为 7.72 亿，其中手机网民数量高达 7.53 亿，比例达 97.5%。"手机用户网民数量占优势"的特征非常明显，且优势越加明显。从网民数量和终端用户转移变化两个角度来看，我国互联网发展在进入全面加速期的基础上，进行着移动互联新技术对网民行为渗透影响转移的过程。

我国网民数量已有庞大的用户群且增加势头显著，同时，我国政务微博数量呈现猛增长态势。到 2014 年 12 月，我国政务微博认证账号（含新浪、腾讯两大平台）达到 27.7 万个，同比增长 42.1%，粉丝量总计 43.9 亿人，人均关注政务微博账号为 3.2 个。① 政务微博数量的激增，与国家的信息化政策和网民的网络空间民主参与需求及发育密不可分，成为我国互联网技术影响党和政府开展工作所依存的政治生态的重要内容。

（二）我国网络空间民主参与的发展进程

在拥有计算机和网络技术物质条件基础上，我国网络空间民主参与获得飞速发展。与我国网络技术发展阶段相适应，以网民在互联网空间民主政治参与的广度和深度为标准，我国网络空间民主参与的发展可分为四个阶段。

1. 酝酿阶段（1994～1996 年）

这个阶段，属于我国网络空间民主参与酝酿期。改革开放不久的我国经济基础还不够坚实，昂贵的网络接入和计算机价格，使它们一定程度上成为奢侈品，超越普通家庭承受能力，大部分人被互联网体系"拒之门外"。至 1995 年底，能够享受互联网"高贵"资源的，全国也不过约 10 万人。较低程度的技术扩展和网络使用状况，使互联网带来的新型政治参与机会变得极其宝贵，而对

---

① 《我国政务微博认证账号 27.7 万个　粉丝量总计 43.9 亿人》，新华网，http://www.xinhuanet.com/politics/2015-09/28/c_ 128276413.htm。

普通公众而言，毫无实现这种机会的可能，网络参政议政更不存在。这一时期，互联网发展的重要意义在于，其技术探索为我国网络空间民主参与生存奠定了基本物质基础。

2. 初步发展阶段（1997～2002年）

这个阶段，互联网对我国公民的民主政治生活产生了一定范围内的影响。这集中表现在我国精英界对互联网的使用和参与。他们在较为坚实的经济基础的支撑下，开始广泛接触互联网，在虚拟空间释放经济发展激发起来的强烈政治热情，在政治体制中寻求合法的以网络为平台的参政议政机会，试图将我国经济发展带来的成果推进到政治领域的发展中。这一时期，我国网民数量剧增。互联网信息中心2003年1月份发布的调查结果显示：我国网民数量由1997年10月的62万人发展到5910万人。[1] 1997年，网民每周上网时间0～10小时的比例达79.9%，其中5小时以内比例为53.6%，5～10小时比例为26.3%。[2] 2002年底，网民每周平均上网时间已经高达9.8小时，平均每周上网天数为3.4天；在上网目的统计中，为获取信息而上网的比例为53.1%，查询新闻信息方面的比例为78.0%；在"不能满足需求"选项中，新闻、法律和法规信息、社会文化信息、电子政府信息分别达29.7%、15.2%、13.7%、13.6%。[3] 上述变化初步显示出互联网在网民政治生活中的影响力量。

分析网民规模、网民使用网络时间、网民网络使用需求变化可以看出，在网络空间民主参与的初步发展阶段，网民群体既在上述多个方面同时剧烈变化、高速增长，又在一些方面表现出基本稳定的特点，如对网络空间民主参与发展起到决定作用的网民学历便呈现相对稳定的趋势。数据表明，到1998年12月底，高中（中专）及以下学历网民比例为11%，专科及以上学历人群比例高达89%，[4] 而1999～2002年我国网民学历结构变化也大致如此（见表2-1）。

---

① 中国互联网信息中心：《中国互联网络发展状况调查报告（2003年1月）》。
② 中国互联网信息中心：《中国互联网络发展状况统计报告（1997年10月）》。
③ 中国互联网信息中心：《中国互联网络发展状况统计报告（2003年1月）》。
④ 中国互联网信息中心：《中国互联网络发展状况统计报告（1999年1月）》。

表2-1　中国网民学历结构　　　　　　　　　单位:%

	1999.07	1999.12	2000.07	2000.12	2001.07	2001.12	2002.07	2002.12
高中(中专)以下	2	3	2.54	6.44	8.7	10.2	11.5	12.9
高中(中专)	12	13	12.79	23.54	28.8	30	30.5	30.6
大专	27	32	32.81	28.97	26.7	26.9	26.3	26.1
本科	48	45	45.93	38.82	33.6	30.4	29.2	27.6
硕士	9	6	4.94	1.91	1.8	2.1	2.1	2.3
博士	2	1	0.99	0.41	0.4	0.4	0.4	0.5

资料来源:综合中国互联网信息中心发布的第4～11次《中国互联网发展状况统计报告》整理而得。

从表2-1可以看出,我国网民的高中(中专)及以上学历在1999年7月比例为98%,至2002年12月此比例依然高达87.1%。

网民在数量、上网时间、上网需求等方面的发展变化,与网民在学历结构等因素方面表现出的稳定性,二者共同为网络空间民主参与的初步发展构建了一个适宜的网络环境。同时,网络空间民主参与的初步发展也与网络环境变化起到互动作用,二者互相助力,共同发展。

1999年1月22日,对我国有深远影响的"政府上网工程启动大会"在北京举行。这是我国政府上网、我国网络空间民主参与发展的标志性事件。其后的十多年间,我国网络空间民主参与蓬勃发展态势显著。中央各部委和各地方政府纷纷建立网站,搭建起政府与社会沟通交流的便捷桥梁。这期间发生的国际、国内事件,都能看到我国网民热烈参与的身影。1999年美国导弹袭击了中国驻南斯拉夫大使馆,2001年发生了"中美撞机事件",网络空间围绕国家主权和民族尊严,各类抗议和政治言论铺天盖地而来,呈现风起云涌之势,诸如"抗议论坛""强国论坛"里的帖子层出不穷。在国家事务中,我国网民充分表现出他们的参与情怀,以对国家事务和社会公务的高度关注、积极参与,把网民的高度政治责任感和历史使命感展现在世人面前。

3. 蓬勃发展阶段(2003～2012年)

2002年11月,中共十六大将民主纳入整个社会主义现代化体系中加以强调。2007年,中共十七大报告提出"人民民主是社会主义的生命",党和政府围绕"人民当家作主是社会主义民主政治的本质和核心"展开治国理政实践，为谁执政、靠谁执政、怎样执政，怎样实现决策的民主化和科学化，如何结合党和政府工作实践过程中面临的实际情况，把握客观规律，是从世情、国情、党情出发的伟大的时代课题。

这一阶段，我国计算机和信息技术在更大、更广的范围内普及开来，伴随而来的是我国网民数量的快速增长。2003～2012 年，无论是网民数量还是网民每周上网时间都呈明显上升态势（见表2-2）。

表2-2　中国网民数量与每周上网平均时长

	2003.06	2003.12	2004.06	2004.12	2005.06	2005.12	2006.06	2006.12	2007.06	2007.12
网民数量（千万）	6.8	7.95	8.7	9.4	10.3	11.1	12.3	13.7	16.2	21
每周上网时间（小时）	13	13.4	12.3	13.2	14	15.9	16.5	16.9	18.6	16.2

	2008.06	2008.12	2009.06	2009.12	2010.06	2010.12	2011.06	2011.12	2012.06	2012.12
网民数量（千万）	25.3	29.8	33.8	38.4	42	45.7	48.5	51.3	53.8	56.4
每周上网时间（小时）	19	16.6	18	18.7	19.8	18.3	18.7	18.7	19.9	20.5

资料来源：综合中国互联网信息中心发布的第 12～31 次《中国互联网络发展状况统计报告》数据整理而得。

与网民数量和上网时长呈现正相关，越来越多的网民参与到虚拟空间政治活动来。在我国公民民主政治参与过程中，网络空间民主参与扮演的角色越加重要。2005 年，我国网民数量突破 1 亿，这种网络世界中庞大的用户基数并

快速增长的现实，是网络空间民主参与获得勃发的重要物质基础。2005～2012
年，我国网民数量持续高速增长。这一事实既反映出信息化在我国发展速度加快，
也在一定程度上体现了我国公民对虚拟公共空间政治参与的巨大热情。到 2008 年
2 月，我国网民数量达到 2.21 亿，超过美国，总数量跃居全球首位。①

当然，这一阶段网络空间民主参与的快速发展高度依赖新的移动互联技术
的兴起和普及。移动互联技术对网络空间民主参与参与的影响直接表现为这一
阶段手机网民群体数量的增加。2007～2012 年这一时期，可以称为"中国手机
用户上网的春天"：移动互联新出现的技术使手机等移动终端得到广泛应用，对
网民数量的增长起到关键作用，推动了我国互联网的快速普及（见表 2-3）。

表 2-3　2007～2012 年手机用户、城乡网民变化　　　　单位：亿人

	2007.12	2008.12	2009.12	2010.12	2011.12	2012.12
网民总数	2.1	2.98	3.84	4.57	5.13	5.64
手机用户	0.5	1.18	2.33	3.03	3.56	4.2
城镇	1.57	2.13	2.77	3.32	3.77	4.08
农村	0.53	0.85	1.07	1.25	1.36	1.56

资料来源：根据互联网信息中心公布的第 21、23、25、27、29、31 次《中国互联网络发
展状况统计报告》整理而得。

表 2-3 表明，2007～2012 年我国网民每年增长数量分别为 0.88 亿、0.86
亿、0.73 亿、0.56 亿、0.51 亿。同期，既有纯手机网民的大量出现，也有部分
网民从计算机终端转移到手机终端。五年间，手机网民每年增长数量惊人，分
别为 0.68 亿、1.15 亿、0.7 亿、0.53 亿、0.64 亿。从城乡网民结构中可以看
出，这一时期，我国农村网民数量快速增加。2007～2012 年，农村网民数量占
我国网民总量比例分别为 25.23%、28.52%、27.86%、27.35%、26.51%、
27.66%。同期我国农村人口数量分别为 7.1496 亿、7.0399 亿、6.8938 亿、
6.7113 亿、6.5656 亿、6.4222 亿。② 由此可见，2007～2012 年我国农村人口和
农村网民数量呈现相反方向的发展状态：一方面是在城镇化推动下农村总人口

① 《工信部：我国网民总数已达 2.21 亿　全球第一》，网易，http：//tech.163.com/08/
0423/21/4A8ASH33000915BF.html，2008 年 4 月 23 日。

② 国家统计局：《中国统计年鉴（2013）》，http：//www.stats.gov.cn，2018 年 5 月 30 日。

绝对数量不断减少；另一方面是我国网民总数量持续增长，并且农村网民规模比例依然保持平稳，农村网民绝对数量呈现不断上升态势。这一现象表明：我国农村使用信息技术的意识不断增强；在政府主导和社会参与多种方式结合下，农村信息服务效果得到明显提升。新的互联技术普及、网民数量增加、农村网民数量增加和信息服务意识的增强，使互联网在人们生活中所发挥作用的质和量同时发生显著变化。互联网普及率提高，使用率快速增加，使得对与互联网相关联的资源使用率和与此相关的认知的需求同时增大。

2011 年对我国网络空间民主参与发展来说，也是具有标志性意义的一年。更多的政府部门和官员开设微博，传递民意、倾听民声的渠道更加丰富。网络民意与党和政府工作之间的互动关系向前大大推进。因网络空间政务微博的迅猛崛起，2011 年被称为"政务微博元年"。这年 8 月 25 日，人民网、腾讯网在杭州举办"首届微博问政与社会管理创新高峰论坛"，网络空间民主参与与党和政府之间的纽带联结的紧密性加强。在政府和社会的强烈互动下，我国网民数量激增，网络空间民主参与发展步伐加大。2012 年 6 月，我国网民数量达到 5.38 亿，与 15 年前网民数量相比较，中国网民规模扩大了 867 倍，[①] 位居世界第一。这一时期，我国网民对网络事件的关注不仅围绕国际事件，更随着上网时间的增多而开始热衷于对国内事务的观察和思考。从国家基本制度到政府行政行为，乃至公务人员的行为从公到私，网民都表现出高度的关注、参与和监督热情。

在这 10 年的网络空间民主参与勃发中，网民表现出来的高涨热情是其一，极度活跃的网络空间不法行为、网络侵权行为乃至网络犯罪行为屡见不鲜，此为其二。频发于网络社会的人肉搜索成为一种以"网络民主"名义出现的对当事人的伤害和对法律尊严的侮辱。网络空间民主参与左右、干预司法公正的行为也屡有发生。至于利用网络便利，煽动反动分子制造分裂党和国家行为的违法行为，也在网络空间有所体现。网络空间民主参与所带来的这种双面作用，已引起高举民主旗帜的党和人民的警惕。

4. 沉淀反思阶段（2013 年至今）

2013 年之后，我国网络空间民主参与发展表现出新的态势。在经历了十余年的网络欢腾之后，我国网络空间民主参与开始走向沉淀和反思。政界、学术

---

① 《图表：中国网民数量达 5.38 亿》，搜狐网，http://news.sohu.com/20120719/n348589550.shtml，2012 年 8 月 16 日。

界和普通公众都对网络空间民主参与的负面效应表现出忧虑。2013年6月，美国人斯诺登因"棱镜门"事件成为世界焦点。"棱镜门"事件及一些涉及国家安全的网络空间事件，都促使我国政府更加关注网络虚拟社会的安全和治理。在2012年《关于下一代互联网"十二五"发展建设的意见》的指导下，2013年几个关于网络治理的文件相继出台，如《关于加强网络信息保护的决定》《信息安全技术公共及商用服务信息系统个人信息保护指南》等，进一步推进了对网络社会的治理。

2014年是我国网络空间民主参与发展的关键一年。这一年是我国互联网全功能接入国际互联网20周年。这一里程碑时期，我国在国际、国内形势下对网络社会的治理采取重拳出击的态度：2月，中共中央总书记习近平担任组长的中央网络安全和信息化领导小组成立，成为中国建设"网络强国"的重要步骤。随后，从4月起，互联网管理部门相继开展了一系列网络治理行动，推出了"净网2014""剑网2014"以及"微信等即时通信工具治理"等举措，① 以保护网民合法权益为主旨，将网络治理与网络强国、依法治国更加紧密地结合起来。

在沉淀反思中，2014年我国网络空间民主参与呈现新气象。这一年，"得到了进一步大发展的就是媒体公号和政务公号，包括政务微博、政务微信、新闻客户端，在过去一年得到了突飞猛进的发展"②。国家网信办负责人描述的这一现象表明：我国的公民和政府、政党之间的互动关系正在走向一个新的开始。2016年4月19日，习近平总书记在网络安全和信息化座谈会上发表讲话。他强调网信事业要发展必须坚持人民中心的发展导向，指出网信事业必须要贯彻以人民为中心的发展思想。③ 2018年4月13日，习近平总书记考察海南省政务数据中心。他在考察中对信息化工作作出重要指示，强调要用信息化手段更好地感知社会态势、畅通沟通渠道、辅助决策施政、方便群众办事，做到心中有

---

① 《"2014年影响中国互联网发展的大事件"发布》，环球网，http：//tech. huanqiu. com/news/2015-01/5356637. html? qq-pf-to = pcqq. c2c，2015年1月7日。

② 《网信办领导首提"移动舆论场互联网思维 内涵太多值得关注》，新媒体观察，ht-tp：//www. xmtnews. com/p/1683 # rd? sukey = 4093a841665b25f2fe19b8c6ac6047f34e40ad1bd 23ff 2509c73fb62cd3cdf6e85e84b157aa64181f20b842caf649048，2014年12月18日。

③ 《十八大以来习近平关于网络强国战略的精彩论述摘编》，中国共产党新闻网，http：//cpc. people. com. cn/xuexi/n1/2018/0421/c385474-29941405-2. html，2018年5月23日。

数。① 上述党和国家领导人的活动表明，充分利用互联网技术的先天优势，在推进政府决策科学化、社会治理精准化、公共服务高效化方面起到了关键作用，充分证明了互联网思维的出发点是以增进人民福祉为目的的。

总之，从 20 世纪 90 年代我国走入国际互联网世界，我国网民规模和网络空间民主参与都经历了一个持续扩展的过程。网民规模从主体上决定了我国网络空间民主参与的影响程度和作用范围，网络空间民主参与的效能又反过来影响着我国网民的发展速度和规模。在 20 多年的实践中，我国网民和网络空间民主参与的发展都呈现扩张态势（见表2-4）。

表2-4　中国网民规模和互联网普及率

	1996	1997	1998	1999	2000	2001	2002	2003	2004	2005	2006
网民规模（千万）	0.01	0.062	0.21	0.89	2.25	3.37	5.91	7.95	9.4	11.1	13.7
互联网普及率（％）									6.2	7.2	8.5
	2007	2008	2009	2010	2011	2012	2013	2014	2015	2016	2017
网民规模（千万）	21	29.8	38.4	45.73	51.31	56.4	61.758	64.875	68.826	73.125	77.198
互联网普及率（％）	10.5	16	22.6	28.9	34.3	42.1	45.8	47.9	50.3	53.2	55.8

资料来源：综合第 1～41 次《中国互联网络发展状况统计报告》数据整理而得。

我国网民和网络空间民主参与发展的这一态势，必然对党和政府工作方式方法产生深远影响。由上面几个阶段网络空间民主参与发展状况可知，网络空间民主参与在我国获得发展的根本原因在于我国现代化建设的推动，它在现实中则与我国民主政治发展的阶段性和发育程度存在着内在关联。

---

① 《习近平：以更高站位更宽视野推进改革开放　真抓实干加快建设美好海南》，人民网，http://cpc.people.com.cn/n1/2018/0413/c64094-29925617.html，2018 年 5 月 24 日。

（三）我国网民的类型及特点

1. 我国网民类型

2013 年 1 月 15 日，我国互联网络信息中心数据显示，我国网民数量达到 5.64 亿，数据同时显示，我国手机网民数量为 4.2 亿，其增幅远超网民整体增幅。此外，我国网民对微博的喜爱非常明显。截至 2012 年 12 月底，我国微博用户规模为 3.09 亿，较 2011 年底增长了 5873 万，网民中微博用户比例达到 54.7%。其中，手机微博用户规模 2.02 亿，占所有微博用户的 65.6%，接近总体人数的 2/3，① 2012 年手机已成为我国网民的第一大上网终端②。截至 2017 年 12 月，我国网民规模达 7.72 亿，其中手机网民规模达 7.53 亿。③ 手机网民规模和所占比例具体变化如表 2-5 所示。

表 2-5　中国手机网民规模与所占比例

	手机网民规模（万人）	手机网民占比（%）
1999	20	2.2
2000	92	4.1
2001	118	3.5
2002	153	2.6
2003	214	2.7
2004	350	4.4
2005	610	5.5
2006	1700	12.4
2007	5040	24
2008	11760	39.5
2009	23344	60.8
2010	30274	66.2
2011	35558	69.3
2012	41997	74.5

---

① 中国互联网络信息中心：《第 31 次中国互联网络发展状况统计报告》，http://www.cnnic.net.cn/hlwfzyj/hlwxzbg/hlwtjbg/201301/t20130115_ 38508.htm，2013 年 1 月 15 日。

② 中国互联网络信息中心：《中国互联网接入 20 年：网民结构优化，接入设备多样》，http://www.cnnic.net.cn/hlwfzyj/fxszl/fxswz/201502/t20150204_ 51638.htm，2015 年 2 月 4 日。

③ 中国互联网络信息中心：《中国互联网络发展状况统计报告（2018 年 1 月）》。

	手机网民规模（万人）	手机网民占比（%）
1999	20	2.2
2013	50006	81
2014	56678	85.8
2015	61981	90.1
2016	69531	95.1
2017	75265	97.5

资料来源：综合中国互联网络信息中心发布的第 33、35、37、39、41 次《中国互联网络发展状况统计报告》数据整理而得。

上述数据显示，我国网民来源主要有两个群组：

一是 PC 终端用户，即整体 PC 网民，包括台式计算机和笔记本电脑用户。这类网民曾长期占领我国网民大军的主体地位，是我国早、长期网络使用群体和相对的深度互动参与群体。

二是手机网民用户，即通过手机渠道实现与互联网联结的用户。手机用户网民在 2012 年之后增长迅速，增幅超过 PC 终端用户网民，并于 2014 年成功地实现了对长期占据我国网民大军主体地位的 PC 终端网民的"逆袭"，在 2014 年 6 月达到 5.27 亿，占全部网民 6.32 亿的 83.4%。① 手机网络使用率的提高对互联网信息的快速发布和扩散有巨大影响，同时也必将影响我国网络空间民主政治行为的发展态势和特点。

2. 我国网民特点

（1）城乡区域差异大，农村网民规模持续扩大，但所占比例依然偏低。在我国网民来源中，农村网民规模和农村网络普及率持续增长。这是我国网络近年来发展的重要特点，是我国网络空间民主参与发展态势的重要决定因素之一。2013 年 12 月，我国网民中农村人口占比为 28.6%，规模达到 1.77 亿，比 2012 年增长 2101 万人，农村网民规模增速为 13.5%，超过城镇网民规模 8.0% 的增

---

① 中国互联网络信息中心：《中国互联网络发展状况统计报告》，http：//www.cnnic.net.cn/gywm/xwzx/rdxw/2014/201407/t20140721_ 47439.htm，2014 年 7 月 21 日。

速；2014 年 12 月，我国网民中农村网民占比为 27.5%，规模达到 1.78 亿。①
到 2017 年 12 月，我国农村网民规模已达 2.09 亿，互联网普及率从 2007 年的
7.4% 上升到 35.4%（见表 2-6）。农村网民比例和规模的变化，网络使用渠道、
技能、手段，农村网民的整体民主政治素养，都在我国网络空间民主参与发展
和党领导人民治理国家和社会事务的实践中得到体现，对党驾驭网络空间民主
参与、提高现代技术支持下决策的科学性等实践行为都有重要影响。

表 2-6　2007～2017 年农村网民规模、普及率、农村网民占比和农村人口占比

	2007	2008	2009	2010	2011	2012	2013	2014	2015	2016	2017
用户数量（亿人）	0.526	0.846	1.068	1.25	1.36	1.56	1.77	1.78	1.95	2.01	2.09
普及率（%）	7.4	12.3	15.5	18.6	20.7	24.2	28.1	28.8	31.6	33.1	35.4
农村网民占比（%）	25.1	28.4	27.8	27.3	26.5	27.6	28.6	27.5	28.4	27.4	27
农村人口占比（%）	54.11	53.01	51.66	50.05	48.73	47.43	46.27	45.23	43.9	42.65	41.48

资料来源：本图数据综合 2007～2017 年中国互联网络信息中心发布的《中国互联网络发
展状况统计报告》和国家统计局公开数据整理而得。

通过表 2-6 我们还可以看出，在国家推进城乡统筹发展、农村人口占比
稳步减少的大背景下，农村网民规模的绝对数量稳步增长。这表明，农民的
网络使用需求变大，网络逐渐成为新时代农民表达意见和获取信息的重要
渠道。

（2）网民学历呈现"下行"走势。在网民数量爆炸式增长的态势下，我国
网民学历表现出"向下"发展的特点：学历总体呈现年轻化特征（见表 2-7～表
2-9），显示出互联网向下扩散的趋势。我国互联网向下扩散的趋势符合互联网
技术扩展的自身特征和规律，符合我国互联网发展基本状况。互联网技术发展
早期，作为物质生活"奢侈品"中的一部分，它只是在中国知识精英、财富精
英和技术精英范围内得到使用。这部分群体在知识水平上居于顶端，知识结构
相对成熟。随着互联网技术的普及，尤其是伴随着国家对信息技术的政策支持，

---

① 《中国农村网民达 1.78 亿人占比总网民 27.5%》，人民网，http：//it.people.com.cn/n/
2015/0203/c1009-26500129.html，2015 年 2 月 7 日。

互联网使用群体越来越庞大，而知识和技术精英群体规模增长缓慢，趋向稳定，网络普及率的提高使网民整体学历必然呈现"向下"发展的趋势。

表2-7　中国网民学历结构　　　　　　　　单位：%

	2007.12	2008.12	2009.12	2010.12	2011.12	2012.12	2013.12	2014.12	2015.12	2016.12	2017.12
大学本科及以上	17.5	13.2	12.1	11.4	11.9	11.3	10.8	11	11.2	11.5	11.2
专科	18.7	13.9	12.2	11.8	10.5	9.8	10.1	10.4	8.4	9.1	9.2
高中（中专、技术）	36	39.4	40.2	35.7	33.3	32.3	31.2	30.6	29.2	26.2	25.4
初中	21	28	26.8	32.8	35.7	35.6	36	36.8	37.4	37.3	37.9
小学及以下	6.7	5.4	8.8	8.4	8.5	10.9	11.9	11.1	13.7	15.9	16.2

资料来源：根据中国互联网络信息中心发布的第23、25、27、29、31、33、35、37、39、41次《中国互联网络发展状况统计报告》数据整理而得。

通过表2-7可以看出，近10年来，我国网民学历构成呈现四个特点：第一，随着互联网普及率的提高，大专及以上学历网民比例几近饱和，高中（包括中专、技校）和初中学历构成网民群体的主要部分。第二，到2007年底，初中及以下学历网民比例已达27.7%；到2017年底，这一群体比例达到54.1%。这说明，在此期间低学历人群成为我国网民规模增长的主要动力。第三，网民学历"下沉"，首先是高中（包括中专、技校）及以上学历群体向初中学历群体初步下沉，随着互联网普及率的提高，再次向小学及以下学历群体下沉。第四，在2007~2017年，低学历人群虽为网民增长的主要动力，但增长趋缓。这说明，我国网络在普及过程中受到一定客观因素的约束，且约束作用越加明显。

当前我国网民知识水平结构关系中，初、高中学历网民占网民整体近70%。2009年12月至2014年6月我国手机网民学历结构的数据（见表2-8）可以很好地为上述分析提供佐证。

表 2-8 中国手机网民学历结构 单位:%

	2009.12	2010.12	2011.12	2012.12	2013.06	2014.06
大学本科及以上	11.2	12	13	12.2	11.9	11.4
专科	11.4	11.5	10.9	10.2	9.9	10.2
高中（中专、技校）	42.4	36.4	34.3	33.3	33.4	31.7
初中	26.9	33.6	35	34.9	35.4	35.7
小学及以下	8.1	6.6	6.9	9.4	9.4	11.1

资料来源：根据中国互联网络信息中心公布的《中国网民手机上网行为研究报告（2011年3月）》《中国移动互联网发展状况调查报告（2012年3月）》《中国移动互联网发展状况调查报告（2013年4月）》《中国移动互联网调查研究报告（2014年8月）》信息综合整理而得。

（3）网民年龄结构在主要群体保持稳定的基础上呈现双向渗透趋势。从2007～2017年我国网民年龄分布结构（见表2-9）可以看出，在互联网高速发展的10年时间里，我国网民总体数量中，10～39岁低年龄段网民分别占86.4%（2007年12月）和73.1%（2017年12月）；40岁以上网民在2007年占比为12.8%，到2017年12月，此用户群体比例增长至23.6%，份额增加近一倍；10岁以下的网民群体也由0.8%的比例发展到3.3%；10～29岁年龄段用户群体在2007年为65.9%，到2017年比例下降为49.6%，但仍然占据网民用户数量的"半壁江山"。这些现象充分表明，网民群体在保持年龄主体结构稳定的基础上出现了"稳中有变"的态势。

表 2-9 中国网民年龄结构 单位:%

	2007.12	2008.12	2009.12	2010.12	2011.12	2012.12	2013.12	2014.12	2015.12	2016.12	2017.12
60岁及以上	1.4	1.5	1.9	1.9	0.7	1.8	1.9	2.4	3.9	4	5.2
50～59岁	3.3	4.2	4.5	3.9	4.1	4.4	5.1	5.5	5.3	5.4	5.2
40～49岁	8.1	9.6	10.7	12.6	11.4	12.4	12.1	12.3	13.1	13.7	13.2
30～39岁	20.5	17.6	21.5	23.4	25.7	25.3	23.9	23.8	23.8	23.2	23.5

	2007.12	2008.12	2009.12	2010.12	2011.12	2012.12	2013.12	2014.12	2015.12	2016.12	2017.12
20~29岁	38.1	31.5	28.6	29.8	29.8	30.4	31.2	31.5	29.9	30.3	30
10~19岁	27.8	35.2	31.8	27.3	26.7	24	24.1	22.8	21.4	20.2	19.6
10岁以下	0.8	0.4	1.1	1.1	1.7	1.7	1.9	1.7	2.7	3.2	3.3

资料来源：根据中国互联网络信息中心公布的第23、25、27、29、31、33、35、37、39、41次《中国互联网络发展状况统计报告》数据整理而得。

我国网民年龄结构之所以呈现上述变化，有着复杂的原因。概括起来，主要原因有三个。第一，2007~2017年，网络自身发展环境日渐改善，网络接入日益增加，网络支出费用明显降低。3G、4G等新技术相继出现并迅速发展，为低龄和中高龄用户群体提供了技术保障。第二，我国政府主导、社会参与的信息化建设战略得到有效实施，政府的积极作为和媒体广泛宣传同样促使网络成为人民生活的一部分，使得低龄和中高龄网民接触网络的机会大大增加。第三，人口老龄化问题持续加重。《2007年国民经济和社会发展统计公报》数据显示，2007年，60周岁及以上人口数量为15340万人，比重为11.6%；① 2018年2月28日发布的《中华人民共和国2017年国民经济和社会发展统计公报》数据显示，2017年，60周岁及以上人口数量为24090万人，比重达到17.3%。② 这一变化在我国网民年龄结构中得到充分体现。

值得注意的是，移动互联作为新技术在应用过程中对网民群体起到转移和渗透的作用。手机网民用户数量占总规模绝对数量比例已连年稳居第一。手机网民群体整体年轻化是其中一个重要现象（见表2-10）。10~29岁年轻群体对新生事物接受较快，移动互联带来的丰富内容也大大吸引着潜在目标用户群体。分析2009年12月至2014年6月我国互联网络信息中心公布的数据可见，2007年12月，10~29岁手机用户群体比例为73.2%；到2014年6月，10~29岁手机用户群体比例为58.4%，占比降低了14.8%，与同时期我国网民总体年龄分

---

① 参见《2007年国民经济和社会发展统计公报》，中华人民共和国国家统计局，http：// www.stats.gov.cn/tjsj/tjgb/ndtjgb/qgndtjgb/200802/t20080228_ 30022.html，2017年03月2日。

② 参见《2017年国民经济和社会发展统计公报》，中华人民共和国国家统计局，http：// www.stats.gov.cn/tjsj/zxfb/201802/t20180228_ 1585631.html，2018年3月15日。

布结构呈现相同变化。10 岁以下和 60 岁及以上手机用户网民虽然存在被渗透现象，但数量上所占比例仍为最小的两项，渗透现象影响更明显的依然是 30～59 岁的群体。

表 2-10　中国手机网民年龄结构　　　　　　　　单位:%

	2009.12	2010.12	2011.12	2012.12	2013.06	2014.06
60 岁及以上	0.7	0.6	0.2	1	0.5	1.4
50～59 岁	1.8	1.6	1.5	3.1	3.2	4
40～49 岁	6.7	7.7	7.9	10.3	10.6	10.8
30～39 岁	17.1	20.8	23.7	24.8	25.6	23.9
20～29 岁	35.3	36.3	36	34.3	34.1	33.4
10～19 岁	37.9	32.3	29.8	25.7	25.4	25
10 岁以下	0.5	0.4	0.9	0.9	0.6	1.5

资料来源：中国互联网络信息中心公布的《中国网民手机上网行为研究报告（2011 年 3 月）》《中国移动互联网发展状况调查报告（2012 年 3 月）》《中国移动互联网发展状况调查报告（2013 年 4 月）》《中国移动互联网调查研究报告（2014 年 8 月）》信息综合整理而得。

对于上述我国网民中年轻群体表现出的特征，社交媒体第三方分享的流量分布资料也能够很好地印证上述分析。近年来，我国的移动设备用户迅速扩张，新生代正在成为主体（见表 2-11）。

表 2-11　移动设备用户年龄分布

年龄段	"70 后"	"80 后"	"85 后"	"90 后"	"95 后"
比例（%）	2.7	5.5	18.9	34.9	37.6

资料来源：友盟指数移动开发者服务平台，http://www.umindex.com/social，2015 年 1 月 23 日。

低龄化和新生代为主体的我国网民结构必然体现出许多自身特色。年轻人的热情容易被调动，网络行为相对容易走向冲动，网络集群属性强，法制意识淡薄，遇到问题更有可能做出超越法律的网络行为。同时，新生代对民主政治和治国理政的认知程度和局限必然会在网络行为中打上印记，进而对我国网络空间民主参与和党的治国理政实践产生影响。

（4）网络关注焦点多样化、娱乐化倾向显著。从网络用户网络使用状况看，我国网民使用互联网的目的呈现多元化状态，内容涉及政治、经济、社会、生活等方方面面，总体上主要集中在休闲娱乐上。根据我国互联网络信息中心调查，我国移动互联网搜索内容前六位中，新闻虽然比例最高，但在总体搜索中更多地体现出娱乐化特征（见表2-12）。

表2-12　中国移动互联网搜索内容前六位

内　容	新　闻	小说等文学作品	饮食娱乐等生活类信息	影音娱乐	各种知识问答	位置信息
比例（%）	59.5	54.7	44	41.9	41.7	40.8

资料来源：中国互联网络信息中心《互联网发展信息与动态》总第89期，2013年5月。

对整个我国互联网发展来说，以移动互联网用户作为分析对象尽管有一定特殊性，但总体依然能够体现中国网民网络使用状况。表2-12显示，我国网民网络使用中休闲娱乐占据主要内容。这一特征与我国当前网民主体的主要年龄段分布有密切关系，网民年轻化和娱乐化呈现正相关。小说等文学作品、饮食娱乐等生活类信息、各种知识问答等都是青年人青睐的内容，这些内容的总和占据手机网络浏览绝大部分。

由以上分析可得出如下结论：当前我国网络社会活跃的主体呈现低龄化和低学历化特征，互联网使用关注焦点呈现多元化、娱乐化。网民群体的特征和我国网民网络使用状态，从特定角度反映出我国当前经济发展态势，反映出我国民主政治发展态势。我国网民的类型和特点直接影响我国网络空间民主参与发展态势，决定党和政府对网络使用的态度、治理重点和管制战略中心的确立。

（四）我国网络空间民主参与的主要特征

1. 我国网络空间民主参与的宏观特征

我国网络空间民主参与较之一般意义的网络空间民主参与，最典型的特征有以下两个。

（1）我国网络空间民主参与是在党鲜明的治国理政理念指导下发展起来的新型民主形态。中华人民共和国成立后，党逐步确立起明确的治国理政理念，"执政为民"思想成为治理思想的核心，我国民主建设进程中的各项重大举措和部署都围绕这一核心展开。计算机、互联网在我国的发育和推进，除世界经济发展、科技进步的推动外，还有一个重要的指导思想就是党运用高新科技实现领导人民建设社会主义国家高度发达的物质文明和精神文明，实现人民主权的国家性质。网络空间民主参与作为一种新型民主形态，正是共产党实践靠人民执政、为人民执政的民主政治战略部署中的一个步骤和环节。

（2）我国网络空间民主参与是在其他国家网络空间民主参与参照环境中发展起来的新型民主形态。我国的计算机和互联网技术相对西方国家而言起步较晚，西方国家更早把互联网技术运用到政党选举和总统选举中去。网络空间民主参与在西方国家与政党和政治的结合显示出一些基本规律，形成了一些基本模式和方法，当然也暴露出一些固有缺陷。这些都是 20 世纪 90 年代末我国网络空间民主参与起步的重要环境。这些西方国家网络空间民主参与与政党和国家、政治结合的利弊，形成我国网络空间民主参与发育发展的客观环境，影响党对待网络空间民主参与的立场和态度，为党引导发展中国网络空间民主参与提供重要参照。

2. 我国网络空间民主参与的微观特征

与网民的类型特点相适应，我国网络空间民主参与呈现出一些阶段性微观特征。

（1）网络空间民主参与主体特征

目前，我国网络空间活跃的民主主体主要是网民。除网民外，网络空间还有电子政府等民主主体。这类网络空间民主参与主体多以发布信息为主，对公共事件和公共事务的评论或意见表达较少，用网络语言说，这类主体类似"僵尸"或"半僵尸"状态。

在我国虚拟空间进行积极参与和深度互动的主要是网民。我国拥有的网民数量绝对值较大，位居世界第一。在我国社会转型和改革开放深入推进的过程中，网民将政治参与的冲动释放进虚拟空间，在网络空间内获取政治信息，积极表达政治见解，进行民主监督。

与网民学历水平、知识水平、年龄结构相适应，我国网络空间民主参与主体呈现两大特征。

其一，网民对网络政治参与保持高涨热情。从网络论坛数量和公众参与度分析，我国网民日常关注的问题尽管总体上以娱乐为主，但对网络政治参与的热情也相当高。"公民参与产生了'网络依赖症'，网络政治参与已经从边缘状态走向了主流，成为公民优先选择的政治参与渠道和手段。"① 我国公民正将改革开放激发起来的巨大政治热情，通过网络渠道充分释放出来。

其二，我国网络空间民主参与主体的民主经验相对缺乏。综合观察，以活跃在网络社区的青年人与中老年人相比较，青年人拥有技术和时间上的优势，"有知识、有思想、有热情、有锐气"②。但青年人的高度热情容易发展为冲动。在网络空间，低龄化的网民在发布、转发甚至评论公共话题时，往往更易感情用事，"在网上把控话语权的活跃发言者往往还并不是网民中最深思熟虑的成员"③。如果这种冲动行为发展为集体冲动，那么，集体冲动行为往往会引发网络暴力等严重后果，整个网络空间会滑向无序化发展轨道。而无序化发展会使网络群体行为背离网络空间民主参与的真正含义，对网络舆论和社会舆论的健康运行造成干扰。

（2）网络空间民主参与的功能特征

网络空间民主参与对我国民主政治发展和变革的影响是双向的：网络空间民主参与对我国民主政治建设的价值有"正""负"之分。

上述民主政治发展现实决定了我国网络空间民主参与发展过程中所能够拥有、展现的功能。从我国网络空间民主参与的发展历程和多年的现实实践看，它所承担的功能主要是信息的输入和输出。20 年来，信息获取和互动参与一直为网民所钟爱（见图 2-1），从网络诞生起至今始终保持着绝对高位姿态。

具体到我国政治体制，网络空间民主参与补充了我国政治制度传统形式下的渠道不足、信息公开和传递不够的缺陷，以迅速、便捷、透明的优势把我国社会主义政治制度的优越性强化起来，使党群、干群之间真正做到信息分享，及时沟通，以达成政党与社会、政党与公民之间的良性互动。这种互动关系表现为：在如图 2-2 所示的输入和输出模式中，网民与政党之间完成了权力授予与替代行使的关系。

---

① 杨雪梅：《中国网民更愿"发言"，网上论坛数量全球第一》，载 2008 年 1 月 4 日《人民日报》。

② 《广东书记省长网上发帖拜年　邀网民"灌水""拍砖"》，人民网，http：//politics. peo-ple. com. cn/GB/6876636. html，2008 年 2 月 14 日。

③ ［英］查德威克：《互联网政治学：国家、公民与新传播技术》，任孟山译，华夏出版社2010 年版，"代译序"第 8 页。

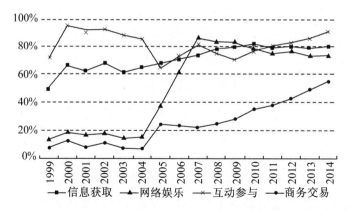

图 2-1　1999～2014 年各类互联网应用普及率

资料来源：高爽《中国互联网接入 20 年：互联网应用蓬勃发展》，中国互联网络信息中心，http：//www. cnnic. net. cn/hlwfzyj/fxszl/fxswz/201502/t20150 204_ 51639. htm，2015 年 2 月 4 日。

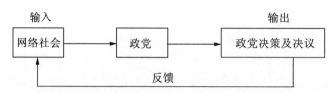

图 2-2　网络社会中政党决策的输入和输出模式

　　我国网络空间民主参与的功能特征除上述民意表达层面之外，还有一个显著特点，即网络监督的"一功独强"特征。在网络空间民主参与诸多形式中，就目前网络空间民主参与发展现实而言，电子投票、网上议事等功能，显然不能与网民无处无时不在的监督相比。事前酝酿和事中矫正功能在网络空间民主参与中相对落后，事后监督功能发展成我国网络空间民主参与中"一枝独秀"局面。近年多起网络事件都充分说明网络空间民主参与发展的这一特征。

　　（3）网络空间民主参与作用模式特征

　　我国网络空间民主参与的发展，与我国整体民主政治进程存在高度关联。网络空间民主参与与国家的民主政治互动也日益走向规范。

　　其一，网络行为主体结构逐渐形成并趋于稳定。在网络虚拟空间内，独立的网民、电子政府及其他民间组织成为我国网络空间民主参与的绝对主体。

　　其二，"草根民主"特色清晰。我国网络空间民主参与，无论是参与还是监督，都呈现典型的"草根民主"特色——自下而上的民主进程。

其三，网络表达方式"百花齐放"布局初步形成。当前，网络空间民主参与参政议政的方式突破单一化局面，更多的意见通过 BBS 时政论坛、新闻跟帖、政治博客等协商形式呈现，而不是单一、直接的投票表决等形式，网络政治参与正发挥着越来越大的动员作用。在 2009 年 1 月的《第 23 次中国互联网络发展状况统计报告》中显示：我国网民"上网以后，我比以前更加关注社会事件"的比例达到 76.9%。①

在我国，网络媒体和传统媒体之间，网络空间民主参与与政府决策、党的决策和政治民主化进程之间存在如图 2-3 所示的互动和关联。网络空间民主参与就是以这样的作用模式为载体，实现民主功能，实践网民参政议政的功效。图 2-3 大致可以反映出当前我国网络空间民主参与的作用模式。

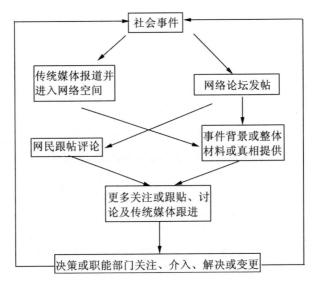

图 2-3　中国网络空间民主参与发挥维权或监督作用基本模式

无论在我国还是西方，网络空间民主参与的发展都还处于探索阶段。随技术而变的虚拟民主究竟在何种程度上推进，国家在网络空间民主参与发展中究竟该扮演什么角色，网络空间民主参与的积极作用和消极作用究竟该如何发扬和克服，都是今后一个时期内政治学领域要解决的重大课题。对我国来说，这一课题解决得好，网络空间民主参与就可能在一个有序、良性发展环境中为实

---

① 参见中国互联网络信息中心：《中国互联网络发展状况统计报告（2009 年 1 月）》。

现党带领人民治理国家贡献力量；如果解决得不好，网络空间民主参与就可能导向无序或进入失序境地，削弱乃至丧失网络空间民主参与的价值，从而使公民失去一个在党领导下治理国家和社会事务的重要的发声渠道。

三、中国网络空间民主参与对政治生态的影响

政治生态理论是"人们对传统政治中政治与社会及自然的不和谐关系反思的理论结果"，它最显著的特点在于实现了传统政治学研究视野的突破，变传统的封闭、孤立思路为开放、大局观和整体思维，"认识到政治体系只是社会系统乃至人化的自然生态系统的一个组成部分，政治体系不能离开社会系统的制约而独立存在"①，将人类生存的政治生态扩展到世界范围。

政党发展所依赖的生态环境是一个博大宏观的系统，它包含经济生态、政治生态、文化生态等各方面，这些方面有机联系，构成一个完整的有机体系。以执政党活动的范围为标准，可以分为"国际政治生态""国内政治生态"和"党内政治生态"三个方面。这三个方面是政党的发展所依赖政治生态的现实要素，并体现出网络化的时代特征。政治生态的一切变动及发展都是对现实政治生态组成要素发展态势、问题和矛盾的反映。互联网和网络空间民主参与的迅速发展将具有系统性、整体性、动态性、开放性等特征的政治生态，从现实社会拓展到虚拟网络空间。世界范围内的现实与虚拟结合的民主化进程构成中国政党赖以生存发展的广义政治生态。我们党就是在这种现实政治生态和虚拟空间政治生态相互矛盾、相互统一的环境中，实现对国家和社会的领导和治理，是我们党顺应时代发展潮流、顺应民意作出的理性选择，并在新科技发展浪潮中被赋予了网络时代特色。我国网络空间民主参与正对党的发展所依赖的政治生态自身的发展变迁产生巨大影响。

（一）国际政治生态网络化影响党的政治生态

我们党的治国理政与国际政治生态之间存在着互相影响的关系。一是国际政治生态的变化会对党的治国理政政策、方针的制定产生影响，同时会影响人们的政治理想、政治信念、政治观点等；二是党的治国理政中涉及对外战略的内容会在一定程度上影响国际政治生态，使国际政治生态对党的治国理政产生

---

①　刘京希：《政治生态论——政治发展的生态学考察》，山东大学出版社 2007 年版，第 3、31 页。

积极或消极的信息反馈。国际政治生态是党制定一切治国理政战略、政策、方针的重要影响因素，是党认识自身所处世情的重要内容。当前，党治国理政的国际政治生态正在发生剧烈变化。网络空间民主参与起源于国际互联网的发展，也活跃于整个国际空间。网络空间民主参与突破一国范围，成为世界范围一体的政治活动，使党治国理政的国际空间无限扩大，治国理政的国际距离无限缩小。

互联网和网络空间民主参与的发展影响着党治国理政的国际政治生态。"你中有我，我中有你"成为国际交往的常态，在党治国理政的国际变量中增添了更多的不确定性因素，增加了党的治国理政生态环境的复杂性和挑战性。

一方面，更多的世界优秀成果借力网络空间民主参与进入我们党治国理政生态系统。乘着互联网勃发的契机，当代世界民主法治建设的先进理念和文明成果大量输入我国，全球治理的先进理念和模式展现在国人面前。这些人类优秀成果开阔着网民和民众的眼界，激荡着传统的国家和社会治理观念和方式。例如，美国民主党和共和党的大选向全世界实况转播，奥巴马的教育、卫生医疗改革在众议院和参议院的辩论及民意状况通过互联网走向世界每个角落；我国近年来的"两会"、重大的政治活动、一些重要的会议议题、领导人的治国理政理念等，也持续地通过互联网传送到国外，不同程度地影响着国际社会，为提升我国的国际形象和我们党的形象提供了国际平台。

另一方面，网络空间民主参与使我们党治国理政面对更多挑战。互联网和网络空间民主参与的发展使我们党治国理政的方方面面充分展示在世人面前。党的治国理政方针及作为既被外界评头论足、指指点点，又备受西方敌对势力的诋毁和"和平演变"的进攻。西方敌对势力往往借助互联网攻击我们党的领导和社会主义道路，宣扬多党制和政治多元化，将本属于中西政治思想渊源的差异、治国理政理念的不同、国家体制的区别等现实，加以主观的歪曲甚至故意诬蔑，极力恶化我们党治国理政政治生态。借助所谓的"民主"和"人权"攻击党的领导和社会主义制度，公开支持所谓的"持不同政见者"；借助文化多元化攻击马克思主义在社会主义意识形态中的主导地位；借助某些群体性事件夸大党和政府工作中的缺点和失误，攻击党和政府。这些敌对颠覆行为在互联网的作用下影响面更广、破坏力更强。可以说，在互联网时代，党治国理政的国际环境从总体上说比过去要严峻得多。

（二）国内政治生态网络化影响党的政治生态

党治国理政的国内政治生态之一就是常讲的"国情"政治要素。当前我国政治发展是自改革开放以来一直追求的政治现代化发展。党治国理政的政治生态表现在当前国家政治制度、政治体制、政治意识、政治观念等要素中。观察我国政治要素发展，随着公民社会的发育，公民政治意识觉醒迅速，政治现代化一直面对众多社会呼声。2012 年 11 月，中共十八大提出坚持走中国特色社会主义政治发展道路和推进政治体制改革的战略构想，为实现最广泛的人民民主确立了正确的方向，为党治国理政政治生态奠定了基调。2017 年 10 月，中共十九大报告明确指出，中国特色社会主义进入了新时代。面对新矛盾的历史性变化，党治国理政面对新问题带来的挑战，进一步满足人民在政治、经济、文化、社会、生态等方面的崭新需求成为党急需解决的重大课题。互联网和网络空间民主参与的发展对党治国理政政治生态影响最大的还是国内政治生态的改变。从政治生态的构成板块来说，网络空间民主参与影响着党治国理政的政治力量、政治空间、政治文化和政治舆论；从政治生态的影响程度来说，网络空间民主参与影响着党治国理政的横广范围和纵深力度。

网络空间民主参与对国内政治生态的影响是多方面的，最主要的表现是如下三点。

1. 网络空间民主参与为国内政治生态融入新拓展空间

从政治空间的构成和拓展上看，互联网和网络空间民主参与为我国人民参与社会治理增添了一个"虚拟世界"，有了一个现实政治空间与虚拟政治空间的互动印证。相比现实世界政治生态而言，虚拟空间政治生态要复杂、敏感得多。虚拟空间政治生态本质上是现实世界政治生态的反映，我国社会治理的虚拟空间政治生态反映的是我国政治制度、权力格局、政治现代化程度，它包含公民、政党的政治权力、政治观念、政治意识等在内。我国网民民主政治诉求在网络虚拟空间得到释放，这种释放正是当前我国网络空间民主参与的起因。网民在虚拟空间释放出的民主政治追求，对中国政治生态构成诸多挑战，两者构成对立统一的矛盾体。从党治国理政的实践来说，虚拟政治空间具有不确定性，表现为网民的身份不确定及网民传达信息的真实性不确定。这种不确定性给党治国理政过程中的民意征集、筛选增加了难度，也将影响党和政府决策的科学性、针对性和有效性，考验着党对自身政治生态环境的驾驭能力。

2. 网络空间民主参与为党和政府工作的国内政治生态融入新生力量

在我国政治体制框架下，人民当家作主的主要形式有人民代表大会制度和独具特色的多党合作制等多种方式，这些制度在宪法和法律轨道上给公民知情权、表达权、参与权、监督权等提供保障。但在现实民主政治发展中，我国公民的上述权利未能得到有效、充分的实践。网络空间民主参与的兴起为这些权利的实践提供了新渠道，以直接和成本低廉等特性，培育起一批喜欢在虚拟空间发表言论、进行监督的人群。他们的形成及其与党政机关的互动，在虚拟网络空间和现实政治领域实现信息流动、民意疏通，推进我国民主向前跨越。当然，网络空间民主参与下的政治力量构成还包括各种敌对势力，这部分人是网络上反对共产党领导和反对社会主义制度的煽动者和组织者，这也是我国国内政治生态包含的一项内容。

3. 网络空间民主参与使国内政治生态融入新绩效评判系统

从政治文化和政治态度的变化上说，互联网和网络空间民主参与在不断影响人们的价值观和政治信仰，影响人们的社会和政治认同，使国家和社会治理绩效的评判有了"网上"和"网下"的双向互动。

中华人民共和国成立以来，中央领导集体一直在探索我国实现什么样的民主政治才能带领全国人民更好地建设社会主义民主。改革开放后，我国经济科技发展日益加速，互联网渗透到人们生活生产的各个领域，促进了人民权利意识的增强。互联网空间探讨我国民主政治发展的话题异常活跃，"维权""监督"等一直都是热门话题。7亿多网民在虚拟空间表达的政治观点、政治言论、政治态度，对现实社会中的国家政治发展产生了深刻影响。这是我国政治生态的另一特色与时代属性。互联网和网络空间民主参与的发展影响着人们传统的政治文化心理，影响着我国政党文化社会化的效应，人们的价值观和政治信仰呈现出多样化的趋势。这些政治生态要素的变化对我们党的领导能力和艺术都提出更高的要求。

（三）党内政治生态网络化促使我国政治生态发生变迁

我国的政治生态特点集中体现为党的政治生态特征。

党的自身政治生态是党治国理政的内部因素，是党治国理政政治生态自身条件的总和。党的治国理政过程中，自身政治意识、政治方针和政治决策及党组织政治建设状况都构成影响和制约党的治国理政的重要因素。党自身政治状况的好坏对党的治国理政起内因性决定作用。

　　互联网和网络空间民主参与的发展，不仅对党治国理政的国际政治生态和国内政治生态产生重大影响，而且对党的自身政治生态也产生着积极和消极的双重影响。一是党员的主体地位在网络空间得到充分的体现。党员的知情权、参与权、选举权和监督权在网络空间得到更为平等的保障。二是党的先进性和纯洁性建设在网络空间得到"倒逼式"推进。在互联网空间，无论是党内还是社会最重要的舆情之一就是反腐败。许多腐败案件正是由于网民的揭露和监督才受到处理。网络空间发起的反对和遏制腐败的理性行为有利于推进党的先进性和纯洁性建设。三是互联网和网络空间民主参与的发展进一步扩大了党的阶级基础和社会基础。我们党具有相异于世界其他政党的特有内涵，党所代表的阶级利益与其他世界政党有本质区别，这是党治国理政政治生态的一大特色和核心属性。四是互联网和网络空间民主参与的发展也使党自身面临的考验、危险和挑战具有空前性。互联网和网络空间民主参与的发展对党员和干部的理想信念、宗旨意识、组织观、权力观、政绩观等同样产生了巨大的冲击和影响：部分党员干部热衷网络"论坛"，淡化组织生活；强化党员权利，淡化党员义务；热衷网上"组团"，忽视党内团结，等等。党的凝聚力、战斗力和影响力都受到一定程度的影响。

　　总之，网络空间民主参与踏着我们党推进国家治理现代化的脚步而来。它有着与西方发达国家网络空间民主参与不同的发展理念和道路模式，对我国政治生态环境产生一定的影响。新时代，网络空间民主参与正在使我国的现代化和中国特色社会主义建设实践步入一个新的境界。

四、中国网络空间民主参与的价值与功能定位

　　作为党治国理政的重要内容之一，治国理政方式受制于我国国内外发展大势，服务于党的治国理政宗旨和治国理政目标。在我们党带领人民治理国家和管理社会事务的价值追求和策略选择中，必然要充分体现党对政治生态环境的认识和把握，从而以高度的政治智慧确立实践党的治国理政方略的合理路径和方式。网络空间民主参与既属于党的政治生态环境的重要组成部分，也可以在党的治国理政资源整合中担当重要的角色。正确分析、认识、定位网络空间民主参与的功能和价值，对于正确确立网络空间民主参与在党带领人民治理国家和社会事务中的地位具有重要意义，同时也是进一步确立网络空间民主参与和党治国理政良性发展战略的必要前提。

（一）中国共产党对发展网络空间民主参与的认识

党政军民学，东西南北中，党是领导一切的。充分、准确地认识党的政治资源是坚持和完善党的领导的重要内容，是把党建设得更加坚强有力的基础保证。

自诞生之日起，我们党就在认识和使用政治资源进程中实现自身的发展壮大。作为大众传媒在新技术手段推动下的一种重要力量，互联网及伴随而来的网络空间民主参与是党的政治资源中极其重要而特殊的一种力量。准确认识网络及网络空间民主参与在党的发展中的地位、功能和价值，是正确使用网络及网络空间民主参与这一特殊执政资源的前提条件。①

互联网迅速普及，渗入我国政治、经济、社会、文化各领域的深度和广度日益加剧，一个供公民娱乐、学习、办公、购物、教育等活动的虚拟公共领域逐渐形成。德国学者哈贝马斯 1964 年曾将公共领域定位为"一种介于市民社会中日常生活的私人利益与国家权力领域之间的机构空间和时间，其中个体公民聚集在一起，共同讨论他们所关注的公共事务，形成某种接近于公众舆论的一致意见，并组织对抗武断的、压迫性的国家与公共权力形式，从而维护总体利益和公共福祉"②，网络公共领域就是具有哈贝马斯所界定公共领域特征的一种虚拟公民活动公共领域，是网络空间民主参与赖以进行的载体和平台支撑。

认清发展所处的国际、国内环境，是政党制定正确战略策略、获得生命力的重要步骤。多年来，我们党对互联网和网络空间民主参与的正确认识，助推了党领导人民治理国家和管理社会事务的事业发展。

1. 感知到互联网引发的问题

2001 年初，江泽民提出各地各部门的领导干部必须加紧学习网络化知识，党的建设等工作都要适应信息网络化的特点。③ 由此开启了新世纪党认识互联

---

① 政党执政政治资源隶属于政党政治资源，是政党政治资源的一个分支。按照王韶兴教授等人的理论，政党政治资源由近及远、由里及外分为四个层次：组织资源、历史资源、党的意识形态资源→政治资源、制度资源、合法性资源→经济资源、社会资源、思想文化资源→国际资源。互联网支撑的网络空间民主参与属于政党政治资源四层次中的第二层——政党政治资源的范畴（参见王韶兴主编：《政党政治论》，山东人民出版社 2011 年版，第 350 页）。

② 汪民安主编：《文化研究关键词》，江苏人民出版社 2007 年版，第 91 页。

③ 《江泽民文选》第 3 卷，人民出版社 2006 年版，第 300 页。

网重要作用的起点，他向全党揭示了一个"人民监督—政府积极行政—各项事业发展"的良性循环。这一论述清楚地向各界指明了网络民意与政府行政二者之间的高度关联性。

2. 理性认知到网络空间民主参与的影响力并提出掌握网络舆论主导权的要求

2007年1月23日，中共中央政治局进行"世界网络技术发展和我国网络文化建设与管理"集体学习。这次学习将"掌握网上舆论主导权"问题提到党的建设日程中，彰显了党在理论建设领域中始终保持较强的先进性。学习的同时要求加强党的网络引导能力，提高网上引导水平，积极运用新技术。① 2008年6月20日，胡锦涛在人民网在线交流中，把党对网络空间民主参与的认知向前推进了一大步。他向网友们表达了党对网络民意的重视，表明党会听取人民意见，通过网络渠道来汇集民智。他的这一论述极大地振奋了网友们对党领导人民有效治理国家的信心，再次阐明网络民意与党的治国理政行为和理念之间的密切关联。同日，胡锦涛在人民日报社考察时指出："必须加强主流媒体建设和新兴媒体建设，形成舆论引导新格局……要以党报党刊、电台电视台为主，整合都市类媒体、网络媒体等多种宣传资源，努力构建定位明确、特色鲜明、功能互补、覆盖广泛的舆论引导新格局。"他明确表示："互联网已成为思想文化信息的集散地和社会舆论的放大器，我们要充分认识以互联网为代表的新兴媒体的社会影响力，高度重视互联网的建设、运用、管理，努力使互联网成为传播社会主义先进文化的前沿阵地、提供公共文化服务的有效平台、促进人们精神生活健康发展的广阔空间。"②

2011年9月23日，中共中央政治局常委李长春在"全国道德模范座谈会暨第八届中国公民道德论坛"上讲话时指出："要积极推动手段创新，善于运用互联网、移动通信等先进传播技术打造道德建设的新平台，运用手机短信、社交网络、微博等新载体传播和弘扬道德文化，努力使新兴媒体成为传播社会主义精神文明的前沿阵地，成为提供健康向上精神文化生活的有效平台，成为提升

---

① 参见高桂云：《网络媒体与党的执政能力建设》，中国社会科学出版社2012年版，序第2页。

② 《胡锦涛在人民日报社考察工作时的讲话》，中国共产党新闻网，http：//cpc. people. com. cn/GB/64093/64094/7408960. html，2008年6月21日。

公民思想道德素质的广阔空间。"① 11 月 28 日，刘云山在第七次中越两党理论研讨会上发表《切实做好新形势下的群众工作》主旨报告时指出："互联网、手机等日益成为人们表达意见诉求、参政议政的重要渠道。我们高度重视互联网等新兴媒体的建设、运用和管理，不断丰富与群众联系沟通、互动交流的载体，掌握民情、回应民意、汇集民智。"② 这是对互联网等新兴媒体在公民参政议政和党的发展中重大意义作出的高度概括，是全党正确认识互联网和网络民意价值的直接指导。

2011 年 10 月 13 日，时任国家互联网信息办主任的王晨在"积极运用微博客服务社会经验交流会"上发表讲话。他重点对党政干部开设博客、使用博客以实现党政活动与群众参政密切结合发表观点。王晨希望党和政府公职人员能够保持开放自信的精神，积极开设和用好微博客，做好问政、问需、问计工作。他同时提出希望，党政公职人员对网上热点问题要不回避，采取妥善处置的方法引导社会舆论，实现共产党人维护群众合法权益的根本任务。王晨进一步将微博、博客等新兴事物与党和政府的工作能力建设连接起来，表示运用微博、博客等新兴媒体做好服务社会管理社会工作是"新时期加强党和政府执政能力建设的迫切要求"③。

3. 树立加强网络社会治理助推和谐社会建设的理念

2012 年 11 月，中共十八大报告对互联网和网络空间民主参与的认识迈出关键一步：加强和改进网络内容建设，唱响网上主旋律。加强网络社会管理，推进网络依法规范有序运行。中共十八大报告在加强社会治理总体规划下，提出"加强网络社会管理"的明确要求，是全党对网络空间发育认识深化的重大成果，是新时期加强互联网建设的重要指导思想。2014 年 11 月，首届世界互联网大会在浙江乌镇举行，近 100 个国家和地区的嘉宾和记者与会。习近平总书记在致互联网大会贺词中指出："互联网真正让世界变成了地球村，让国际社会越来越成为你中有我、我中有你的命运共同体。毫无疑问，这次全球网络盛会是

---

① 《李长春在第八届中国公民道德论坛上的讲话》，中国青年网，http：//news. youth. cn/sz/201109/t20110923_ 1732900_ 4. htm，2011 年 9 月 23 日。

② 《刘云山：切实做好新形势下的群众工作》，中国共产党新闻网，http：//cpc. people. com. cn/BIG5/64093/64094/16627059. html，2011 年 12 月 16 日。

③ 王晨：《积极开展微博客舆论引导工作》，人民网，http：//politics. people. cn/GB/1026 /16415133. html，2011 年 11 月 28 日。

一个新起点，着眼的是长远路径：如何让地球村真正'互联互通、共享共治'，怎样使 20 世纪最重大的科技发明惠及更多的人群?"① 我国高层对互联网的认识向前迈进了一大步。2014 年底，习近平总书记在新年贺词中使用普通网民熟知的大众网络语言，将中央高层关注网络空间民主动态的信号传递到党内党外。2016 年 4 月 19 日，习近平总书记在全国网络安全和信息化工作大会的讲话中指出，要加快信息化服务普及，要充分认识到 7 亿网民在互联网平台沟通和交流的重要性，畅通沟通渠道，对社会态势发展做到有效了解，让网民在分享互联网带来的成果上有更多获得感。2017 年 10 月，中共十九大报告指出，在增强改革创新本领上各机构、各部门要善于结合互联网技术，善于运用信息化手段创造性地推动工作。2018 年 4 月 20 至 21 日，全国网络安全和信息化工作会议在北京召开。会上，习近平总书记发表重要讲话，对中共十八大以来党中央关于网信工作的决策和举措作出肯定，强调在实现理论和实践推进过程中，要走出一条中国特色治网之道，要提出新观点、新论断，提高网络综合治理能力。② 这次会议首次明确网络强国战略思想指导地位，成为我国网络社会建设的重要指导性论断。

上述党和国家领导人关于网络在党领导人民治理国家和社会事务中的价值的论述，向我国公民传递出一些重要信息：一是党和政府已经对互联网等新兴媒体对党领导人民治理国家和社会事务带来的机遇和挑战有了清醒认识；二是网络媒体给党的治国理政能力建设带来新契机，党和国家对待互联网带来的政党建设政治生态的改变是乐观的、积极的；三是党有利用网络实现治国理政使命的决心和信心；四是党在互联网发展中负有管理和引导的重要责任。喻国明教授对大众媒介市场化的变化作过这样的概括："从功能的单一到功能的多样；从传播者本位到受众本位；从宣传本位到新闻本位；从仅仅把新闻事业视为上层建筑意识形态到承认新闻事业的产业性质并将市场机制引入传播领域；从传媒规制的重新构建到传播领域的'语法革命'——这便是我国大众传播业 30 年发展的历史轨迹。"③ 这一论述一定程度上反映了互联网在我国的发展历程。

---

① 《习近平：互联网真正让世界变成地球村》，国际在线，http://gb.cri.cn/42071/2014/11/22/5311s4775970.htm，2014 年 11 月 24 日。

② 参见《习总书记讲话首次明确网络强国战略思想指导地位》，中国共产党新闻网，http://theory.people.com.cn/n1/2018/0423/c40531-29943347.html，2018 年 5 月 22 日。

③ 喻国明：《中国传媒业三十年：发展逻辑与现实走势》，载《北方论丛》2008 年第 4 期。

（二）中国网络空间民主参与发展的功能目标设计

中华人民共和国成立后制定及之后几经修订完善的《中华人民共和国宪法》在总纲中明确规定：中华人民共和国的一切权力属于人民。人民是国家的主人。共产党治国理政方略及其所使用的手段和方法的确立必然在维护人民权力的框架下进行。

网络空间民主参与在中国特色社会主义事业发展中的功能目标设计，从我国网络空间民主参与发展的实践过程看，也符合维护人民主权这一基本逻辑。2012 年，中共十八大报告提出，扩大社会主义民主要对民主制度和民主形式进行健全和丰富，要对人民依法实行民主选举、民主决策、民主管理、民主监督作出保证，要注重改进党的领导方式和执政方式，从而实现人民在党的领导下治理国家。2017 年，中共十九大报告着重强调坚持人民当家作主，对最广泛的爱国统一战线做到巩固和发展，对社会主义协商民主、民主制度、民主形式、民主渠道等进行不断补充和完善，保证人民当家作主落实到国家政治生活和社会生活之中。① 2018 年，李克强在政府工作报告中强调，决策要坚持科学、民主、依法，在涉及公共利益重大事项的决策过程中，更要做到深入听取各方意见，甚至批评意见。网络空间民意表达是助力实现上述党和国家领导人治国理政思想的重要渠道。这些情况同时表明，网络空间民主参与是上述党领导人民进行社会治理实践在虚拟空间的表达和行使，是对我国现实空间人民在党的领导下进行国家事务管理权利行使不完全、不充分的有益补充。此外，网络空间民主参与还在自身发育过程中推进党的事业发展，党的事业也引导、影响着网络空间民主参与发展，两者相辅相成。

1. 网络空间民主参与促进新时代现代社会治理理念强化和方式创新

网络空间民主参与是网络虚拟空间发生的民主政治行为，它依托特殊的公共领域——网络社会或虚拟社会提供的空间和时间。政治学理论中，"公民社会是由家庭事务、经济领域、文化活动和政治互动等社会生活领域构成的，而社会生活则是由国家直接控制之外的个人和集团之间私下或自愿安排组织起来的"②。现阶段，我国网络社会是我国社会发育的一个新的推动力，同时是一个

---

① 参见习近平：《决胜全面建成小康社会　夺取新时代中国特色社会主义伟大胜利》，人民出版社 2017 年版，第 22 页。

② ［英］赫尔德：《民主的模式》，燕继荣等译，中央编译出版社 1998 年版，第 394 页。

集中反映。网络社会具有诸多属性：空间活动主体既有个人也有组织、集体；空间内容既有政治内容，也有经济、文化等内容；空间活动都是在私下或自愿方式下开展；彰显出国家和公民之间的某种关系。

　　网民是社会公民的一部分，是社会公民中物质条件相对优越、文化素质相对较高的一个群体。相对于普通社会公民而言，网民的政治、经济、文化认知程度要更高些。刘京希在《政治生态论——政治发展的生态学考察》中指出："具有公民意识的社会个体，他对具有公民意识的个体权利的追求，是在法律所许可的范围内进行的，他既尊重他人，也尊重社会，他掌握权利与义务的辩证法。"[1] 网民较之普通社会公民具有更为强烈的社会权利意识和义务认知。这种较高的权利意识和义务认知状态下开展的网络空间民主参与，对新时代社会治理理念和治理内容提出了更高的标准和要求。网络空间民主参与对治理的高标准、严要求推动着治理理念的强化和社会治理方式的创新。

　　网络空间民主参与强化共建共治共享的社会治理理念。风靡网络的"我不同意你的观点，但我誓死捍卫你说话的权利"揭示了网络社会一个公认的准则：平等、民主、开放地对待持不同意见者。这一准则是网络空间民主参与发育的基本前提。政党作为"代表一定阶级、阶层或集团的根本利益……有共同的政治理论或纲领的、为取得和巩固政权而联合起来的、在政治活动中采用共同行动的、有组织有纪律的政治组织"[2]，遵循网络空间的准则，我国社会治理理念相应地发生嬗变。网络空间民主参与突破了传统阶层制理念，使我们党懂得：作为一个现代化进程中的政党，面对互联网平等、开放的姿态，真实反映百姓呼声的政党自觉和共治共享理念必须不断强化，才能顺应时代发展趋势，打造共建共治共享的社会治理空间。

　　网络空间民主参与推进我国社会治理方式创新。创新社会治理方式，努力实现共建共治共享是建设现代化治理体系的重要内容。党的十九大报告指出，要加强社会治理制度建设，提高社会治理社会化、法治化、智能化、专业化水平，实现政府治理和社会调节、居民自治良性互动。[3] 这一思想为保证党领导人民有效治理国家指出了一条科学有效的道路。当前，蓬勃发展的互联网正改

---

[1]　刘京希：《政治生态论——政治发展的生态学考察》，山东大学出版社 2007 年版，第 175 页。

[2]　王学俭、张新平编著：《政治学原理新编》，兰州大学出版社 2006 年版，第 200 页。

[3]　参见习近平：《决胜全面建成小康社会　夺取新时代中国特色社会主义伟大胜利》，人民出版社 2017 年版，第 49 页。

变着社会治理的技术环境，推动着网络空间民主参与改变中国特色社会主义建设的政治生态。网络空间议题设置及时有效地把信息传播和分享给网民，也及时快捷地把网民诉求和意愿传递给党和政府。社会建设从过去自上而下间接组织和决策，转向上下互动直接交流和决策，直接参与式民主增加，现代社会治理体系建设步伐加快。

2. 网络空间民主参与推进我国国家和社会治理制度构建

共产党治国理政，首要的是坚持为人民执政、靠人民执政的基本理念。新时代我们党治国理政的目的，是在发展中国特色社会主义民主政治的方向上，走推进社会主义民主政治的制度化、规范化、程序化道路，保障人民当家作主，实现党领导人民治理国家。党领导人民治理国家要依靠制度保障。网络空间民主参与对党领导人民治理国家制度构建的作用体现在下述两个方面。

网络空间民主参与为现代国家和社会治理的制度构建提供动力。改革开放40年，我国民主政治发展总体取得巨大进步，但在一些领域，涉及民主监督和协商以及信息公开等具体问题，尚缺少健全的制度性保障。针对这一现状，十八大报告提出"要把制度建设摆在突出地位"的战略，十九大报告进行进一步规划部署。网络空间民主参与之所以蓬勃发展，除了新技术推动之外，还在于我国当前包括党的工作制度在内的整体制度有待进一步健全和完善，公民参与社会治理缺乏足够的制度保障。网络空间民主参与的发展是新时代打造现代社会治理格局的阶段性补充。网络空间的民主诉求和行为，对完善、丰富现实民主和建立健全社会治理制度提出迫切要求。"由于制度缺失，我们政治体系内部自生的政治沟通体系在一定程度上受到制约，所以大众传媒在政治沟通中的角色才被凸显到一个特殊的位置上。这种现象有其现实性与合理性的一面，但却深刻反映了我们政治沟通体制的某些缺憾。"[1] 在我国网络空间民主参与发育和人民参与社会事务治理的制度发展之间也存在这种逻辑关系。

网络空间民主参与为现代国家和社会治理的制度构建提供智力支持。公民可以围绕特定议题在网络空间充分自由地发表意见，进行辩论或虚拟演说。这是网络空间民主参与发挥作用的主要方式和途径，从根本上有别于代议制民主。今天世界各国的代议民主多依据等级结构社会主要特质，以从下到上层层选举的方式选举产生代言人，代表选民参政议政。网络促成一种新的参政议政方式

---

① 赵虎吉主编：《政治学基本问题》，中共中央党校出版社 2012 年版，第 271 页。

诞生。网民在虚拟空间实践知情权、表达权，避免因代表人因素造成的信息传输损失和意见表达失误，直接进行网络投票，行使决策权。网民表达的直接主张，政府与网民的交流，网络空间民主参与反映出的民意、激发出的民智，直接丰富着中国共产党制度建设思路，是党领导人民治理国家的制度构建的重要智慧来源。

3. 网络空间民主参与推动公民参与现代国家和社会治理的能力提升

不断提高人民管理国家和社会事务的能力，是建设现代社会治理体系的重要内容，是党汇集民意、集中民智的直接目标。党的十九大提出的关于保证党领导人民有效治理国家的思想，是新时代引导人民依法参与国家和社会事务治理的宝贵思想，它对于密切党群关系、从根本上保障人民当家作主具有重要意义。美国学者罗伯特·达尔曾说，民主化是一个过程。他认为，在民主化过程中，民主的不同要素如代议、参与、协商、透明、责任和权利等获得不断发展。网络空间民主参与在发育健全的过程中，为提升公民治理国家的能力提供外部压力、智力支持和现实思路，发挥了重要推动作用。

网络空间民主参与推进公民治理国家的能力素养。"民主素养"是一个综合概念。它包含"知"和"行"两个方面："知"是公民对民主权利、民主义务的认知，是公民对民主的政治心态，对民主制度的了解、熟悉和掌握等；"行"包含公民的民主行为，如意见表达、规则遵守、制度运用的能力等层面。网络空间民主参与推进党领导人民治理国家的能力素养提高，实现"知""行"结合，构成社会治理体系的内容，有以下两方面的表现。

一是促进现代社会治理体系中民意主体知行能力的提高。我国公民在传统媒体和制度渠道状态下，对自身民主权利内容、方式、民主权利行使渠道等了解不足，或不知道自己享有哪些权利，或知道享有权利而不知该如何行使，这在一定程度上造成法定权利的"丧失"。网络空间民主参与恰好弥补了公民对政治参与行为的冷漠态度，在一定程度上改变了公民被动性格的养成环境。网络空间的民主讨论、协商等对民主知识的传播和民主权利的行使，会激发公民对社会治理的兴趣，强化公民对治理国家和社会事务的认知，提高公民对自身权利和自由的政治分辨理性思考能力，提高公民在日常政治生活中的参与协商能力。

二是促进社会治理格局中执行主体知行能力的提高。社会治理格局中执行主体——党政组织、公务人员的知识和决策能力，取决于决策所需信息的收集、处理和加工程度。信息不足、信息加工能力不足，难以形成一个民主、科学、合理的决策。互联网的兴起极大地提升了社会治理执行主体收集民意信息和了解民意的能力。互联网空间民主讨论、协商和博弈过程的受众并非只是普通网民，党政机关工作人员也在这些民主行为中了解民意内容和动向，判断民意趋势，集中民智，按照法定规则和程序将民意纳入决策程序和体系，实现网络民意与现实民主的结合。网络空间民主参与的这一功能是科技给民主政治发展带来的积极作用的重要表现，是对科技"双刃剑"的合理利用。

网络空间民主参与无论是作用于民意主体，还是作用于党和政府工作主体，都既塑造了他们的知识素养，也塑造了其能力素养，同时影响了人民参与治理的政治心态，在民意主体和执行主体两者的"知""行""意"统一中，实现民意与治理的互动，推进现代社会治理格局的发展进程。

网络空间民主参与拓展民主训练，增进深层民主互动。我们党在治国理政中激发和引导广大公民积极参与决策和议程的讨论、协商，是党实现治国理政战略、领导人民管理国家和治理社会的本质要求和优势体现。

政治参与是指公民为实现和维护自身利益而以一定方式或程序表达意愿，进而影响政党和政府政治决策及执行的政治过程和行为。在现代治理体系中，公民的参与必须依赖多项复合条件，"这个条件不仅仅指民主的制度，还指相应的技术手段。尤其是快速乃至实时的参与，离开快捷的、可以交互的信息传输手段是不行的"[1]。在"80％以上的信息掌握在政府机关，而且大多处于封闭和闲置状态"[2] 的情况下，我国公民知情权受限进而影响政治参与的有效实践，形成公民强烈的政治参与热情与不完善的政治参与体系之间的矛盾。互联网的崛起顺应了解决这一矛盾的技术层面要求。网络论坛、微博客、微信、QQ 聊天系统等即时信息交流功能渠道的拓展，直接带来网络空间民主政治互动，为开展现实空间国家和社会治理实践作了准备。虚拟空间的建言献策、利益表达、诉求传递、政治动员等，较之传统现实空间的速度和广度，具有现实空间国家和社会治理无法比拟的优势。网络投票、网络协商、网络围观等训练了民意主体的政治表达和沟通能力，训练了治理主体的沟通和应急处理能力。虚拟空间一对一的碰撞、一对多的传播，对公民的政治协商、民主监督、参政议政都是

---

① 刘文富：《网络政治——网络社会与国家治理》，商务印书馆 2002 年版，第 301 页。
② 翟杉：《我国微博政治参与研究》，载《湖南社会科学》2011 年第 6 期。

一种模拟、训练，必将提升公民政治意识，提升现实政治生活中公民的民主沟通、政治动员和政治组织能力。

提升民主素养，增进深层互动，拓展民主训练，这些步骤都是以互联网技术推进民主发展、提高人民治理国家和社会的必备环节。互联网加入治理能力建设工程会带来巨大的积极作用：其一，公众通过互联网行使权利、参政议政，有利于提高党和政府听取、吸纳人民群众意见和建议的时效，接受群众对党政机关及其公务人员行为的舆论监督；其二，便利的技术手段进一步增强了公民力量，推进公民参政议政方便快捷的整体过程。虽然国家和社会治理绝非简单地依靠网络空间民主参与所能带来的这些"福利"就能完全实现，但网络空间民主参与带来的民意主体和执行主体的知识丰富、意识提升、渠道畅通、形式改进等，都是实现治理体系和治理能力现代化必不可少的重要元素。对于科学持久的中国治理模式来说，最终的依靠仍然是治理制度的科学构建、民主政治体系的完善和国家的性质属性。所有这些——意识的觉醒、热情的提高、能力的提升、制度的完善，都将处于一个不断发展的过程，"民主永远处于尚待改进的状态，而改进的过程是永远也不会完成的"①。我们党已经从长期革命和建设实践中得出深刻的理性认识，并达到理论自觉的高度。因此，党的十九大报告指出：要长期坚持、不断发展我国社会主义民主政治，要保证人民依法通过各种途径和形式管理国家事务，管理经济文化事业，管理社会事务，巩固和发展生动活泼、安定团结的政治局面。这些论述，是对新时代我国国家和社会治理实际情况的准确把握和认识升华。②

---

① ［美］科恩：《论民主》，聂崇信、朱秀贤译，商务印书馆 1988 年版，第 40 页。
② 参见习近平：《决胜全面建成小康社会　夺取新时代中国特色社会主义伟大胜利》，人民出版社 2017 年版，第 36 页。

第三章　中国网络空间民主参与的实践运用与个案研究

虽然在东、西方政党政治中网络空间民主参与的功能和作用发挥存在着巨大的差异，甚至对"网络民主"这个词都有异议，但利用互联网推进民主政治和政党活动则有相同性。新时代，随着世界多极化、经济全球化、文化多样化、社会信息化深入发展，互联网对人类文明进步将发挥更大的促进作用。[①] 在中国共产党治国理政的实践中，网络正以空前的速度进入国家与民主、政党与社会关系调整和完善领域，中国网络空间民主参与也正以前所未有的影响力进入中国新时代国家治理话语体系。这一切都促使中国共产党对网络及其催生的民主形式进行反馈和回应。

一、网络空间民主参与在我国治理体系中的地位变化

新闻媒体在西方国家政治制度运行中担当"第四权力"功能，实践中新闻媒体成为公民监督政府权力、防止政府滥用职权、捍卫社会和公民权利的有效手段。在我国社会主义制度架构下，新闻媒体多年来都担当着党和政府、人民的"喉舌"职责，新闻媒体与党和政府、人民利益相统一。网络作为新闻媒体的一种崭新形势，实践中强化了上述西方国家和我国新闻媒体职责及功能的差异。

从党的十三大到党的十九大，"舆论监督"连续出现在全国代表大会报告中。对网络空间民主参与在国家政治经济社会发展中的地位、在提升党领导人民治理国家和社会事务能力过程中的价值，党政机关工作人员的认识经历了一个由浅入深的渐进过程。这一过程大致可分为四个阶段。

---

① 参见《习近平谈治国理政》第 2 卷，外文出版社 2017 年版，第 532 页。

（一）酝酿时期网络空间民主参与处于被忽视状态

20世纪90年代，在互联网发育之初，受其影响范围小、网络实际利用率低的影响，网络空间民主参与影响极小。这一时期，社会公民利用网络多为获取信息，了解社会、党和国家政策，弥补技术落后条件下的信息匮乏缺憾。而对于网络参与的要求无异于奢谈。这一阶段中，大部分党政机关工作人员自身对新生事物的认识也比较欠缺，使用技能不足，未曾重视对网络的了解，对网络空间民主参与不曾予以重视，更谈不上驾驭，基本处于忽视状态。

（二）初步发展时期网络空间民主参与处于被轻视状态

随着互联网技术的不断发展，社会上越来越多的经济地位相对较高的网民在网络上获取自身所需要的信息，并时不时地表达一些关于国家发展和社会进步尤其是涉及自身利益的政治社会改革等事项的政治见解。这一动向是网络空间民主参与发育的重要信号，是网络空间民主参与的重要启动点，为后来的自媒体发展、网络信息爆炸和网络集群发育做了"星星之火"的早期试验。当然，在这一阶段，网络空间民主参与还只是社会富裕阶层的奢侈消费，与普通社会公众政治权利、社会生活和民主参与都相距较远。这一阶段中网络空间民主参与的价值表现、使用范围、参与深度都不够充分，不足以引起党委政府及公务人员的充分重视。

（三）蓬勃发展时期网络空间民主参与处于被重视状态

在改革开放浪潮下，我国物质条件迅速改善，人民经济状况迅速好转。尤其是随着互联网技术的迅速扩展，加上国家对知识经济的重视及国家信息战略的推动，互联网迅速扩展到普通社会公众也能承受的能力范围。对知识和信息的渴求，对公民知情权和监督权的实践渴望，使更多社会公众加入到网络虚拟空间活动中，互联网走出"权贵"阶层特权的神秘王国，进入百姓生活时代。这一时期，普通网民除了利用网络进行娱乐休闲活动之外，更多的是从网络获得政治经济社会发展信息，行使知情权。此外，大家热衷在网络上分享信息，更热衷在网络上将观察到的国家机关及其公务人员的行为公布出来。更大范围的广泛的网络监督形成。同时，一旦发现有任何违法违规或者违背道德、社会公德的行为，网民们就会自发地对相关事务进行搜索和追踪，由此，大量"人肉搜索"现象发生。这样无边际的网络行为使整个网络社会陷入一种近乎无序的状态，不少行为超越正常网络知情权和监督权的范畴，伤及公民隐私权的行为时有发生。互联网空间行为的无序和无边际使得部分党政机关及其工作人员对网络产生畏惧心理，视网络如"雷区"，躲避的现象和心理出现。这一时期，一部分党政机关工作人员对网络空间民主参与既畏惧又重视，网络的社会地位引起了所有人的重视。

（四）沉淀反思时期网络空间民主参与处于被正视状态

这一阶段，越来越多的党政机关工作人员从已有的网络空间民主参与发展中认识到，躲避和畏惧网络远远不够。畏惧不能改变网络的廉价、便捷、快速优势，不能让监督对象远离公众视野。"人民民主是我们党始终高扬的光辉旗帜。"[1] 任何事情，尤其是与公民利益相关的事情要办好，必须主动出击，利用网络优势，宣传所做之事，同时表明主动接受监督的立场，欢迎网络等新闻媒体监督，在网络空间民主参与助推下把群众交付之事办得及时实效。党政机关及其工作人员对网络空间民主参与的态度更加理性，重视运用互联网开展政务活动，利用虚拟空间做好党政活动的公开和透明，保障人民知情权、参与权、监督权，实现人民有序参与国家事务和社会事务治理，增强人民参与治理的民主程度。

查德威克在其著作《互联网政治学：国家、公民与新传播技术》中，曾对我国的网络空间民主参与发展及其诱因作出评价。他认为，我国正在形成复杂的本土化的互联网政治。[2] 当然，我国的网络空间民主参与及网络政治发展，依存于我国特殊的社会背景，依存于我国独特的制度架构。在这样的基础上，中国特色的互联网政治在制度设计上从最初因科技发展党和政府作出被动选择，发展为"我们党既要政治过硬，也要本领高强"，要"善于运用互联网技术和信息化手段开展工作"[3]，这是我国政治发展中对泛爱主义和全能政府政治治理的一种拨正、一种调整。而事实说明，我国的网络空间民主参与发展必然要牵涉到主、客观两方面要素：一是我国独特政治发展历程在新技术挑战下产生的应对，从而催生网络空间民主参与，党和政府对民主政治进程进行调整；二是网络空间民主参与的崛起和发展是无法被忽略的客观现实，公民积极参与网络空

---

[1]　胡锦涛：《坚定不移沿着中国特色社会主义道路前进　为全面建设小康社会而奋斗》，人民出版社 2012 年版，第 25 页。

[2]　参见 ［英］查德威克：《互联网政治学：国家、公民与新传播技术》，任孟山译，华夏出版社 2010 年版，"代译序"第 8 页。

[3]　习近平：《决胜全面建成小康社会　夺取新时代中国特色社会主义伟大胜利》，人民出版社 2017 年版，第 36 页。

间民主参与实践，国内外网站、各种利益主体、各类信息源头、网络社群的治理理念等都在进行着激烈的较量和博弈。这种复杂的现实使网络空间民主参与在党政决策中必然获得充分考虑、认真对待的地位。党政部门按照国家—社会、政府—公民之间的客观逻辑，考虑网络空间民主参与所涉及的上述各要素之间的关系，在实践中进一步深化认识、强化探索，推进网络空间民主参与的发展。网络空间民主参与在我国特色政治发展道路中的地位变迁，恰恰符合网络空间民主参与新生事物的发展逻辑及规律。

二、中国网络空间民主参与的实践运用

20 世纪 60 年代开始，新公共管理理论、新公共服务理论、反思行政理论等都对现代化及现代化进程各国家的政府转型提出设想。这些理论就一个价值趋向达成共识：把"进一步民主化"作为当代公共行政核心价值而推崇。民主化作为普适性理念，得到世界各国政府和公众的认可。

"世界上没有完全相同的政治制度模式。"① 我们党完成新民主主义革命执掌全国政权之后，在进行社会主义革命和社会主义建设过程中，从我国实际出发，对建设社会主义民主也进行了艰难的理论和实践探索，走过一条曲折的实践道路。在这艰难探索中，党中央获得一个对民主意义的基础性认识："民主这个东西，有时看来似乎是目的，实际上，只是一种手段。马克思主义告诉我们，民主属于上层建筑，属于政治这个范畴。这就是说，归根结底，它是为经济基础服务的。"② 这一论述，是毛泽东等中华人民共和国早期领导人对社会主义条件下民主实质的把握，是对我国社会主义社会矛盾认识的深化。改革开放之后，十一届三中全会《公报》中对民主的认识向前推进一步："必须有充分的民主，才能做到正确的集中……在人民内部的思想政治生活中，只能实行民主方法，不能采取压制、打击手段……为了保障人民民主，必须加强社会主义法制……"③ 这一论述把民主纳入"民主—集中"逻辑体系中进行思考，对民主的认识逐渐走上其是

---

① 习近平：《决胜全面建成小康社会　夺取新时代中国特色社会主义伟大胜利》，人民出版社 2017 年版，第 36 页。

② 中共中央文献研究室编：《建国以来毛泽东文稿》第 6 册，中央文献出版社 1992 年版，第 321 页。

③ 中共中央文献研究室编：《三中全会以来重要文献选编》（上），中央文献出版社 2011 年版，第 9 页。

"我们党和国家的根本目标和根本任务之一"的轨道。党的十三大基于对民主的认识深化，提出："建设社会主义民主同发展社会主义商品经济一样，是一个逐步积累的渐进过程。"① 社会主义民主的"增量"思想萌芽开始出现。

随着改革开放深入发展，2002 年，党的十六大报告将民主纳入整个社会主义现代化体系中加以强调："发展社会主义民主政治，建设社会主义政治文明，是全面建设小康社会的重要目标。"② 2007 年，党的十七大报告提出"人民民主是社会主义的生命"，成为新时期党和国家政治发展的重要指导。党和政府围绕"人民当家作主是社会主义民主政治的本质和核心"③ 展开治国理政实践，如何更好地实现、保障人民主权、人民当家作主，成为新时期党和国家的重要治理内容。2012 年，党的十八大报告提出"人民民主是我们民主决策、依法决策，健全决策机制和程序"，"把政治协商纳入决策程序，坚持协商于决策之前和决策之中，增强民主协商实效性"④ 等要求。2017 年，党的十九大报告指明发展社会主义民主政治的目标，强调了"体现人民意志、保障人民权益、激发人民创造活力，用制度体系保证人民当家作主"⑤ 等社会主义民主政治发展的重要内容。党对民主的认识逐步走向自觉，并努力采取有效措施系统地推进社会主义民主政治制度化、规范化、程序化。

深化网络空间民主参与认识，主动运用网络空间民主参与发挥其积极作用，是新阶段尤其是在全媒体⑥形势下我们党理论自觉的重大发展，是党因循网络

---

① 中共中央文献研究室编：《十三大以来重要文献选编》（上），中央文献出版社 2011 年版，第 30 页。

② 《江泽民文选》第 3 卷，人民出版社 2006 年版，第 553 页。

③ 中共中央文献研究室编：《十七大以来重要文献选编》（上），中央文献出版社 2009 年版，第 22 页。

④ 胡锦涛：《坚定不移沿着中国特色社会主义道路前进　为全面建设小康社会而奋斗》，人民出版社 2012 年版，第 25 ~ 29 页。

⑤ 习近平：《决胜全面建成小康社会　夺取新时代中国特色社会主义伟大胜利》，人民出版社 2017 年版，第 36 页。

⑥ "全媒体"（omnimedia）一词，在学界尚未形成广为接受的概念，但在实践领域早已为大家所熟知。该词源于美国一家名为"玛莎—斯图尔特生活全媒体"（Martha Stewart Living Omnimedia）的家政公司。随着科学技术的发展、传播手段的更新，传统媒体和新兴媒体的融合日益深入，涵盖视、听、触觉等调动人们接受资讯全部感官的信息传播手段——全媒体迅速发展，人类逐渐进入全媒体时代。与传统媒体时代相比，全媒体时代具有崭新的特征。在视、听、触觉充分调动的基础上，它充分融合了传统媒体与网络新兴媒体的优势。可以说，互联网的加入将全媒体的独特优势和作用彰显到极致。

科技进步推进社会主义民主政治的重要步骤。2008 年，胡锦涛视察人民日报社和网友在线交流的事实，向中国人民传递了一个重要信号：网络正式进入我国政治话语系统。网络空间民主参与在传递民情民意中的价值和地位，引起了各级党和政府的高度关注。如何更好地运用网络畅通国家和社会、政府和公民之间的关系，如何更好地运用网络空间民主参与提高政府服务效能，如何运用网络促进党领导人民有效治理国家，成为摆在各级党委政府面前的一项紧迫又现实的任务。

纵观 20 多年来我国网络空间民主参与发展、党和政府的态度及策应，网络空间民主参与在实践中的价值体现主要是正向的。从 1999 年 1 月 22 日北京举行"政府上网工程启动大会"到中央各部委、各级政府设立网站、开通微博微信，从 2012 年 11 月中共十八大作出"推进信息网络技术广泛运用"战略部署到 2015 年元旦前夕习近平总书记使用包含网络语言在内的新时代话语作新年贺词，从 2017 年 10 月中共十九大提出"建立网络综合治理体系"到 2018 年 4 月全国网络安全和信息化工作会议明确网络强国战略思想的指导地位，中国信息技术和民主政治之间的互动历程说明我们党运用互联网引导网络空间民主参与发育提高党和政府服务人民、保证人民当家作主，正在实现从自发到理性自觉的巨大飞跃。在这个飞跃过程中，无论是采用网络投票、网络管理形式，还是采用网络决策、网络监督形式，党和政府都实践了"事前民主讨论、事中民主管理、事后民主监督"的虚拟空间参与与现实社会民主发展相结合的新模式，实现了对网络空间民主参与的主动驾驭和运用。

（一）事前公开议题，广泛征集民意，推进决策民主化

决策科学化、民主化，以广泛征集民意为基础，以广泛的公众参与为途径。充分、真实地民意表达，是社会成员直接或间接地参与或可以参与影响全体成员的决策的前提，是人民有效管理国家事务和社会事务的重要保障。在把握这一原理和网络空间民主参与特性的基础上，我们党在治国理政过程中逐渐实践、运用网络空间民主参与，以图达到促进党领导人民有效治理国家的重要作用。为实现上述目的，针对互联网特性，各级党委和政府在决策确立之前，努力做到事前公开，针对要做出的决策内容，广泛征集民意。这种事前民意征集在议题设置基础上展开。

议题，在中国特色社会主义建设中，是指有决策需求的党委政府围绕要做决策的主要内容设置的供公民讨论、发表见解的话题。议题设置的出发点在于

保障我国公民知情权、参与权和决策权。与传统形式下公民知情权、决策权实现形式不同，网络空间议题设置带给网民的是更大范围的知情权、更广程度的参与权和决策权。网络传播基于主体的多极化、媒介角色的多元化，大大扩展了以网民为代表的我国公民的知情权、参与权和决策权的广度和深度，大大丰富了党领导人民治理国家的形式和渠道。围绕议题，网民可以在平等、自由基础上充分地表达自己对党委政府所设话题的意见和建议。

按照政治系统原理，我国政府的执政过程就是公民与政府之间信息（公民意见和民意）输入、输出及反馈的过程。以议题设置为平台，网络空间民主参与对保证人民治理国家和社会具有以下两方面功能。

1. 信息输出

议题是党和政府所要决策的内容，是党和政府工作中提供给广大民众以供讨论、分析、发表意见的载体。议题的设置，可以将党和政府工作内容传递给民众，使民众知道党和政府在做什么，所做事项中对民众意见的态度是什么，民众自身价值是什么。以议题设置为基础，党和政府工作内容、工作目的和工作方式等信息，隐含在互联网空间网民参与中，成为党领导人民有效治理国家的重要方式。

2. 信息输入

给出议题，是为了获得民众的意见和建议。围绕议题，网民可以畅所欲言，发表见解。这种网络政治参与摆脱了传统政治参与的等级束缚等弊端，将社会各层次、各领域的声音直接输入党和政府工作系统中。

因网络的直接性、便捷性和及时性，信息的输入和输出使所有具备互联网使用条件的个人都可以通过新媒体，从报刊、书籍、影视、网络等各种不同渠道采集新闻，按照自己的预设目标，把它们拼装成符合自己期望的新闻图像或影音作品。在向党政机关输入这些新闻图像或影音作品时，依托网络，减少信息在传输渠道的流失和歪曲、变形，使公民意见直接到达决策部门。

议题设置对党政机关和公民间的信息沟通至关重要，具备以舆论引导公众情绪、实现党和国家服务人民的宗旨的功能。党委政府围绕社会热点、焦点等公共事务设置议题，进行新闻报道，以不同的表达方式，通过栏目设计、呈现位置、描述语言等技术性处理，将议题对公众的影响力和对不同群体的吸引力、冲击力引导到良性可控的轨道上来。自觉进行议题设置，充分体现党和政府在民意、民智收集过程中的主动性，实现新闻议题与党政决策的互动。以党在国家的领导地位为前提，议题设置及实践是在党的治国理政理念和中国特色社会主义民主政治发展轨道上进行的。所以，如何展开议题也有技巧，是党驾驭媒体能力的重要体现之一。这种技巧体现在实践议题的议程设置中。"议程设置论是大众传播研究中主要的理论假设之一，认为大众媒介加大对某些问题的报道量或突出某些问题，能影响受众对这些问题重要性的认知。"① 一项议题正式在网络上公布出来之前，包括网络在内的主流媒体有可能也有必要先做些相关背景知识的普及和引导，从而为网民留出分析思考的时间和空间，以保证网民对涉及自身利益的议题有足够的认识，进而能够在网络空间表达自己的真实呼声、成熟见解和理智选择，保证网络民意质量，保证党民主决策所依据的民意的真实性，总揽全局，提高党的决策科学化、民主化，提高党的决策质量。

（二）事中公开党务、政务，实现社会治理民主化、现代化

党务政务公开，是多年来民众呼唤、党和政府努力推进的重大事项。网络带来的民主参与热情，从根本上改变传统政治系统输入与输出的失衡状态，奠定依靠网上党务政务公开以推进党领导人民有效治理国家的基础，使党务政务网络公开成为实现治理民主化的必由之路。列宁认为："民主意味着形式上承认公民一律平等，承认大家都有决定国家制度和管理国家的平等权利。"② 在这里，列宁明确指出民主内涵中的"管理"意蕴。中国《国民经济和社会发展"十二五"规划纲要》指出，要加快构建社会管理机制等战略构想，强调要注重平等沟通协商以解决群众诉求等。《"十三五"规划纲要》对我国发展仍处于可以大有作为的重要战略机遇期，也是面临诸多矛盾叠加、风险隐患挑战增多的严峻时期，做出科学的综合判断。《纲要》强调"忧患和责任意识必须同步加强"，在坚持原则和实现发展目标过程中牢固树立起创新、协调、绿色、开放、共享的发展理念。党务政务公开，是贯彻落实《纲要》要求、实现管理民主化的重要环节。网络空间民主参与在"动静结合、深浅互补、全时在线、即时传输、实时终端、交互联动"特征的基础上，促进党和政府执政实践对《纲要》规定的贯彻执行，通过互联网协商新形式，使民意更直接地参与公共事务讨论，创造政党与党员、政府与公民之间全新的关系模式。

---

① 张春华：《网络舆情：社会学的阐释》，社会科学文献出版社 2012 年版，第 17 页。
② 《列宁全集》第 31 卷，人民出版社 1985 年版，第 96 页。

1. 电子党务、电子政务的内涵

（1）电子党务的内涵。"党务"是党的工作和事务的总称。1999 年，"电子党务"概念出现并逐渐被广泛使用，其后国内众多专家学者对此展开探索。邱思开认为，所谓"电子党务"，就是党的建设在信息化时代潮流中诞生的一种新型党建模式。这一党建模式的特征是实现了对现代信息技术的广泛运用，在进行党建信息资源的整合中采用先进的信息网络平台作为技术支撑手段，提高党建的参与性和民主性，提高党建效率，提高党务工作信息化水平。① 这一界定建立在新型党建模式论的基础之上。我们党治国理政中的"电子党务"倾向于广义"电子党务"概念，更符合党在国家和社会发展中的领导地位和政治身份。广义电子党务不仅仅是执政党自身内部的信息交流和互动，也应该包括执政党外部信息向执政党内部的输入以及执政党对外部输入信息的反应等。在广义电子党务概念里，党内成员与党的整体、党外公众与党的整体之间实现着信息输入与输出，构成一个广泛的信息系统。

（2）电子政务的内涵。电子政务伴随 20 世纪 90 年代兴起的互联网和电子商务而产生，在人们的早期印象里，它是政府办公自动化（也称政府信息化）的代名词。随着时间的推移和研究的深入、政府对互联网技术的广泛应用，电子政务的内涵逐渐扩展。世界银行将电子政务界定为一种利用新技术推动公民与企业、政府部门之间关系转变的重要力量。这种力量得以存在的重要条件在于信息技术赋予行为主体——政府的独特能力。② 这一界定把电子政务的定义放到政府与技术、政府与公民、政府与企业、政府部门之间等多样化关系中进行考察，使电子政务的内涵得到实质扩展。有学者考察发达国家电子政务后指出："电子政务对于不同人来说意味着不同的事物。"③ 研究人员指出，电子政务包含的内容很多，例如，公民获得创业就业信息过程中的政府作为，政府网站提供的公共服务信息，政府机构之间创建的能够自动提供政府服务的共享性数据库服务等。这一论述相比世界银行的界定虽然具体了很多，但它把电子政务的内涵更多地界定到政府对公众单向的信息输出过程，公众对政务的影响仅仅体现在"咨询"层面，与世界银行所提"转变与公民、企业、政府部门之间

---

① 邱思开：《发展电子党务　增强执政能力》，载《中共福建省委党校学报》2005 年第 1 期。
② ［美］道格拉斯·霍姆斯：《电子政务》，詹俊峰等译，机械工业出版社 2003 年版，第 67 页。
③ 高桂云：《网络媒体与党的执政能力建设》，中国社会科学出版社 2012 年版，第 148 页。

关系"的内涵界定显然有相当差距。

2. 网络公开党务、政务，实现治理过程民主化、现代化

电子党务和电子政务二者具有两个共同属性：一是网络公开，二是系统内外的信息输入与输出。这两大属性是推进人民依法享有广泛权利和自由的同时进行有序政治参与的先决条件。

（1）网络公开。人民当家作主是社会主义中国的本质，其实质是中国共产党领导人民当家作主，行使当家作主的权利，履行义务。这种当家作主要求实现两个条件：第一，通过民主制度安排以及民主程序设计，推动人民政府等人民权力行使主体的政务行为在更深程度上实现民主化；第二，要保证政府等工作主体的工作过程民主化。两个条件要保证实现一个结果：党和政府行使职权始终以"为民"为取向和核心内容。要做到上述两条件实现上述结果，必须"要通过公民有序的政治参与，提高党和政府政治运行的民主性和透明度，真正做到组织和支持而不是代替人民当家作主"①。电子党务、电子政务依托的平台——互联网，恰恰可以在提高党和政府工作透明度的基础上吸引广大社会公众参与到国家和社会治理活动和实施程序中来，吸引更多公众进行广泛政治参与，使党务和政务更贴近民意，保证人民当家作主。

（2）系统内外的信息输入与输出。"在西文当中，管理的英文词是'administer'，被解释为'to manage, direct; to serve out'，有'掌管''处理''指导''分配'等多重含义。"② 现代管理学理论中，管理是为实现某种目的而进行的决策、计划、组织、指导、实施、控制的过程。这一过程中，管理主体和管理客体之间存在着互动。电子党务和电子政务是推进党和政府工作过程尤其是党务、政务管理过程公开、民主的重要依托。依靠电子党务和电子政务平台，管理主体——党组织和政府将党委政府的决策实践情况及时告知公众，也可以通过公众的点击和回复、留言等了解公众对决策的关注程度、满意程度以及新的诉求。这种党委政府与社会公众之间的网络信息输入输出活动，可以推进人民参与国家和社会治理的发展进程。

（三）事后接受公众监督以优化治理和决策效果

监督是指对某一事物的某一发展阶段或过程进行跟踪、督促和管理。监督

---

① 马国钧：《中国共产党现代化建设论要》，中共中央党校出版社2007年版，第322～323页。

② 王浦劬主编：《政治学基础》，北京大学出版社1995年版，第181页。

赖以存在的前提是监督主体能够察看事物的发展或环节。网络监督是网络空间民主参与助推我国人民依法治理国家和治理社会的重要形式。

1. 网络监督的可能性

2009 年 10 月，应民间团体"公共预算观察志愿者"申请，涉及 114 个部门的《广州市 2009 年本级部门预算编制说明》现身互联网供公众免费下载，成为我国第一份网上公开的政府预算报告。近年来，更多的政府网站建设、政府官方及官员个人的微博建立，党政部门的公务活动呈现在线直播状态，网络行政成为对传统行政方式的补充，网民具备了监督党和政府工作行为、参与社会事务管理的基本条件之一。互联网的迅速发展改变了大众的日常工作、学习和生活，"在线"发展成为人们的一种新的生活方式。各种与党的工作相关的新闻信息，以文字、图像或者声音方式，通过网络平台直接传递给网民。网民可以对这些文字、图像和声音进行加工、传递，成为新的信息传播源。每个人都是网络信息的一个受众，同时又可以成为网络信息的传播者。这种信息流动方式大大改变了传统信息的单向传播格局，以"即时""互动"创造新的网络监督。这是网民网络监督党的工作行为的基本条件之二。在上述监督主体、监督对象均存在的基础上，党政部门把日常业务活动重大决策放到网上，民众监督就具备了监督内容的要件。网络监督能在多大范围、多大程度上实现，取决于上述监督主体（网民）、监督对象（党政机关及工作人员等）和监督内容（党政机关及其工作人员的公务行为等）三要件的广度和深度。

2. 网络监督有助于增强监督效果

人民当家作主的国家一切权力属于人民。公民实践一切权力都依赖于党和政府的工作信息公开，依赖于党务活动和政府信息的公开化、透明化。传统的党务政务行为传递到公众视野的信息面小、量少、及时性差，群众监督难以到位。这种缺陷增加了党政机关的神秘性，不利于党群、干群关系优化。凭借互联网，在电子党务、电子政府和阳光政府建设中，党的建设和政府行为能够及时、迅速、大量地传递到公众监督范围内，增强了公权力接受监督的力度。中共十八大报告中强调建立健全决策问责和纠错制度，就是要在我国实现"加强党内监督、民主监督、法律监督、舆论监督，让人民监督权力，让权力在阳光下运行"① 的目标,实现党的理念——"领导和支持人民掌握管理国家的权力,实行民主选举、民主决策、民主管理和民主监督,保证人民依法享有广泛的权利和自由"②,努力做到"权为民所用,情为民所系,利为民所谋"。中共十九大报告提出强化党的自我监督和群众监督,指出,要"将党内监督同国家机关监督、民主监督、司法监督、群众监督、舆论监督贯通起来,增强监督合力"③,以构建有效、全面、权威的党统一指挥的监督体系。网络监督主体更为广泛、监督对象扩大、监督内容更丰富,有助于提高整个监督效果。

当前,网络监督成为对党政机关工作人员腐败行为进行监督的一种新的形式和渠道。中央纪委监察部网站(现为中央纪委国家监委网站)被网友称为"最火爆政务网站",其访问量和受欢迎程度都显示出当前我国网络空间民主参与发展的一些特征。针对越来越多的对腐败行为的网络监督,在顺应民意、拒绝腐败、提高党的队伍纯洁性和提高党领导人民治理国家的能力的思路下,党政部门集中推出网络监督专区,接受群众的舆论监督。网络监督传递信息更迅速、扩散速度更快,所以对这类监督信息的处理影响也大。从总体上看,网络监督对提升监督效果非常显著。据统计,截至 2013 年 9 月,"在法制网舆情监测中心统计的网络实名举报事件中,88.5% 的举报官方有作出回应,73.1% 已有处理结果,回应率与处理率总体较高"。分析被举报主体可见,当前网络监督的主要对象是党和政府工作主体:从被实名举报的主体来看,个人(包括政府官员与国企高管)占比高达 84.6%,机关单位仅占 15.4%。政府官员成为主要监督对象,占被举报对象的 76.9%。

中共十八大以来,党和国家领导人多次在多场合表达了建设纯洁的党和清廉政府的信心和决心,"要'老虎''苍蝇'一起打"等表态优化了社会舆论生态,增强了民众对党的信心。群众为优化党的政治生态,纷纷拿起网络举报的利器进行网络监督。2018 年 3 月和 4 月,中央纪委国家监委网站分别收到群众举报 20 起和 19 起,并将这些群众身边的腐败和作风问题监督举报在曝光专区

---

① 胡锦涛:《坚定不移沿着中国特色社会主义道路前进 为全面建设小康社会而奋斗》,人民出版社 2012 年版,第 29 页。

② "本书编写组":《跨入新世纪的行动纲领》,党建读物出版社 1997 年版,第 24 页。

③ 习近平:《决胜全面建成小康社会 夺取新时代中国特色社会主义伟大胜利》,人民出版社 2017 年版,第 68 页。

公开发布。① 网络监督的发展必将进一步增强社会监督效果，有助于党的政治生态的优化和纯洁。

多年来，我国网络空间民主参与的发展显示，网络空间的参政议政、追踪监督的内容多与党权、政权密切相关。我国人民对政治的热情、参与国家和社会治理的激情，在互联网刺激下飞速提升。习近平总书记指出：我们要适应新形势下群众工作新特点、新要求，要诚心接受群众监督，始终根植人民、造福人民。② 作为一个处于"中国特色社会主义进入了新时代"新历史方位中的理性政党，中国共产党要尊重、鼓励、引导、运用这种热情，在网络空间实现群策群力，把中国力量凝聚起来，真正实现党领导全国各族人民建设社会主义民主国家的历史使命。

三、中国网络空间民主参与的个案分析

我国网络空间民主参与的崛起和发展，是在社会主义制度架构下进行的。它的存在必然要适应并服务于中国特色社会主义民主政治发展，以带动并实现人民民主为使命。"社会主义民主是无产阶级和劳动人民通过社会主义革命而建立起来的政治形态，是保证无产阶级和广大劳动人民政治权利得到广泛、真实、平等实现的政治形式。"③ 我国网络空间民主参与要保证公民以广泛、真实、平等的形式行使公民各项权利。

我国互联网发展速度惊人，政务微博发展迅速（见表3-1）。2011 年被称为"政务微博元年"④，将政务微博发展推进到一个快速发展的状态。截至 2013 年11 月底，全国微博账号总量突破 13 亿，微博成为网上信息传播的主要途径之一。⑤ 在国家信息化战略的推动下，2014 年更是我国电子政务快速发展的一年。截至该年 12 月，我国政务微博认证账号达到 27.7 万个，粉丝量总计 43.9 亿

---

① 《群众身边的腐败和作风问题监督举报专区》，中央纪委国家监委网站，http://www.ccdi.gov.cn/special/bgzq10/index.html，2018 年 5 月 23 日。

② 《习近平谈治国理政》，外文出版社 2014 年版，第 16 页。

③ 王浦劬主编：《政治学基础》，北京大学出版社 1995 年版，第 427 页。

④ 高明勇主编：《微博问政的 30 堂课》，浙江人民出版社 2012 年版，第 257 页。

⑤ 《全国微博账号突破 13 亿》，载《人民日报》，2013 年 12 月 5 日。

人。① 这种飞速发展的网络形势使"最牛团长夫人"事件、上海"楼脆脆"事件、"天价烟局长"事件、山东济宁"马上就办办公室"、三鹿奶粉事件、上海"钓鱼执法"事件、云南"躲猫猫"事件、湖北巴东邓玉娇事件、"我爸是李刚"、"表哥"杨达才事件等如同插上翅膀飞遍中华大地,甚至漂洋过海到达异国他乡,成为海内外华人关注的热点和焦点。

表 3-1 2013～2017 年新浪平台认证政务微博数量　　　　　单位：个

	2013 年	2014 年	2015 年	2016 年	2017 年
新浪政务微博	100151	130103	152390	164522	173569
政府官方微博	66830	94164	114706	125098	134827
公务人员微博	33321	35939	37684	39424	38742

资料来源：数据根据 2013～2017 年《新浪政务微博报告》而得。
新浪平台认证政务微博数量＝政务机构官方微博数量＋公务人员微博数量。

互联网的飞速发展,根本上与我国经济发展速度相适应,是由社会主义经济基础迅速发展决定的。从其衍生的网络空间民主参与所隶属的民主政治视角看,这种惊人的发展速度又是我国民主政治发展不够完善、不够健全的反映,是我国现实社会公民信息获得渠道相对不足、社会治理程度相对不高和形式相对简单的结果。

以迅速发展的互联网为载体,网络空间民主参与在国家和社会生活中的地位和作用日益彰显。从中央到地方各级党委政府部门充分认识到网络空间民主参与在推进人民参与国家和社会治理中的重要价值,并在实践中加以引导和运用。

2001 年 5 月 1 日,湖南红网创办《百姓呼声》栏目,这是国内较早开通的政府与百姓网上沟通平台,是我国网络空间民主参与发展的重要起点。

2005 年 3 月 14 日,时任国务院总理的温家宝在全国"两会"记者招待会上说："网民的许多建议和意见是值得我和我们政府认真考虑的。"这是国家领导人首次表示关注网络民意,了解网络民意。

---

① 《中国政务微博账号近 28 万　电子政务加快向农村延伸》,中华人民共和国国家互联网信息办公室、中共中央网络安全和信息化领导小组办公室网站,http://www.cac.gov.cn/2015-09/29/c_ 1116712000. htm, 2015 年 9 月 29 日。

2008 年 1 月 15 日至 6 月 11 日，广东省举办"我为广东科学发展建言献策"网上征文活动，活动共收到 3 万多条回帖，多篇网络建议被报送有关部门。进入省委和相关部门决策，是网络空间民主参与发挥作用的良好状态。

2008 年 12 月 10 日，时任南京市江宁区房管局局长的周久耕因发表"将查处低于成本价卖房的开发商"不当言论而被曝光，其抽天价烟、戴名表、开名牌车等腐败问题公开。8 个月后，南京市中级法院一审判决周久耕犯受贿罪，判处有期徒刑 11 年。网络监督的效力于此事件中得到验证。此后同类事件多次发生，著名的"表哥"杨达才事件也是如此。

2009 年 2 月，网民"老牛""爱我洛阳""flush""大河"4 人有的当选河南省洛阳市人大代表，有的被推荐为市政协委员，实现了网络空间民主参与向现实民主的"转化"，开创了我国公民以网友身份参政议政的先河，将网络空间民主参与推进到一个新的发展阶段。

2009 年 7 月 1 日，工信部要求个人计算机预装名为"绿坝——花季护航"的上网过滤软件，该政策遭到网民的普遍反对，最后工信部放弃"一刀切"的强制安装部署。这一事件成为网络民意影响党委政府部门公共决策的典型案例。

2010 年 1 月 25 日，安徽省政府工作报告中明确提出"支持鼓励网络问政"，网络问政首次被写进省级政府工作报告，拓展了网络空间民主参与的影响力。

2010 年 9 月 8 日，人民网·中国共产党新闻网推出"直通中南海——中央领导人和中央机构留言板"板块。随后我国省、市各级网站都开辟出同类功能，了解网络民意、汇集网络民智成为党委政府工作的日常内容。①

2015 年 1 月下旬起，为倾听群众呼声，在全国"两会"即将召开之际，我国政府网联合人民网、新华网、央视网、中国网、腾讯网、新浪网等网站，发起"2015 政府工作报告我来写——我为政府工作献一策"活动②，启动网民为政府工作报告献策活动，掀起大型的政民互动高潮。

各地领导信箱、党务政务电子平台、党委政府机关微博、电子政府的陆续设立和运行，是党和政府顺应互联网发展趋势、顺应民众民主要求、改善党领导人民有效治理国家的方式的表现。全国范围的"12380"举报平台的设立与发

---

①　根据南都报系网络问政团队《网络问政》（南方日报出版社 2010 年版）第 314～323 页整理，并根据相关事件的后续发展网络信息补充、完善。

②　《中国政府网联合多家网站启动网民为政府工作报告献策活动》，新华网，http：// news. xinhuanet. com/politics/2015-01/22/c_ 1114096007. htm，2015 年 1 月 22 日。

展、上海市"书记信箱"的设立与发展、山东省"省长信箱"的设立与发展、山东桓台县"党务公开"等栏目的建设与发展，等等，都是党委政府关注民意、顺应民意、重视公民诉求的重要表现，是网络空间民主参与推进人民参与国家管理和社会治理的重要探索。当然，在每一项实践中，都或多或少地包含着事前沟通、事中管理和决策、事后监督及矫正等因素。下面就选取能够充分展现网络空间民主参与与党领导人民治理国家和社会事务充分互动的八个案例，对网络空间民主参与推进党领导人民有效治理国家进行观察。

案例一　城管评选评议中的政民互动

网络空间民主参与的投票选举形式在中国各层级的领导人选举等方面并未得到使用。但近年来在诸如高校职称评审中的科研业绩评价，"五一"假期长度以及某些学术活动、艺体活动的微博、微信中，网络投票已得到初步应用。网络投票在中国目前的民主发展中，实践模式和运作层次还仅仅是初步的。

2015年9月，杭州和济南两地几乎同时发起城管评选投票活动。这一活动相对集中地体现出一些网络选举（宽泛意义上的选举）的运作模式和政民互动。

杭州"最美城管人"网络投票：在深入推进杭州的"美丽杭州"建设活动中，杭州城管涌现出一大批敬业为民、无私奉献的"美丽城管"。2015年9月中旬，杭州市城管委组织开展2015年度杭州市"最美城管人"评选活动网络投票，将经过群众、单位推荐筛选出的37位候选人正式进行网络公布。由网民下载安装"贴心城管"app手机客户端，注册成为"贴心城管"app用户，进入《评奖评优》栏目阅览"最美城管人"事迹并完成投票。网络投票时间为9月15日至20日24时。

济南"万名网友评城管"网络投票：针对济南市城市建设和"创卫"活动中城管执法行为，2015年9月17日，由"爱济南"客户端打造推出"万名网友评城管"大型评议活动。该活动同样以App客户端下载、注册、投票方式完成。网友投票时间为9月17日至10月16日，为期一个月。活动进行到第二天，就有897名网友进行了网络投票。至9月21日，网友通过"爱济南"客户端反映意见181条，由网络后台梳理后转发给济南城管部门。同时，济南市城管部门也召开专门督办会议，依托城管数字化指挥中心对社会各界提交的意见进行专项及时处理。

从杭州、济南两地开展的城管投票活动中可以看出目前网络投票发育的一些基本特征。其规范性、影响力、实践效果等都有待进一步增强。

首先，网民参与还需要一定的激励措施。为增强网民参与的积极性，使投票活动具有更广泛的代表性，两地都采取了适度的物质刺激措施。杭州市的网络投票活动采取投票赠积分方式，以积分兑换手机话费；济南市则在采取可靠措施确保"一人一票"的基础上，为参与网络投票的网民准备了丰厚大奖：采取投票手机号抽奖方式选取 10 名网友，并通过专家评审方式从网友留言中选取 3 名网友，一并授予"爱济南热心网友"称号，并分别给予价值不低于 500 元的物质奖励。

其次，两地都是一定程度上的政民互动依托。杭州的"最美城管人"活动发起者为杭州市城管委，该部门为开展管理职能做好政民沟通，从而采取网络投票方式吸纳网民意见建议，将网络民意纳入到职能管理中来。济南的"万名网友评城管"活动则直接体现城管部门、党报与网民之间的互动，它发起的重要初衷即为倾听网友对城管人员在日常工作中的表现和行为的意见建议。这本身就是倾听民意、汇集民智的行为，是提供给社会民众管理社会生活的重要平台和渠道。毫无疑问，这些探索是极为宝贵的。

案例二　山东龙口"用网理政"服务群众新模式

龙口作为山东省县域综合实力考核第 1 名、全国百强县第 11 名，近年来顺应互联网发展趋势和媒体监督方式的转变，针对自身经济、政治、文化、社会、生态发展现状，主动创新出以"网络问政、网上政务、网格管理"为核心的"用网理政"工程，努力在运用网络技术平台了解民意、化解民怨、凝聚民心、惠及民生等方面进行有益探索。

1. "用网理政"创新思路的酝酿

龙口市面积 901 平方千米，户籍人口和外来常住人口总计 75 万，拥有村居 610 个。随着改革开放的深入推进，龙口经济、社会、文化迅速发展。在全国网络媒体对地方政府舆论监督日益加深趋势下，龙口政治经济发展中矛盾和问题的解决方式成为党政部门关注的焦点。如何更好地运用互联网现代科学技术把龙口发展好、建设好，是关系龙口发展前途的大事。

与全国政务网站的设立和初期发展大致相同，龙口市政务网站也是建立较早但一直作用不显著。从 2007 年开始，龙口市先后投入 100 多万元用于加强门户网站"中国·龙口"网建设，开设"新闻中心""走进龙口""政府信息公开""网上办事""在线民生""便民服务""聚焦新龙口"等板块。2010 年 12 月,"中国·龙口"网开设"在线民声"二级网站,并开设《在线咨询》《民声动态》《民生访谈》《图说民生》《部门单位"三公开"》等栏目,以实现倾听民声、为民解难的目的。这些早期探索取得了一定成果。自"在线民声"网站开通以来,其"一站式受理""一条龙服务""一揽子解决"全新工作模式吸引了众多网民关注。在相关部门的沟通中,网站接收群众诉求信件达 10000 余封并均给以答复,使信件的答复率达到 100%。职能部门还进行群众回复满意率调查,接受回访的群众满意率达到 95% 以上。不过,龙口网络政务因受对网络舆情的态度、认识水平和技术水平的制约,多采用"堵"的方式,以网络舆论管控为主导,走了一条"控—堵—删"网络舆情管理道路。这种消极应对思路,致使网民呼声没有得到充分重视,网民的一些好意见、好建议没有得到很好地重视和落实,政务网站在正面宣传中未取得良好效果。如何转变思路,更好地掌握、引导舆情并利用网络民意发展龙口,成为摆在党委政府面前的大问题。深思熟虑后,龙口市"用网理政"思路逐渐浮出水面。

2. "用网理政"服务群众的主要措施

2012 年以来,龙口市对利用网络服务群众工作进行创新。以"网络问政、网上政务、网格管理"为核心,致力于网络管理、网络监督、网络宣传、网络服务等政务功能和资源的开发和运用,通过一系列工作机制的健全,做足民意沟通、民心凝聚、服务群众这篇大文章。这一"用网理政"服务群众工作的主要措施包括以下几个方面。

第一,打造特色"网上议事厅"网络问政平台,畅通群众诉求表达渠道。"网上议事厅"的打造出发点是加强网络虚拟社会管理,科学有效地处理龙口市网民诉求,引导舆论,保障公民权。该"议事厅"整合原有"市长信箱"等网络诉求渠道而成,主要功能在于承载龙口市网民的网上问政。较之以往的网络诉求平台,"网上议事厅"的最大特色在于突破简单的"一问一答"封闭式诉求与处理,开拓网络互动问答、发帖跟帖等一对多、多对多网络互动讨论、诉求解答、问政咨政、过程管理、结果监督等广阔空间。围绕"网上议事厅",有四个主体活跃在该"议事厅"虚拟空间:一是网民,包括有明确诉求并需要党委政府部门解决问题的龙口市民、没有诉求但关注龙口发展的网民等,网民就所关心、需要解决的问题提问、发帖,进行咨政问政、建言献策或简单地"网络围观"①。二是网络编辑人和"网络发言人",网络编辑人负责第一时间对网民诉求进行审核把关、分流交办。交办后的诉求进入现实社会各职能部门进行处理,处理结果的反馈则由"网络发言人"负责,专职"网络发言人"要在规定期限内对网民诉求进行答复办理。三是龙口市群工部专职"监督人",该主体的主要特点在于具有"线上"和"线下"两种特征,其职责在于对网民反映事项办理情况进行现场督导和事后回访,将舆情回复、案件办理结果纳入岗位目标考核,刺激各事项办理部门的工作主动性和积极性,提高案件办理效果。四是网络"红军",该主体的主要职责在于促进龙口市"网上议事厅"舆论生态良性发展,网络"红军"的主要成员是网络评论员和网站信息员,传播正面、健康、文明的网络正能量。上述四个网络主体联合完成"网上舆情—网下办理—网上答复"工作流程。

第二,打造"两大系统"和政府门户网站政务平台,提高行政服务效能。(1)"两大系统"指网上审批系统和电子监察系统。"两大系统"将全市24个部门、354个审批及公共服务事项规范升级,全部纳入一个系统内进行集中办理。群众诉求事项通过网上审批"综合窗口受理—网上分流传阅—部门网上审批—综合窗口办结发证"流程,实现审批服务"一个窗口受理、一条龙服务、一站式办结"。为提高效能,"两大系统"还设置了网上审批"绿色通道",符合手续的整个审批工作都能在 1～5 个工作日完成。电子监察则是对网上审批的"实时监控、程序监察、预警纠错"功能,对网上业务从受理、承办、审核、批准到办结等各个环节进行全流程、全节点监控,并可同步监控工作人员的服务态度和工作效率,保障审批过程的公平、公正、严谨、规范。(2)政府门户网站政务平台,在这里主要指政务综合信息服务平台。"中国·龙口"政府门户网站将相关的 138 个部门单位以及网站综合起来,实现信息综合共享。这一平台开设"政务公开""政策查询""便民服务""信息检索""办事指南""公示公告""工作宣传"等板块,整合报纸、电台、电视台等龙口市内传统媒体资源,即时更新、聚合发布公共信息,保障各类信息搜集发布的全面、及时、准确,

---

① "网络围观"是指"网民利用网络技术对公布在互联网上的社会事件进行集中评议的行为活动,其实质就是社会舆论"(彭昊:《论网络围观的伦理意蕴》,载《网络财富》2009 年第11 期)。网络围观的特征是参与主体的广泛性和讨论内容的集中性:众多网民对同一事件集中地、大量地借助网络媒体、博客、微博、微信、论坛以及其他虚拟社会网络平台予以关注,这样构成了一种相对高压的舆论氛围下的网络行为,即网络围观。

实现对全市各级公共政务服务资源的综合利用。

第三，打造"全域一体化"网格管理平台，推进社会治理创新。在网格化管理方面，"用网理政"工程主要通过搭建两大平台实现对社会治理创新的推进。(1) 电子信息应用平台。该平台主要用于基础信息的收集查询、梳理汇总和分析研判，依靠精细化的村情户情电子档案，为有效做好社会管理工作提供第一手资料。(2) 调度指挥处置平台。该平台包含"预警防范""诉求调处""便民服务""信息发布"四个子系统，推动调度各级网格汇集事项的办理落实，对汇集起来的社会诉求和民生服务项目按照性质、类别进行归口管理，分头处置。

3. "用网理政"的积极成效

龙口市"用网理政"工程从出台到实践，是网络空间民主参与在党务、政务工作中的应用，取得了一定的实效。其中，"网上议事厅"发展成为全市群众参与政务活动、表达民生诉求的主渠道。该板块创造了网民日点击量10000多人次、跟帖400多条的纪录。自开通的半年多时间里，职能部门与参与群众密切配合，有20多条网民意见建议纳入市委、市政府决策。"两大系统"和政府门户网站支撑的网上政务平台仅2012年就实现龙口市主动公开发布各类信息8800多条，回复各类咨询近5万人次。网格管理平台的实效也比较显著，通过网格平台解决各类事项1200多件，在设置的个性化动态提醒功能中及时发布预警和防控等信息22条（本段数据无特别说明均截至2013年10月底）。

"用网理政"在增强地方党委政府部门服务意识、提高服务能力、密切党群干群关系方面作用明显。这一效果可以通过网民发起的帖子和跟帖看出。2013年6月18日，用户"海之蔚蓝"发起带有讨论和意见征集性质的帖子"你为什么上网上议事厅？"① 吸引了一批网友关注，部分有权限投票、发言的人参与到网络民意表达中来。

这一帖子从6月18日开帖到12月6日，共有留言46条。从留言内容分析，肯定"网上议事厅"的跟帖大约占到留言总数的1/2；持怀疑和观望态度的约占留言总数的1/4；还有一部分是不置可否的留言，是被网络管理员屏蔽或删除的跟帖。在网友跟帖中，除了主要的肯定性、支持性留言，还有两条留言很引人瞩目，一是20楼"指点激昂"的跟帖："1. 原来俺爱看的版改成了这个议事

---

① 《［现象讨论］你为什么上网上议事厅？》，龙口网论坛，http：//bbs. lkwww. net/thread-797367-1-1. html，2013年8月16日。

厅，俺就来了。2. 说的都是老百姓身边的事，俺就来了。3. 觉得能看到点东西（俺就爱看回复里面掐架的，有的人老有意思了），认识一些人，俺就来了。4. 俺希望看到老百姓反映的问题能真正得到解决，俺就来了（俺首选'解决喽'的帖看，有不满意有满意，注意语序）。5. 有时没有事，俺就来了，不过不是吃饱了撑的。"二是22楼"小区居民99"的跟帖："反映问题以争取尽快解决问题。——逼上梁山来了。本来还不知道这个地方，不知道龙口还有个龙口网论坛，在某些单位热心指点下来了。发现问题反映了也解决不了。"

这些跟帖和上述两个留言的内容以及它们的存在状态传递出一些基本信息：第一，网民对党政部门的网络理政态度是积极的，有强烈参与热情；第二，网民主体对职能部门的工作思路是肯定的，对党政部门的工作态度是认可的；第三，在具体问题解决中，网民还存在一些不满意的地方，还有待政府部门尤其是网络治理职能部门继续完善。上述三点是从网民角度观察网络空间民主参与在管理国家事务和社会事务中功能和价值的基本状态。

从工作行为主体——党政机关角度分析，可以得出如下结论：第一，工作行为主体（党政机关及其工作人员）力图以新技术承载民意的动机和愿望是好的，这是网络民意得以存在的基本条件；第二，工作行为主体对待网络民意的态度是理性的——对党政机关网络执政行为的否定乃至责难性质的跟帖依然存在而未被删除或屏蔽；第三，党政机关工作实践在从虚拟空间向现实空间的转化中还有诸多需要解决的问题。

龙口市"用网理政"工程的初衷和宗旨是顺应科技发展潮流，提高服务能力，增强政府服务群众的能力。从"用网理政"工程的实施及效果看，这一措施提高了地方党政部门的服务意识、服务能力、服务时效，提升了政府形象，拉近了职能部门和社会公众之间的心理距离，对地方政府更好地用好权、服好务是一个大促进。此外，该工程在缓解社会情绪、化解社会矛盾方面具有显著作用，是推进社会治理创新的有益探索。

案例三　厦门PX项目和"于欢案"的网络民意公共理性研判

（一）厦门PX项目中的政府与民意博弈及共识

2006年，厦门市的引进项目PX项目引发群众的广泛关注和抗议。这一项目预计投产后每年工业产值可达800亿元人民币，带给厦门的收益非常可观。所谓PX，是一种化学工业产品，又称"对二甲苯"，属于中国紧缺产品。PX属于高致癌物，尤其对胎儿有极高致畸率。液态 PX 具有易燃性，稍有操作不慎即可引发爆炸。

对于此项目的引入，厦门大学化学系教授、全国政协委员赵玉芬认为："PX 厂距厦门市中心和鼓浪屿只有 7 千米，距离新开发的'未来海岸'居民区只有 4 千米，如果发生泄露或爆炸，厦门百万人口将面临危险，建议暂缓 PX 项目建设，重新选址勘查论证。"2007 年全国"两会"期间，赵玉芬教授联合其他 104 名政协委员就该提案向全国政协提交、协商。

不久，此事经媒体披露，立即招来大量网民关注。"未来海岸"业主多次向厦门市环保局投诉，网上也建立起相关论坛和 QQ 群。5 月，随着 PX 项目的推进，网络舆论再次发起，"在海沧区动工投资（苯）项目，这种剧毒化工品一旦生产，厦门全岛意味着放了一颗原子弹，厦门人民以后的生活将在白血病、畸形儿中度过。我们要生活、我们要健康！国际组织规定这类项目要在距离城市 100 千米以外开发，我们厦门距离此项目才 16 千米啊"的帖子引发网民大量转载，各大网站都将此消息放到醒目位置。帖子末尾还号召大家向市政府表达意见。很快，这一消息超越网络空间，迅速流传到厦门市民手机短信中。5 月 28 日，《反污染！厦门百万市民同传一条短信》的帖子一亮相就引起大量关注，半小时内点击量就达到 13 万。5 月 29 日，《南方都市报》封底整版报道《厦门百万市民同传一条短信》文章。关于厦门 PX 项目的舆论从网络空间到手机终端，再到传统媒体，一条龙式舆论模式将政府推上舆论的风口浪尖。

舆论迅速热起，厦门市政府作出快速反应，政府与市民互动进入热烈阶段，政府决策与公民意见的博弈进入白热化。

5 月 28 日，厦门市环保局局长在当地报纸上解答 PX 项目的相关问题。

5 月 29 日，负责 PX 项目的林英宗博士也在报纸上发表长篇解释文章。

5 月 30 日，厦门市人民政府市长召开常务会议研究该项目。随后，厦门市常务副市长召开新闻发布会，宣布缓建 PX 项目。

6 月 1 日上午 8 点，市民手系黄丝带，陆续自发上街开始集体"散步"。警方维持现场秩序，双方未发生过激行为。下午 3 点，市政府召开紧急新闻发布会，说明 PX 项目停工并重新组织区域规划环评，市民如有建议可通过正常渠道向政府反映。

6 月 2 日下午 3 点，"散步"人群陆续散去。

6 月 1~3 日，厦门市政府以短信形式告知市民缓建决定；就项目的可控性等问题向市民作出说明，呼吁市民支持项目。

6月5～8日，厦门市科协印刷并散发数十万份宣传册进行科学普及，请市民放心。但网民表示民众的目的是停建，不是缓建。

6月7日，国家环保总局组织专家对PX项目进行全区域规划测评。

12月5日，环评报告向社会各界发布。

12月11日，厦门市电视台摇号产生106名市民代表，参与"厦门环评座谈会"。

12月13～14日，"厦门环评座谈会"举行，106名市民代表和90多名市、区两级人大代表、政协委员及权威专家出席，《人民日报》《光明日报》等进行报道。会上85%的代表反对兴建该项目。

12月16日，福建省政府针对厦门PX项目问题召开专项会议，会议决定迁建PX项目至漳州市漳浦县的古雷半岛。相关论坛和QQ群贴满鲜花怒放的图片，并打出"厦门政府是开明的政府，是负责任的政府"标语，网民热烈庆贺。①

在厦门PX项目中，网民和政府之间进行了长达半年的网络"博弈"。在网络民意和政府决策之间，双方的基本态度是善意的，政府与民意间的互动是良性的。这一项目从进入网络热议到和平解决，开辟了从网络空间到现实空间正常解决问题的新渠道。网络民意促进现实民主政治参与，政府形象得以提升，公民意见得以体现，探索出一条网络新型社会治理模式与现实社会治理模式良性互动的成功实践道路。

（二）"于欢案"中的民意沸腾和理性讨论

2016年4月14日下午，山东聊城女企业家苏银霞因未能如期偿还高利贷，在公司接待室被11名催债人限制人身自由，遭受侮辱。当晚22时许，因不堪母亲被辱，苏银霞之子于欢持刀将侮辱自己母亲的催债人杜志浩、程学贺、严建军、郭彦刚捅伤。其中，杜志浩于次日凌晨2时许因失血性休克死亡，严、郭二人伤情构成重伤二级，程伤情构成轻伤二级。

2016年4月15日，于欢因涉嫌犯故意伤害罪被刑事拘留，29日被批准逮捕。

此案一审由山东省聊城市人民检察院于2016年11月21日向聊城市中级人民法院提起公诉，指控被告人于欢犯故意伤害罪。聊城中院于当年12月15日

---

① 刘上洋主编：《中外应对网络舆情100例》，百花洲文艺出版社2011年版，第226～229页。

公开开庭对该案进行合并审理。

2017 年 2 月 17 日，聊城中院一审以故意伤害罪判处于欢无期徒刑，剥夺政治权利终身，并承担相应民事赔偿责任。

宣判后，原告人杜洪章等人和被告人于欢均不服一审判决，分别提起上诉。2017 年 3 月 24 日，山东省高级人民法院受理此案当事人上诉案。

2017 年 3 月 26 日，最高人民检察院决定派员赴山东阅卷并听取山东省检察机关汇报，对案件事实、证据进行全面审查；对于欢的行为是属于正当防卫、防卫过当还是故意伤害，依法予以审查认定；对媒体反映的警察在此案执法过程中是否存在失职渎职行为，依法调查处理。

2017 年 5 月 27 日，山东省高级人民法院二审公开开庭审理。经一天庭审，参加诉讼各方充分发表意见后，法庭宣布择期宣判。

2017 年 6 月 23 日，山东省高级人民法院认定于欢属防卫过当，构成故意伤害罪，判处于欢有期徒刑 5 年。

在此期间，2017 年 3 月 23 日，线下媒体《南方周末》以《刺死辱母者》为题对此案进行了报道，引发了小范围关注。次日，《南方周末》网站公开发表了《刺死辱母者》报道，此文在网络世界迅速传播，"母亲""凌辱""刺死"等字眼激起的公众情绪迅速蔓延，引发公众热烈讨论。2017 年 3 月 23 ~ 27 日，舆论核心话题"于欢案"相关报道和分析始终吸引着网民视线（见表 3-2）。

表 3-2　"于欢案" 2017 年 3 月 23 ~ 27 日部分媒体报道数据

时　间	媒体与报道名称	影　响
23 日	《南方周末》线下纸质媒体：《刺死辱母者》	小范围内引起关注
24 日 9 时 28 分	《南方周末》网站：《刺死辱母者》	"于欢案"正式进入互联网环境，舆论发生
24 日 14 时 51 分	凤凰网将报道进行转载，并将标题改为《山东：11 名涉黑人员当儿子面侮辱其母 1 人被刺死》	引发众多媒体转发
24 日 15 时 13 分	网易将标题改为《女子借高利贷遭控制侮辱　儿子目睹刺死对方获无期》进行转载。同步，网易新闻 app 客户端进行转载	新闻跟帖短时间高达 240 万，引爆舆论

时　间	媒体与报道名称	影　响
25 日	微信公众号"晒爱思 PsyEyes"：《人民性丨辱母杀人案：冷血的法律羞辱人民》	第一个在自媒体推送"于欢案"微信公众号
25 日 15 时 49 分	凤凰网推出评论文章《辱母杀人案：不能以法律名义逼公民做窝囊废》	31 家媒体转载
25 日 23 时 31 分	"澎湃新闻"发布新闻稿件：《山东"刺死辱母者"案证人讲述民警处警细节：开着执法记录仪》	不足 60 小时，被转载达 133 次
25 日 23 时 36 分	《人民日报》旗下微信号"人民日报评论"评论文章：《辱母杀人案：法律如何回应伦理困局》	两者间隔只有 1 小时 5 分钟。作为主流媒体接连在短时间内推出两篇重磅文章，法律与伦理、司法与信任的话题探讨再次将"于欢案"推向舆论高潮
26 日 0 时 41 分	《人民日报·海外版》旗下微信公号"侠客岛"评论文章：《辱母杀人案：对司法失去信任才是最可怕的》。	
26 日 11 时	《人民日报》app 发布稿件：《山东高院通报辱母杀人案情况：已受理当事人上诉》	两篇稿件的相继发布，引发众多媒体转发，引发众多网友对该案进行理性探讨
26 日	《人民日报》微信公众号推送文章：《"辱母杀人案"追踪：最高检派员调查，山东高院、公安厅、省检察院回应》。	
26 日 13 时	《新京报》微信公众号发布稿件：《多方介入"辱母杀人案"调查，于欢改判正当防卫有无可能性?》	阅读量达 6 万余
26 日 15 时 25 分	网易转载当日《新京报》报道，并将标题改为：《"辱母杀人"于欢改判正当防卫可能吗? 律师：很难》	72 小时内评论达 45 万
27 日	《中国青年报》：《辱母杀人案细节：目击者称于欢被椅子杵后反击》	180 家媒体转载，传播总量达 357 篇

资料来源：由全网资料 5 日内重要稿件综合得出。

2017 年 3 月 26 日，相关舆论达到最高峰。讨论对涉及此案的机构和职能部门进行指责的声音占到一定比例，"正当防卫""量刑过重"等观点也在专家、学者多个群体间展开激烈讨论和辩驳。面对汹涌而来的舆论，各部门于 2017 年 3 月 26 日在官方微博集中表态，进行舆情回应（见表 3-3）。

表 3-3 2017 年 3 月 26 日有关部门官方微博表态内容及时间

时 间	部门名称	官方微博	微博主题
10：43	山东省人民法院	@山东高法	关于于欢故意伤害一案的情况通报
11：16	最高人民检察院	@最高人民检察院	最高人民检察院派员调查于欢故意伤害案
11：37	最高人民法院	@最高人民法院	山东高院通报于欢故意伤害案进展
12：50	山东省公安厅	@山东公安	26 日上午已派出工作组赴当地对民警处警和案件办理情况进行核查
16：27	山东省人民检察院	@山东省人民检察院	山东省人民检察院对"于欢故意伤害案"依法启动审查调查

资料来源：新浪微博。

相关部门的逐一表态对公众情绪的缓解起到至关重要的作用。公众的热议更多集中在舆论讨论中良知与现实社会中的法律二者的博弈，并对二者进行了统一和结合。

2017 年 5 月 27 日，"于欢案"二审开庭，山东省人民法院采取微博图文直播的方式进行公开审理。2017 年 6 月 23 日，"于欢案"公开宣判，山东省人民法院也采用此种方式进行公开宣判。山东省人民法院在审理过程和宣判环节，两次均采取开放透明的方式，使网民的诸多质疑得到释放，舆情热度得到有效控制，舆论话题逐步达到理性状态，公众对司法信任得到恢复和进一步加强。

（三）关于网络民意的公共理性研判思考

无论是厦门市 PX 项目形成的民意共识，还是"于欢案"最终带来的理性探讨，从两个事件的发展过程中，我们都能看到网络的普遍运用给舆情事件的时间、空间、群体边界均带来改变。网络舆论打破事件原有的明确边界限制，并对事件边界造成最大程度上的模糊化。现实社会中的事件在网络空间经过发酵，多群体参与在短时间和最大程度空间内将舆情事件的影响放射到最大。上述事件的演变过程表明，被热议争论事件的核心问题必须得到理性研判；同时，事件演变过程受到的时间约束条件越发严格，舆情事件不确定性带来的风险越发增大。

1. 网络舆情事件发生的客观必然及其动态治理

2018 年是改革开放 40 周年，我国转型期社会改革进入深水区，主要矛盾与其他矛盾、结构性差异带来的不均衡造成的各类冲突客观存在。客观存在的冲突以及冲突因素带来的影响日积月累，决定网络舆情事件的出现存在必然性。社会的发展进步是新旧矛盾转化过程。这种现实决定了固有冲突因素在得到解决的过程中新的冲突因素也会产生。所以，一类事件在一段时间内得到有效处理的过程中，新冲突诱因出现也必然带来新类型网络舆情事件。

网络空间冲突及冲突因素不断酝酿并出现的客观现实，决定了对网络舆情事件进行治理也必然是一个动态过程。一个舆情事件在某个时间节点爆发继而被妥善处理，不代表此类事件不再发生，更不代表深层冲突诱因得到了彻底解决。厦门市 PX 项目群体性事件和"于欢案"中沸腾的网络民意及其治理充分表明：一个客观存在的冲突因素带来的风险，是在一段时期内的持续存在；网络空间政府工作实践在治理群体性事件时表现出的动态变化过程，是政府有关部门在既定约束条件下和一段时间限制内展开的持续有效的行为和活动，网络空间政府工作实践使舆情治理时间和舆论事件具体行为的关联性进一步加强。

2. 网络舆情事件背后隐藏着深层客观现实诱因

一个网络舆情事件无论通过怎样的形式来表现，皆有深层次的现实诱因。厦门 PX 项目群体性事件和 2014 年茂名 PX 项目群体性事件发生的深层原因都是公众对公共环境和安全提出的新要求，党和政府对环境保护工作越加重视，党的"绿水青山就是金山银山"① 治理理念深入民心，良好的生态环境是民生福祉早已成为社会共识。在这样的社会生态中，一旦发生突出的环境问题，必将带来强烈的社会反应。2018 年 5 月召开的全国生态环境保护大会上，习近平总书记指出生态文明建设正处于压力叠加、负重前行的关键期，已进入提供更多

---

① 《习近平谈生态文明》，中国共产党新闻网，http://cpc.people.com.cn/n/2014/0829/c164113-25567379-3.html，2018 年 1 月 5 日。

优质生态产品以满足人民日益增长的优美生态环境需要的攻坚期。① 这一论断是对当前我国发展阶段和政党治国理政面对问题的深刻认识，是对我国各类重大事件背后原因的准确揭示。源于此，面对此类群体性事件时听取多方声音、汇聚公众民意，与公众做好良好沟通，就是一个必然过程。

"于欢案"与厦门 PX 项目引发的群体性事件虽不是同一类型，但有一共同之处，那就是同样存在更深层次的客观现实诱因。《2016 年中国社会治安形势分析报告》显示，非法集资犯罪高发、社区安全隐患突出、物流寄递安全面临挑战，是新时期社会治安的三大"新困境"。② 《2017 年中国社会治安形势发展报告》将涉众类经济案件引发社会稳定问题突出、虚拟货币引发社会问题突出、传销引发的"谋财害命"、单位社区安全隐患突出列为新时期治安四大困境。③ 回看"于欢案"的来龙去脉可见，案件发生的主要诱因是于欢之母苏银霞向吴学占所借月息达 10% 的高利贷款无力偿还，从而导致后续一系列伤害行为的发生。苏银霞也因为涉嫌非法吸收公众存款被起诉，涉及金额达 2000 余万元，涉及 50 余人，此案于 2017 年 5 月侦破。④ 新时期，社会主要矛盾的转变带来诸多机遇，但挑战也随之而来。非法集资等涉众类经济犯罪引发的社会冲突风险远大于一个网络舆情事件所带来的表面冲突风险，其背后显示的是对社会公正、公共责任、公共管理等党治国理政面临的微观要素的评判，是对社会道德、文化、法律等重要内容的判断。

3. 网络舆情事件给党和政府工作实践带来重大机遇

网络舆情事件出现的必然性，客观要求党、政府和社会各方以积极主动的心态去面对此类事件，通过动态治理，减少事件风险，降低紧迫性，进一步消弭深层冲突诱因的不良影响。

厦门 PX 项目群体性事件发酵过程中，厦门市政府通过召开新闻发布会，通报 PX 项目建设暂缓，且委托环评机构进行区域规划环评，并将新闻发布会内容

---

① 《习近平：坚决打好污染防治攻坚战　推动生态文明建设迈上新台阶》，新华网，http://www.xinhuanet.com/2018-05/19/c_1122857595.htm，2018 年 5 月 20 日。

② 李培林等主编：《2017 年中国社会形势分析与预测》，社会科学文献出版社 2016 年版，第 302～305 页。

③ 李培林等主编：《2018 年中国社会形势分析与预测》，社会科学文献出版社 2018 年版，第 123～125 页。

④ 《聊城公安机关破获苏银霞、于家乐涉嫌非法吸收公众存款案　涉案金额达 2000 余万》，新京报网，http://www.bjnews.com.cn/news/2017/05/26/444868.html，2018 年 1 月 5 日。

向厦门市民公开。2007年6月7~8日将25万册科普读本《PX知多少》免费发送给市民阅读，厦门市环保局局长随即在线与市民进行互动交流。同年12月份，开展"倾听民生，科学决策——厦门市重点区域（海沧南部地区）环评报告网络公众参与活动"、PX项目区域环评座谈会等一系列民意回应活动，充分进行政府与公众沟通。"于欢案"中，网民最初展开的是不理智的情绪表达。随后，相关机构部门共同努力，公开、公正、透明地向公众全面、细致、客观、精准地将二审审理和宣判信息及时公布，网民态度发生转变，逐渐走上理性讨论轨道，表达出对我国司法的信任和信心。

在厦门PX项目群体性事件治理过程中，政府进行全民PX知识普及；"于欢案"治理过程中，全民主动参与普法的实践，这些都是不可避免的网络舆情事件背后蕴藏的重大机遇。两则网络舆情事件中公众知情权都得到了充分尊重，从而实现了公众广泛参与，了解事件真相，理解政府决策因由，最终达成广泛共识。

针对一项项网络舆情事件，党委政府客观理性地进行公共舆情研判，可以推动事件取得更好的正面积极效果，得到公众支持，使社会可动员力量得到扩大。民意得到重视，问题得到解决，可以使社会公众在后续出现的网络舆情事件中保持理性、保持热情，更好地为解决后续冲突化解风险起到积极作用。

案例四 "12380"网络举报平台的设立与发展

"12380"的诞生和发展是我们党顺应民众监督诉求的结果，是网络空间要求对党政领导干部进行监督、强化用人制度监督和用人管理等民意诉求在党领导人民治理国家事务和社会事务中发挥作用的重要体现。

2004年3月29日，中央组织部开通全国组织系统专用举报电话"12380"，这一举措获得公民的高度认可，被读者和人民网数万网友评为"年度反腐倡廉十大新闻"之一。通过这一平台，如有违反《党政领导干部选拔任用工作条例》事项，全国公民都可以向中央组织部以及全国地市以上地方党委组织部门举报反映。随着互联网的迅速普及，2009年2月，"12380"举报网站开通。2013年12月初，中组部正式开通"12380"短信举报平台。"12380"举报网站和短信举报平台的设立，更有利于举报人和反映人的便捷使用，同时也有利于举报人或反映人的自我保护。"12380"网络举报平台从开始设立就是民意在党的领导工作中得到体现的一种反映，它的存在和发展更是为了保障公民的参与权和监督权，保证党领导人民有效治理国家，人民有序参与政治。

"12380"网络举报平台拓展了"12380"举报渠道，将传统举报形式和新兴技术结合起来，融入更多现代科技元素，形成信件、电话、网络、短信"四位一体"的"12380"综合举报受理模式。① 它以网络的便捷和易于操作、增强网络空间民主参与参与的即时性和互动性，将公民监督权的行使和获得答复的时效、实效都极大地推进了一步，为提升党政部门的社会形象和工作实效增添了新的方式。

中央进行网络举报探索时，因网络监督拥有的优势，各省市区也纷纷参与这一实践。

"12380"网络举报平台从设立到发展，始终贯穿着民意主导思想，不仅整体监督平台是为保障公民监督权，而且在监督平台各个环节都充分考虑民意民智的汇集和运用。"12380"网络举报平台中所设置的 7 个功能板块，除介绍"举报须知""受理介绍""法规制度""短信举报"等链接之外，其中第五个板块就是"意见建议"，用于了解、收集网民对党委政府工作的诉求、建议，充分发挥网民智慧，推进党委政府工作更好地开展。

案例五　"郭美美事件"与红会危机中的民意沸腾

网络投票、网络选举、网络管理、网络决策以及网络监督，都是社会公众在网络空间的意愿表达。这种网络表达是网络空间民主参与各种形式最基本的依托和意蕴所在。在"郭美美事件"及其后我国红十字会的相关说明、纠正措施等一系列行为中，充分地展示出包含了网络信息公开、网络管理、网络监督等多层次、多角度网络表达权利与实践的重要价值。从最近几年持续不断地对"郭美美事件"和红十字会运作规章及管理制度的追踪和讨论来看，这其中融合了网络空间民主参与的多项元素。

对以中国红十字会为核心标志的中国慈善界来说，"郭美美"这个名字在2011 年无疑是一场灾难。这一年，因为郭美美的高调行事，把中国红十字会推到被社会责难的境地。中国红十字会常务副会长赵白鸽被迫多次在媒体前解释说明红十字会慈善业务的运转，红十字会也迅速出台了相关文件，努力提高行

---

① 《中组部"12380"举报平台运行机制全解析》，新华网，http：//news. xinhuanet. com/politics/2013-12/02/c_ 118385193. htm，2013 年 12 月 2 日。

动透明度，将红十字会业务置于阳光之下，努力消除公民对慈善捐助的种种疑虑。事过多年，郭美美事件引发的红会危机仍未彻底消失。

"郭美美事件"起于微博，兴于微博，引发中国慈善业"大地震"。2011年6月20日，新浪微博上一个名叫"@郭美美Baby"的微博ID引起网民关注。展示在该ID下的信息使网民异常激动：此ID照片和信息显示该博主为一名20岁女子，住别墅豪宅，挎名牌爱玛仕包，开腻"宝马mini"则换上价值数百万的玛莎拉蒂跑车。这样一位高调炫富的美女拥有一个让网民更为兴奋的微博认证信息：中国红十字会商业总经理。通过网络与"郭美美Baby""副总经理"互动的微博博主要么是娱乐圈小明星，要么是某名车俱乐部的富二代。一个年轻美女勾勒出的"网络小社会"彻底让网民们血液沸腾起来。很快，她的多条微博被数千次转发，她和与之互动的博主都被网民当作"人肉"对象进行了挖掘。一时间，"中国红十字会副会长郭长江的女儿""郭沫若的孙女"等真假莫辨的信息飞遍网络。

"@郭美美Baby"炫富走红网络，她引发的微博震荡很快引起红十字总会注意。2011年6月22日，中国红十字总会发表声明：中国红十字会没有红十字商会机构，也未设有"商业总经理"职位，更没有"郭美美"其人，保留进一步追究有关方面相关责任的权利。①

很快，"@郭美美Baby"的新浪微博认证加"V"标志被取消。"@郭美美Baby"微博主人声称，自己与朋友分享个人喜怒哀乐是"各人有各人的生活方式"，声称自己所在红十字商会"负责与人身保险或医疗器械等签广告合约，将广告放在红十字会免费为老百姓服务的医疗车上。之前也许是名称的缩写造成大家误会"。不久，"@微博小秘书"（新浪微博官方账号）于22日12点多发布微博，表示在"@郭美美Baby"认证说明修改过程中"新浪微博没有进行严格审核"。22日上午，记者找到郭美美微博上所谓"中国红十字会副会长"郭长江，郭长江表示："她根本不是我的女儿，我压根就没有女儿。"但网民显然不满足于一个小姑娘前后不一、变化多端的说法，也不再期待红十字会秘书长王汝鹏、红十字总会法规处处长丁硕等人的实名微博上以个人名义所作的澄清行为，要红十字会官方解释的民意汹涌而来。

---

① 参见《中国红十字会称"郭美美"与红十字会无关》，人民网，http：//www.people.com.cn/h/2011/0622/c25408-4194537093.html，2011年6月22日。

此后，网民的疑问和红十字总会的解答在网络上频繁展开。

在 22 日红十字总会发布声明的同时，红十字会被发现与很多企业存在合作，网民找到了"商业"与"红十字"联系在一起的确凿证据。联系之前在救援物资方面存在的高价帐篷、天价招待费等问题，红十字会引来更多质疑。随后，红十字会负责人证实：确实存在"商业系统红十字会"这一组织。网民的好奇再次被激发，关于红十字会的业务往来和相关公司被逐一筛查，红十字会复杂的商业关系网浮出水面，天略集团、王鼎公司、"中红博爱"等与红十字会有关系的企业也被质疑与"@郭美美 Baby"有关。

24 日，中国红十字会网站连续发布三份声明。第三份《中国红十字总会对"郭美美事件"再次声明》中表示：该会未设"红十字商会"，与郭美美无关。24 日下午该会已向公安机关报案。

28 日，中国红十字总会就"郭美美事件"及相关问题召开新闻通气会，并在网站发布相关信息。29 日，红十字总会再次发表声明称自己已邀请审计机构对中国商业系统红十字会进行审计，在此之前暂停中国商业系统红十字会的一切活动。

网民的质疑并未就此平息。红十字总会以郭美美虚构事实、扰乱公共秩序为由，向公安机关报案。

7 月 7 日，"@平安北京"（北京市公安局官方微博）发布三条信息称，"郭美美及其母与中国红十字总会无直接关联"，"郭美美认为原来在新浪微博上注册认证的'主持人、演员'身份层次较低，为满足其炫耀心理，于 5 月自行杜撰了'中国红十字商业总经理'身份"。当晚，中国红十字会网站及"@中国红十字总会"均转载了新华网对北京市公安局上述调查结果的报道。

公众对红十字会运营模式和善款去向、用途的疑问并未就此终止。网民发出的"还钱，还钱！"的声音不绝于耳，对红十字总会运作的不透明表示高度不满。"郭美美事件"带给中国慈善事业的是巨大冲击。中国的公益事业的运行和透明度成为社会高度关注的话题。

在"郭美美事件"的冲击下，中国红十字会常务副会长赵白鸽等人多次在媒体上回答公众关心的问题。2011 年 6 月底，中国红十字会秘书长王汝鹏告诉公众：中国红十字会一款用于查询善款动态的软件系统将在近期推出，软件名称为"中国红十字会捐款信息管理系统"。通过这一系统，将提供对善款的在线查询功能，提高善款的接收、管理和资金流向透明度。中国红十字会常务副会长王伟则表示中国红十字会下一步将努力提升红十字会的凝聚力、执行力和公信力。① 红十字会要抓好制度清理，要努力完善管理制度，通过创新和落实建章立制以及典型经验推广的方式，构建完善的组织建设制度，创建业务工作制度，完善信息公开制度，将红十字会的执行力和公信力提高到应有的高度，发挥红十字会在中国慈善事业发展中的应有价值。

我国公众对公益事业的信任危机并未消失。自"郭美美事件"之后，中国红十字会的捐助动员效果明显走低。红会自身收到的捐款数额和各地红会收到的捐款数额都大幅降低。2012 年 8 月，《国务院关于促进红十字事业发展的意见》出台。赵白鸽在接受新华社记者访问时说："面对未来，中国红十字会的改革势在必行，只有改革才能应对我们所面临的种种挑战，只有改革才能适应未来人道工作的需要。"② 2013 年 4 月 20 日四川雅安地区地震之后，中国红十字会的透明度、资金使用公信力等再次受到社会质疑。

有人讲："微博的问世，民意表达多了一条主渠道。事实证明，如果民意渠道足够宽，民意表达往往理性而有序；如果这个渠道仅仅是一个缝隙，那有限的民意表达就会充满不羁的力量，也往往会淹没真知灼见，与理性的社会背道而驰。"③ 赵白鸽曾惋惜地表示：（郭美美事件）三天毁掉一百年（红会事业）。"郭美美事件"留给政府和有关职能部门的教训是深刻的。

网络投票、网络选举、网络管理、网络决策、网络监督等繁多形式，本质上都是社会权利主体在虚拟空间进行的知情权、表达权、选举权、决策权、监督权实践行为。

案例六　山东省新旧动能转换重大工程的发动和传播

（一）传播情况

2018 年 2 月 22 日，山东省委省政府召开山东省全面开展新旧动能转换重大工程动员大会。山东省委书记刘家义在大会上发表讲话，对山东省发展进程中面对的短板问题进行了全面剖析，直面不足，正视差距。刘家义 16000 字的讲话迅速在网上传播。媒体稿件发布更以"刷爆朋友圈"为题进行报道，引发众

---

① 参见《中国红十字会坦言存在不足》，载 2011 年 6 月 29 日《南方日报》。

② 《赵白鸽：中国红十字会改革势在必行》，中国广播网，http: //www. cnr. cn/gundong/201208/t20120802_ 510450106. shtml，2012 年 8 月 2 日。

③ 高明勇：《微博问政的 30 堂课》，浙江人民出版 2012 年版，第 223 页。

多群众参与讨论。通过网络讨论，山东群众对文中所列山东面临的综合形式与系列不足形成了更加清晰明确的认识。

讲话针对山东目前存在的许多问题，如产业分工调整差距明显、科技创新能力不足、产业结构不够优化、改革和开放意识不够深入、新动能成长速度不快、发展活力不足、经济效益不高、国内区域竞争优势减弱等系列短板，逐一历数。讲话对存在的问题不遮掩、不修饰，且多次提及广东、江苏、浙江、河南等兄弟省份，对比发展现状，直言所面临的差距，客观揭露问题，承认自身"标杆"作用减弱。对此，网友以"大实话""接地气"等词汇加以形容和肯定。讲话使用的多个"揭短金句"，如"改革只有进行时，没有完成时"，"思想解放、观念更新永无止境"，"山东这差距、那差距，最大的差距在体制机制上，在改革不深入、开放不到位上"，"改革改到深处是利益，触动利益比触动灵魂还难"等，在网络空间迅速传播，引发广泛认同。许多尖锐的评论，如"直击山东痛处"，"既正视问题，又鼓舞人心"，"大山东终于意识到形势不妙了，终于发现自己落后了"等迅速通过网络发表出来。部分网友根据自身观察和切身经历，对山东目前的现状和存在的问题进行评论和揭露。省委书记通过讲话对山东短板进行了系统总结，众多网友对山东的不足进行点评，二者合二为一，相辅相成，将差距和问题梳理得全面深刻，使山东发展的约束和掣肘因素暴露在阳光下，从上至下都在进行深刻自省。山东各界乃至全国群众客观坦诚的态度，给山东省党委政府构成内外压力和无尽的动力。通过横向与纵向的综合比较，山东人民对自身发展的更深层次矛盾进行了客观总结，对机制体制障碍及发展环境进行了科学的分析。

值得关注的是，刘家义在此次大会上的讲话文稿迅速在网络空间传播。截至 2018 年 2 月 24 日，新闻网站报道和转载次数约达 110 次，微信公众号转发656 次，微博转发 235 次。与此相关的一则"不解决问题，一味地维稳，保乌纱"的评论点赞次数更是超过 22000 次。[①]"大众日报·山东政事"微信公众号迅速推出的两篇文章《刘家义在山东省全面展开新旧动能转换重大工程动员大会上的讲话》和《大报重磅：山东新旧动能转换重大工程述评（上下篇）》，阅读人数分别高达 46 万和 21 万。同时，大众报业集团各媒体策划推出的一系列

---

① 参见《山东吉林两省书记开年大会高调承诺引发高期待：关键就看一点！》，人民网舆情数据中心，2018 年 03 月 1 日。

新媒体产品中，七件重点作品一天之内阅读浏览量达到了 708 万人次之多。① 这种舆论"井喷"现象，只有借助网络技术才可能实现。

（二）引发高度关注的背景原因分析

山东省委书记刘家义在山东省委省政府召开的山东省全面开展新旧动能转换重大工程动员大会上的讲话，在网络空间引发的广泛关注和持续热议的情形，并非一日之功，更不是省委省政府召开此次大会的最终目的和目标。讲话引发的现象级传播和众多干部群众建言献策，是省委省政府决策和执行能力在网络空间的一次优异体现。

此次网络风暴的掀起，从现实社会和网络空间看，有着多重原因，是一个事件经过持续酝酿后不断推进的结果。

2015 年 10 月 16 日，李克强总理在《求是》杂志发表题为《催生新的动能 实现发展升级》文章，文中提出"以大众创业、万众创新培育新动能"的观点。② 2017 年 3 月 6 日，李克强总理在"两会"期间参加山东代表团审议时说道：山东发展得益于动能转换，望山东在国家发展中继续挑大梁，在新旧动能转换中继续打头阵。③ 同年 4 月 19～21 日，李克强总理在山东威海、济南等地区考察调研，对山东更大力度地推动新旧动能转换作出指示。④ 一周后，山东省新旧动能转换重大工程工作会议召开。根据习近平对山东工作定位"走在前列"的目标和李克强对山东工作的指示精神，大会通报《新旧动能转换重大工程近期工作方案》，为新旧动能转换描绘了最初的宏伟蓝图，对新旧动能转换的支撑、中心和重点进行了阐述。《方案》还根据山东省自身综合情况，将以新技术、新产业、新业态、新模式为核心的"四新"与产业智慧化、智慧产业化、跨界融合化、品牌高端化组成的"四化"进行了符合地域特色的科学论证和有机结合，山东版"四新"促"四化"方案进入公众视野。这一现象也在网络上

---

① 参见《山东开年动员大会刷爆朋友圈：这会就是一场及时雨!》，齐鲁网，http：// news. iqilu. com/shandong/yaowen/2018/0224/3843418. shtml，2018 年 2 月 26 日。

② 参见《李克强谈新旧动能转换：让新动能挑起大梁 旧动能焕发生机》，中国发展网，http：//www. chinadevelopment. com. cn/news/zj/2017/08/1166588. shtml，2018 年 3 月 31 日。

③ 参见《李克强寄望山东在新旧动能转换中"打头阵"》，中国政府网，http：// www. gov. cn/premier/2017-03/06/content_ 5174170. htm，2018 年 3 月 27 日。

④ 参见《李克强：更大力度推动新旧动能转换 在转型升级中巩固经济社会发展向好势头》，中国政府网，http：//www. gov. cn/guowuyuan/2017-04/22/content_ 5188257. htm，2018 年 3 月 27 日。

迅速传播，引发热议。

2017 年 5 ~ 6 月两个月内，山东展开密集的项目调研和专家论证会。会议对新旧动能转换根据客观条件进行科学研讨，促使《山东新旧动能转换综合试验区建设总体方案》在 2017 年 6 月 24 日出台。2017 年 8 月 28 日，山东省发改委主任张新文在接受山东省政府网访谈时透露，《山东新旧动能转换综合试验区建设总体方案》草稿共八节，1.3 万字内容，60 天内经过 47 次大的修改和完善，编制规划覆盖山东省全部陆域与近海海域，并且《方案》经李克强总理签阅后移交国家发改委研究办理。① 2018 年 1 月 3 日，国务院批复了《山东新旧动能转换综合试验区建设总体方案》，同意其组织实施。② 2018 年 1 月 22 日，《山东省新旧动能转换重大工程实施规划》印发，并在山东省人民政府网公开发布。

《规划》对新旧动能转换指标进行了细致分类整理。从 2017 ~ 2022 年五年内，对质量效益类、创新发展类、对外开放类、环保及民生类指标进行了梳理，作出明确要求，提出"三核引领，多点突破，融合互动"的总体布局。《规划》针对现状，采取优化产业布局、培育优势产业、促进产业升级等措施，制定将产业链条进行上下两向延伸等战略规划。③

2018 年 1 月 25 日，在山东省第十三届人民代表大会第一会议上，山东省省长龚正在《山东省政府工作报告》中对新旧动能转换工程进行了阶段总结和目标要求说明。《报告》中出现"动能转换"一词频率高达 24 次，"新旧动能转换"一词达 20 次。山东是全国新旧动能转换的试验区，济南是山东新旧动能转换的先行区。为能形成可借鉴经验，《报告》明确提出支持济南加快建设新旧动能转换先行区④的决定。

济南作为山东省新旧动能转换先行区，积极进行战略部署。2017 年 5 月 2

---

① 参见《省发改委主任张新文谈以新旧动能转换　重大工程为统领　推动全省经济社会持续稳定健康发展》，山东省人民政府网，http://www.shandong.gov.cn/art/2017/8/28/art_2517_214094.html，2018 年 3 月 26 日。

② 《国务院关于〈山东新旧动能转换综合试验区建设总体方案〉的批复》（国函〔2018〕1 号），中国政府网，http://www.gov.cn/zhengce/content/2018-01/10/content_5255214.htm，2018 年 3 月 22 日。

③ 《山东省人民政府关于印发山东省新旧动能转换重大工程实施规划的通知》，山东省人民政府网，http://www.shandong.gov.cn/art/2018/2/22/art_2477_234419.html，2018 年 3 月 21 日。

④ 参见《政府工作报告（省十三届人大第一次会议）》，山东省人民政府网，http://www.shandong.gov.cn/art/2018/2/2/art_2463_233121.html，2018 年 4 月 1 日。

日，济南市政府印发《济南市人民政府分工部门整合调整方案》。《方案》规定设立济南市新旧动能转换先行区管理委员会（筹）。6月19日，先行区管委会正式运转，内部机构在探索大部制基础上进行设置，社会管理方面采用"小政府、大社会、企业化、专业化"模式，综合优化先行区发展运营环境。

2018年3月29日，刘家义在山东省委省政府召开的山东省全面开展新旧动能转换重大工程动员大会发表讲话35天之后，《济南新旧动能转换先行区总体规划（2018~2035）》草案正式向社会公示并征求意见。《规划》分别对近期目标、中期目标、远期目标、远景目标作出解释，而且公示方式采用多种方式综合进行，既有传统的现场公示和报纸公示，同时又有创新的政府网站公示和官微公示。几种方式相互结合，相互促进，众多网络媒体参与其中，影响广泛。以济南日报报业集团旗下的"爱济南"新闻客户端为例，该媒体采用文字方式对公示现场进行现场直播，形成的成果《先行区规划公示：300万人口城市副中心 建世界一流》一文，阅读量近10万，点赞4959次，评论达351条，引起广泛社会反响。

分析以上资料可以看出，2018年为山东省新旧动能转换工程实施元年，山东担当着"打头阵"的重要角色，在新时代新舞台上必定吸引全国目光。新春伊始，刘家义的讲话在网络空间迅速传播并引发关注和热议，有着独特意义。

一是讲话使"体制""改革""解放""思想"等词汇成为网络高频词。讲话针对浙江省在2016年12月提出"最多跑一次"目标并且在一年多时间里基本实现的现实，提出"为什么山东解决不了"的问题。经过客观情况对比，讲话提出2018年和2019年两年内对一些体制机制进行创新，提出相应的工作重点以及继续深化改革的举措。这些改革措施切中弊端，引发网友高度关注，顺应了民意。

二是改革开放40周年时中国经济发展呈现新常态。对山东省来讲，转型升级和提质增效带来的挑战已然到来，且紧迫局面刻不容缓。多年来，山东经济素有"大象经济"之称。此称谓透露的信息主要有两方面：一方面是山东重工业比例过高、大企业比重过大。2017年6月6日，山东省发改委主任张新文在山东省政府新闻发布会讲话表明，山东省传统产业占工业比重约为70%，重化工业占传统产业比重约为 70%。① 另一方面是山东省产业结构多年的不合理对生态环境负面影响尤为突出。中央第三环保组在 2017 年 12 月 26 日就 2017 年 8 月 10 日至 9 月 10 日督查情况向山东省进行反馈，明确指出在落实国家环境保护决策部署、大气污染防治重点工作、海洋环境及重要生态功能区保护等方面，山东存在落实不到位、保护不力等问题；山东以重化工为主的产业结构和以煤为主的能源结构带来的环境问题依然严重。2016 年，山东省 PM10 和 PM2.5 浓度指标分别为全国倒数第四位和第五位。② 由此，实现经济高质量发展，改善生态环境，成为民生所盼。在此关键节点，省委书记刘家义不怕"揭短"公开承诺，多渠道公示党委政府决策规划，必然带给群众新的期待。

三是山东省新旧动能转化的决策和规划具有全局性、长期性、综合性和系统性，对公共利益和社会民生影响深远。山东省新旧动能转换工程从决策伊始便在公开环境中进行。决策草案、决策条件、决策依据等整个过程经过多次调查研究，经历专家论证、协商沟通、征询意见等诸多环节，为公众所熟知，公众的知情权、参与权、表达权和监督权在整个新旧动能转换工程决策过程中得以充分实现。山东省新旧动能转换工程决策阶段的公开实践同刘家义书记的讲话内容二者相互助力，相得益彰。"时代是出卷人，我们是答卷人，人民是阅卷人"，这是习近平对全党的警示。新时代背景下，山东省新旧动能转换工程方案这份答卷，通过刘家义的讲话在网络空间带来舆论广泛关注和热议并取得优异成绩，更提高了公众对山东未来发展的热切期待。

案例七 十九大和 2018 年全国"两会"的网络理政分析

（一）案例背景

党领导人民治理国家和社会事务的环境包含内部环境与外部环境两大部分。内外环境相互影响，二者相辅相成。及时正确全面识别工作环境发生的变化，在工作环境动态变化中持续改善和丰富工作理念，将使党领导人民治理国家和社会事务的方略得到完善，体制得到健全，方式得到改善。2017 年党的十九大和 2018 年全国"两会"的情况发展，充分体现了党的治国理政环境内、外两部

① 参见《一图看懂｜新旧动能转换山东瞄准了这十大产业》，新华网，http://www.sd.xinhuanet.com/news/2017-06/07/c_1121098669.htm，2018 年 3 月 7 日。

② 参见《中央环保督察组向山东省反馈督察情况》，中国政府网，http://www.gov.cn/xinwen/2017-12/26/content_5250625.htm，2018 年 1 月 7 日。

分之间的相互关系，体现了它们对政党开展工作的重要影响。

1. 党的十九大召开盛况及在网络空间的超级传播

2017 年 10 月中国共产党第十九次全国代表大会召开，2018 年 3 月全国"两会"召开。两件大事先后在网络空间引起广大群众的关注和热议。两者前后间隔四月有余，公众参与热情空前高涨，全民聚焦。会议持续期间，两者都吸引着全国网友目光，成为中外热议话题。综合分析可以看出，两者之间存在着相似性、连续性、一贯性等显著特征。

2017 年 10 月 1 日，中华人民共和国成立 68 周年。众多主流媒体在网络世界采用新颖的方式进行报道，网友参与其中，以全新的行为方式向祖国母亲生日献礼。这些活动，成为党的十九大召开时网络空间万民参与的序曲（见表 3-5）。

表 3-5 2017 年国庆创意策划

作品序号	作品名称	出品方	类型、方式
1	众筹 MV《歌唱祖国》	人民网	众筹 MV
2	我为祖国献一曲	人民网强国论坛	H5 小游戏
3	十一国庆，祝福有我	央视财经、腾讯地图	地图定位技术
4	一起来画祖国地图	上观新闻数据新闻中心	H5 小游戏
5	喜迎十九大 共祝祖国好	新华日报	以祝福祖国、富民乐章等主题，点击相应位置可查看图文报道的详细内容
6	我为祖国升国旗	河北日报报业集团中央厨房	H5 小策划
7	喜迎十九大 国庆中秋大家唱	郑州市记协主办，市属五大媒体协办	"快闪"活动

资料来源：《传媒视线：升国旗唱红歌送祝福 盘点媒体国庆创意策划》，人民网，http://media.people.com.cn/n1/2017/1009/c120837-29576515.html，2018 年 3 月 27 日。

截至 2017 年 10 月 9 日，"作品 1"参与网友 1000 余万名，"作品 2"有

62000 人为祖国生日献曲，"作品3"参与网友 1000 余万，"作品6"有超 710 万
网友参与"升国旗"活动，其余活动参与网友数量也甚为可观。

两天后，十九大新闻网站和微信公众号在零时正式开通，做到了与国庆活
动的顺利衔接。十九大新闻网站与微信公众号相互补充，网友和中外记者获得
信息的及时性有了重要保障。众多网友在网络平台上留言评论，表达出对祖国
的美好祝愿；结合自身经历与祖国发展谈自己的感想，同样留下了对祖国未来
发展的关心和期盼。截至 2017 年 10 月 20 日 24 时，中共十九大微信公众号一对
一回复网友留言 1215 条，回复字数达 8 万余字。①

党的十九大正式召开时，大会主题报告从我国全局性出发，作出"中国特
色社会主义进入新时代"的重大判断，并作为实现中华民族伟大复兴中国梦的
行动纲领，总揽全局，将战略性、前瞻性融入其中，为今后一个时期党和国家
事业发展提供了指引。这次报告中，"新"字格外醒目，"新时代""新征程"
等词汇起到提神聚气的效果。这些新提法，在整个网络传播过程中迅速达到传
播最大化、模式多元化效应，仅微博媒介关于新提法的总阅读量就将近 4.7 亿
（见表3-6）。

表3-6 "新提法"热度指数与微博阅读量统计

新提法	热度指数 （0～100）	峰　值	微博阅读量
新的历史方位：中国特色社会主义进入新时代	56.79	95.08	2.2 亿
新的理论创新成果：新时代中国特色社会主义思想	55.42	96.23	1.8 亿
社会主要矛盾历史性新变化：人民日益增长的美好生活需要和不平衡不充分的发展之间的矛盾	44.98	94.13	6857.6 万

资料来源：《大数据分析十九大报告中这些"新提法"的传播热度》，中国军网，http：//
www.81.cn/jwgz/2017-10/23/content_ 7797220.htm，2018 年 1 月 8 日。

---

① 参见《各界点赞十九大新闻中心网站、微信：了解十九大从这里开始》，人民网，ht-
tp：//cpc.people.com.cn/19th/n1/2017/1021/c414305-29600496.html？_ zbs_ baidu_ dk，2018
年 3 月 27 日。

　　众多媒体除在微博等渠道对中共十九大报告进行报道之外，为让更多网友聚焦此次盛宴，还采取了更多创新手段，使 H5、电子书等新技术发挥了重大作用。对公开数据中具有代表性的作品进行整理，可体现这一盛况（见表3-7）。

表3-7　部分媒体关于十九大报道数据统计

作品名称	出品方	技术手段和方法	数据统计
《一起学习十九大报告!》	人民日报客户端	通过客户端发布思维导图	2010 万
人民电子书《十九大报告》	人民网	通过全媒体渠道推送此电子书	2000 万
《我的十九大报告学习笔记》	新华网	H5 技术加全媒体推送	3 天超 3000 万
《十九大报告学习词典》	江西日报社	H5 技术加全媒体推送	1117 万
《为习近平总书记鼓掌》	腾讯新闻	H5 加全景视频	13.9 亿

资料来源：《聚焦盛会　创新手段——十九大报道"爆款"一览》，人民网，http：//media. people. com. cn/n1/2017/1027/c14677-29612532. html，2018 年 1 月 9 日。

　　除了表中的媒体作品外，中国青年报·中青在线的作品《十九大报告里的我》、人民网的 H5 作品《十九大报告中的"四个新"》、新华社客户端与知乎共同出品《全民共读十九大报告》、河南日报出品的《听！十九大报告中那些经久不息的掌声》等作品，同样采用图解、H5、电子书等多种方式进行了传播报道，实现信息的及时全面高质量传播，与网友实现良性互动，使中共十九大报告在普及上实现价值最大化。

　　党的十九大期间，全国人民都将目光聚集到北京。为使报道传播力、感染力全面加强，众多媒体结合自身优势，精心打造报道内容，通过 H5、微视频、全景等新技术与新媒体融合，多角度、全方位、立体式地将大会开到群众身边，使网友身临其境，犹如置身会场，实现了聆听与建言献策的高度统一。以十九大开幕式为例，仅 2017 年 10 月 18 日 0～12 时，12 小时内新浪微博阅读量与讨论量前六名的话题，都与十九大直接相关（见表3-8）。

表3-8　中共十九大微博话题阅读量和讨论量（2017年10月18日0~12时）

	十九大时间	十九大来了	迎接十九大	直播十九大	喜迎十九大	聚焦十九大
阅读量（亿）	5.2	2.4	1.8	1.6	1.1	0.123
讨论量（万）	17.5	3.5	16.6	4.7	8.9	1.5

资料来源：《半天十亿！一场关乎十九大开幕的微传播盛宴》，中国网，http：//www.china.com.cn/aboutus/2017-10/19/content_41757814.htm，2018年3月25日。

党的十九大主题报告共30000余字，系统阐述了新时代党担负的新使命和中华民族伟大复兴的新征程时代课题。报告统揽全局，协调各方，对"为谁执政、靠谁执政、怎样执政"根本问题作出"不忘初心，牢记使命"的响亮回答，提醒全党必须坚持人民主体地位，坚持立党为公，执政为民，践行全心全意为人民服务的根本宗旨。[1] 人民是历史的创造者，人民的历史地位得到了新的确认。《报告》客观阐述了新时代的特征和党推动实现人民当家作主面临的新变化，对世情、国情、党情有了更深刻的认识，对社会主义建设规律进行了新的探索，对建设目标给予了科学、系统、完整的回答。

党的十九大召开带来的网友高度关注并热议现象说明，各家媒体及新闻单位以高度责任感和使命感出色地完成了报道任务。事实证明，十九大透露出中国共产党的透明、开放、包容等积极心态，在网络盛宴中起着关键性的决定作用，实现了"把党的群众路线贯彻到治国理政全部活动之中"[2] 与扩大人民有序政治参与的有机统一，夯实了密切党和群众关系的根基。此外，十九大报告在保证公民知情权、参与权、表达权、监督权的基础上，把群众最关心的问题作为出发点，将关系到人民群众切身利益的问题都列出了战略规划和解决方案，从而使人民的获得感、幸福感、安全感都得以加强。这也是十九大能够带来一场网络盛宴的重要原因。2012~2017年五年内，中国有1500多项改革举措密集推出。这些举措涉及经济建设、深化改革、民主法治、全面从严治党等多个领域，统筹调配着全部党的治国理政资源；进行全面深化改革，人民置身于内、参与其中，群众满意是最终的标杆。

---

[1] 参见习近平：《决胜全面建成小康社会　夺取新时代中国特色社会主义伟大胜利》，人民出版社2017版，第21页。

[2] 习近平：《决胜全面建成小康社会　夺取新时代中国特色社会主义伟大胜利》，人民出版社2017版，第21页。

　　网络空间的信息传播和沟通，从党领导人民治理国家的角度看，必须配以现实社会扎实的工作实践。党的十九大结束不久，2017年10月29日，中共中央办公厅就印发了《关于在全国各地推开国家监察体制改革试点方案》。2017年11月2日，《中共中央关于认真学习宣传贯彻党的十九大精神的决定》发布。2018年1月召开的中央全面深化改革领导小组第二次会议，审议通过《中央有关部门贯彻实施党的十九大报告重要改革举措分工方案》《中央全面深化改革领导小组2018年工作要点》《中央全面深化改革领导小组2017年工作总结报告》等三份总领性文件和《关于推进社会公益事业建设领域政府信息公开的意见》《关于提高技术工人待遇的意见》《关于建立城乡居民基本养老保险待遇确定和基础养老金正常调整机制的指导意见》《积极牵头组织国际大科学计划和大科学工程方案》《关于推进孔子学院改革发展的指导意见》《关于建立"一带一路"争端解决机制和机构的意见》《关于改革完善仿制药供应保障及使用政策的若干意见》《科学数据管理办法》《知识产权对外转让有关工作办法（试行）》《知识产权对外转让有关工作办法（试行）》《地方党政领导干部安全生产责任制规定》等10份具体改革文件，同时审议了《浙江省"最多跑一次"改革调研报告》①，为网络空间的政府和群众沟通做了坚实支撑和详细注脚。

　　2018年2月25日，《中共中央关于修改宪法部分内容的建议》公布②，引发众多网友关注。该文件符合国情、社情的内在要求，是推进依法治国的重大举措。2018年2月26日，党的十九届三中全会审议通过《中共中央关于深化党和国家机构改革的决定》和《深化党和国家机构改革方案》两份总领性文件③，我国社会主义现代化建设迈出坚实步伐。从2017年党的十九大到2018年全国"两会"召开，不足5个月时间内多项党和国家重要文件得以通过和传达，被群众所知、所言、所信并拥护，这是将十九大精神转化为具体行动的过程。不足5个月的时间内，党和政府一如既往地紧密团结人民群众，有组织、有计划、有步骤地向着新征程迈进，将党的主张、国家意志同人民意愿高度统一起来，以

---

　　① 参见《习近平主持召开中央全面深化改革领导小组第二次会议》，中国政府网，http://www.gov.cn/xinwen/2018-01/23/content_5259818.htm，2018年3月25日。

　　② 参见《（受权发布）中国共产党中央委员会关于修改宪法部分内容的建议》，新华网，http://www.xinhuanet.com/2018-02/25/c_1122451187.htm，2018年3月27日。

　　③ 参见《中共十九届三中全会在京举行》，人民网，http://politics.people.com.cn/n1/2018/0301/c1001-29840365.html，2018年3月27日。

现实社会工作实践有力地回应了公民在网络空间的热情参与。

2. 2018 年全国"两会"盛况及网络传播状况

2018 年全国"两会"期间党委政府和网民的互动、党和政府的领导和工作在新矛盾凸显的政治生态中依然表现优秀，精彩纷呈，亮点频现。

为迎接 2018 年 3 月的"两会"，人民网开展了"人民网第 17 次两会热点调查"活动。从 2018 年 2 月 8 ~ 27 日，参与活动的网友数量有 421 万人次。在广大网友的热情支持和积极参与下，本次调查出现了 18 个候选热词：反腐倡廉、社会保障、教育公平、医疗改革、脱贫攻坚、住房制度、改革开放、环境保护、依法治国、乡村振兴、金融风险、就业收入、创业创新、公共安全、国防军改、简政放权、文化自信、大国外交。根据公开数据，本次活动热词和排名也极其集中，表现出了自身特点。如人民网第 17 次"两会"热点调查热词排行：反腐败（得票率 13. 01%）、社会保障（12. 32%）、教育改革（11. 85%）、医疗改革（9. 09%）、脱贫攻坚（5. 97%）、住房制度（4. 86%）、改革开放（4. 77%）、环境保护（4. 49%）、乡村振兴（4. 47%）、依法治国（4. 33%）、其他（24. 84%）。

同样，人民网在 2017 年 12 月 10 日开展了"我为政府工作报告献一策"网民建言征集活动，活动就 20 个分类项展开大范围征集调查：教育、看病、养老、就业、社会保障、住房、收入、生态环保、营商环境、政府办事、创新就业、经济政策、城市建设、交通物流、"三农"、家乡发展、"中国制造"、外贸大环境、文化生活、"其他想说的"。公开数据显示，网民对这次活动参与热情高涨，充分地表达出自己的观点，从而形成了分类项目参与热度排名：教育（得票率 22. 82%）、政府办事（10%）、社会保障（6%）、看病（5. 82%）、城市建设（5. 24%）、"三农"（4. 98%）、养老（4. 82%）、住房（4. 02%）、经济政策（4. 02%）、生态环境（3. 76%）、就业（2. 6%）、创业创新（2. 6%）、交通物流（2. 6%）、文化生活（2. 28%）、收入（2. 06%）、家乡发展（1. 75%）、中国制造（1. 16%）、营商环境（1. 06%）、外贸大环境（0. 48%）、其他（12. 07%）。①

对比两项活动调查数据可以看出，虽然两项活动调查目的和内容存在差异，

① 根据《我为政府工作报告献一策》（人民网，http：//www. people. com. cn/32306/415733/415734/index. html）数据整理。

排除两者之间"其他"项目，两项数据在排列中占比位居前十名的项目存在高度重合性，网民所聚焦的热点几乎相同。这一调查数据集中显示出群众对未来发展的热烈期待，对党政部门调整完善公众政策起到了重要参考作用。

作为"两会"的重头戏，2018年3月5日李克强总理作的《政府工作报告》，短时间内便在互联网空间形成有关"两会"讨论的舆论高峰。截至2018年3月6日17时，媒体有关政府工作报告的文章数量达6.7万，相关微信文章数量达到1.3万。新浪微博统计显示，全国"两会"相关微话题阅读量高达11.5亿次，讨论量近49万次。① 各家媒体从鼓掌次数、热点回应和"金句"盘点等多个维度解读政府工作报告，对政府工作报告进行全方位宣传，鼓励更多网民参与其中并进行积极互动。

观察2018年《政府工作报告》的发布及公众回应可知，网络议题回应与群众关注热点二者相互呼应，基本一致。政府对关系群众切身利益的热点和难题一一说明并给出高质量解决方案。提高个人所得税起征点，切实降低农村学生辍学率，居民基本医保人均财政补助标准再增加40元，探索宅基地所有权、资格权、使用权分置改革等决策，是党和政府对人民期盼的积极回应。党委政府采取收入、教育、医疗、乡村振兴等领域的扎实举措，在群众给出的民生问卷上写下诚意满满的答案。对此，人民群众用"大红包""红利""接地气"等回答，给予党和政府工作实践真实积极的反馈。

2018年3月，全国"两会"召开。对此，社会各界舆论空前关注。调查显示，网民中有96%的群体关注"两会"。其中，被调查者中表示"比较关注"和"非常关注"全国"两会"的占到被调查总数的69%。② 截至2018年3月11日，"@人民日报"主持的微博关于全国"两会"的阅读量超过22亿次，讨论量超过140万条。③

2018年全国"两会"盛况空前，媒体之多、报道作品之多、参与网民人数之多、传播渠道之多，使有关数据信息异常庞大，难以详尽。现选取"两会"

---

① 参见《大数据解读舆论眼中的政府工作报告：8大议题透视公众期待！》，人民网舆情数据中心微信公众号，2018年3月6日。

② 参见《两会报道大数据：近九成网络受众用手机看两会》，中国网，http：//science. china. com. cn/2018-03/27/content_ 40267330. htm，2018年4月5日。

③ 参见红网舆情中心：《两会微话题阅读达22亿次！反映怎样的民生期待？》，红网舆情，http：//yuqing. rednet. cn/article. asp？id=317660，2018年3月11日。

期间网民关注的热议内容和信息获取渠道两个主要方面，对"两会"盛况略作分析。

（1）互联网公开数据信息表明，网民对此次"两会"的关注更多地聚焦在报道内容价值获取方面，对代表委员提案议案（45%）、政府工作报告（42%）、相关新闻发布会（36%）、代表委员发言与其他议题（36%）、领导人活动（21%）、开幕式与闭幕式（19%）、参会明星艺人发声（13%）等内容的关注尤为集中。

（2）"两会"期间的群众关注和热议内容，通过分析网民关注内容关键词可以看出，与群众利益切身相关的"医疗改革"（41%）、"社会保障"（40%）、"减税降费"（34%）、"教育公平"（33%）等关键词，关注度排序占到前四位。

（3）信息传播渠道方面，2018年全国"两会"报道渠道"两微一端"组合仍是最主要构成，与2017年中共十九大传播渠道基本相似。其中，新闻客户端（65%）是主力，位居第一名；微信（45%）和微博（18%）分列第二和第五名。其他信息传播渠道主要有视频客户端（32%）、门户网站（24%）、直播客户端（16%）。

（4）将网民获悉信息渠道和获取信息类型进行综合分析并加以比较可以看出，不同类型的信息发布渠道所引起的网民关注度也不相同。当获取渠道众多时，网民的信息获取渠道更多地决定于信息报道形式。"两会"期间，众多信息报道形式中视频类（20%）、直播类（17%）、深度报道与专栏类（15%）、图文类（图文短讯14%，图解14%，长图文5%）信息报道更受网民喜爱，其他还有互动H5（4%）等。①

上述关于人民网与政府网开展活动的梳理分析，结合2018全国"两会"盛况，可以清晰地看出当前我国公民参与国家经济政治社会生活的一些特点。新时代条件下，现代公民倾向于通过更广泛的渠道和新技术手段，积极参与国家建设和社会发展活动。党和政府顺应时代发展和科技潮流，努力将网络空间建设成为建言献策的法内之地，推进政府同群众的沟通渠道多样化，努力缩短沟通距离，促使党委政府政策与民意之间的互动更加及时、有效和高质。

（二）对党的十九大盛会和2018年全国"两会"传播态势的总结

总览2017年10月党的十九大和2018年3月全国"两会"期间党委政府与

---

① 参见《两会报道大数据：近九成网络受众用手机看两会》，中国网，http://science. china. com. cn/2018-03/27/content_ 40267330. htm，2018年4月5日。

网民之间的互动，观察其间网络民意的勃发与党委政府的回应，可以清晰地看出党政部门对网络民意的高度重视和积极采纳。这一互动现象，实质上表明党委政府已在进行网络理政实践活动。这种网络理政实践活动的出现并非偶然，它表现出稳定和持久两种特质。上述两项党和国家政治生活重大活动的时间间隔超过四个多月，党委政府和群众在网络空间的沟通渠道始终保持畅通。党的主张、政府的决策通过互联网持续不断地向社会公众传输，与公众进行沟通协商。这种长时间持续稳定的沟通协商，既能保证党领导人民有效进行国家治理，又可有效地扩大公众有序参与，保证了党的意志和人民意志的一致性，极大地增强了党政工作凝聚群众的实效。

党委政府展开网络理政的必然逻辑，包含着对网络生态环境的理性认识。网络生态环境的多变性，成为党委政府开展网络理政必须高度警惕的现象。网络理政环境由诸多要素共同组成，如时间、节点、议题、排序等，其中任何一个要素的变动，都有可能引起网络环境的剧烈变动，从而导致党政部门网络理政效果的巨大差异。党委政府必须高度警惕网络生态环境的动态性，积极应对网络空间瞬息万变的独有特点。党的十九大和全国"两会"两项大事在网络空间的勃发和演变，充分证明网络理政面对的机遇和考验。

在党委政府主动开展网络理政实践中，还有两个方面内容宜作重点总结。

第一，网络理政实践需要在保证沟通持续稳定的基础上实现互动内容具有较高价值。这是网络理政能够引起积极参与、保证互动效果、达到理政目的的基本条件。党委政府与网民的网络互动包含两方面主要内容：一是党和政府决策内容，二是媒介与网民互动内容。网络理政健康开展的条件是党委政府决策内容具有极高价值和媒介与网民互动内容具有极高价值。

互动内容具有高价值对网络理政的积极影响，通过党的十九大和2018年"两会"的召开及其传播很好地表现出来。党的十九大主题报告、"两会"时李克强作的《政府工作报告》分别是两个重大事件的标志性文件。十九大主题报告对党的主张进行了全面阐述，对新时代、新使命、新征程进行了科学解释，对党的思想和方略进行了详尽表达。《政府工作报告》是在十九大开局之年对政府既往工作的全面总结，是一份催人奋进的"动员令"。它是通过法定程序将党的主张付诸现实目标的行动指南，是将十九大部署规划分解到具体行动的总领文件，是将指示精神落实到具体实践的关键环节。发生在互联网空间的网民舆论高关注度和高热议度，是这两份文件的内容高质量高价值的集中体现。

能够对网络理政产生重要影响的因素还有媒介传播内容的价值高低。媒介传播内容的价值取决于两方面内容：一是传播内容的真实性，二是传播内容和渠道的权威性。综观党的十九大和 2018 年全国"两会"，两个重大事件的新闻报道和民意调查中，发挥主力的依然是主流媒体。主流媒体的新闻报道和调查皆有效保证了信息的真实性、内容和渠道的权威性。在党的十九大预热报道和开幕式一例中，以"十九大"为关键词，根据对 1.3 万个新闻网站数据的监测分析，15 家中央主要新闻网站和 82 家省级新闻网站数据在发稿量和转载量上比例达到 13% 和 14.7%。报道量和转载量居前三位的中央新闻网站和省级新闻网站（见表 3-9）在此次盛会的新闻稿件发布中起着不可替代的作用。它们发扬高度责任感和使命感，对大会预热和开幕式的报道让网民感受到满满的诚意，对报道内容的真实性和权威性起到了榜样作用。

表 3-9　十九大预热报道和开幕式稿件发布量、转载量前三名数据统计

中央新闻网站	发稿量前三名	人民网	4101	省级新闻网站	发稿量前三名	云南网	1829
		新华网	1154			东方网	1646
		中国网	1143			东北网	1440
	转载量前三名	新华网	8096		转载量前三名	红网	449
		人民网	2126			云南网	423
		中国新闻网	901			中国西藏新闻网	285

资料来源：《大数据告诉你：新闻网站是十九大报道的主阵地》，中国记协网，http://www.xinhuanet.com/zgjx/2017-10/20/c_136693069.htm，2018 年 4 月 10 日。

网络理政传递的是党的意志和政府工作理念，这是党治国理政方略的现代化表达。它是党委政府从根本和全局出发解释为谁、靠谁、怎样执政系列问题的集中体现。党和政府决策的内容具有高质量是网络理政实践活动正常展开的必备基础。媒介与网民互动内容的主导要素是党和政府决策的内容质量，两者有着重合和包含关系。基于这种重合和包含关系，党、政府、媒介与网民的良性互动拥有了重要支撑。党和政府的决策内容具有较高价值，是媒介与网民互动内容具有高质量的来源；媒介与网民的互动内容具有高价值，是党和政府决策内容具有高价值的助力和保证。两者相互补充，从而使网络理政活动的内容价值得到了整体提升。

第二，网络理政实践需具备创新意识和创新思维开展创新性实践。我国网络强国建设战略中互联网的迅速普及和使用，使网络空间成为党和政府开展治国理政实践的重要场所。党委政府承担着贯彻总揽全局、协调各方国家战略的历史使命，贯彻新时代党为人民谋幸福的理念，增强党和政府工作本领，开创新时代新局面，建设人民满意的服务型政府，创新性思维必不可少。创新思维在党的十九大和全国"两会"中充分得到体现。

党的十九大期间，大会开启的百米"党代表通道"，在党的代表大会上属于首创。这也是它受到国内外媒体高度关注的一个重要原因。通道以 60 位代表和三场集体采访活动的方式，传达出党的信心，显示出全国人民对大会的热烈期盼和对党的无比信任。百米通道展示出我们党 96 年走过的辉煌历程，百米通道展示的是亿万人民对美好生活的无限向往，百米通道更是沟通党和华夏亿万民众的通途。百米通道显示的是百倍自信：一个有远大理想的大党的自信，一个有着悠久历史的国家的自信，一个团结一心、众志成城的伟大民族的自信。这是党和人民水乳交融的相互信任、相互依赖关系的完美体现。

三场"党代表通道"的人数共计 60 人，他们来自多个代表团，行业、地区、年龄、民族也各不相同。走过通道的代表们多数来自基层一线岗位，通过"党代表通道"向世界讲述着中国发展的故事，回答着人民群众关心的问题。他们的答案来自工作实践，来自自身经历。他们用不同的"故事主题"展现党和国家建设的成就，展示人民群众生活的变化，表达出人民群众的期待。60 名党代表的精彩描述，多样化的表达方式，成为人民群众创造历史的最好体现。"党代表通道"在电视和网络上同步直播，这种高效的沟通方式，以面对面的交流，既开放又透明地拉近了党和人民的距离，实现了党的成就与人民生活的高度统一，验证了创新是提高治国理政效果有效途径的深刻道理。

2018 年是中国改革开放 40 周年，是党走上十九大新征程的开局之年。这次全国"两会"首次开启的"代表通道"和"委员通道"，与已发挥作用多年的"部长通道"一起，实现实践方式协同，传播渠道互补，取得了极好的效果。综合梳理"两会"过程可见：来自 2980 位人大代表之中的走过"代表通道"的 45 名全国人大代表接受媒体采访五场；来自 2158 名全国政协委员之中的走过"委员通道"的 33 位全国政协委员接受媒体采访三场。比较两者统计数据，45

名人大代表来自 34 个代表团，33 名政协委员涵盖全国政协 34 个界别的一半。"代表通道"谈民生、讲民情，"委员通道"汇民声、聚民意，两者相辅相成。通过他们的声音，公众看到了成就，听到了心中的期待。他们的行动让会场内外的沟通更加顺畅，起到了积极有效的桥梁作用。

走过"党代表通道"的党代表，走过"代表通道"的人大代表，走过"委员通道"的政协委员，将新时代的"共识"和人民期待的"答案"带到群众中间。党的十九大报告指出，发展社会主义民主政治就是要体现人民意志、保障人民权益、激发人民创造活力，用制度体系保证人民当家作主。三个"通道"为实践人民当家作主提供了生动活泼的方式，维护了安定团结的政治局面，使党领导人民治理国家事务和社会事务的方式实现与时俱进，效果得到优化。

党和政府网络理政创新，需要高度政治智慧。网络理政需要服务于"带领人民创造美好生活"的目标，以解决人民群众切身利益问题为抓手，综合执政环境各因素，满足人民对美好生活的向往和需要。这是党网络理政创新需要遵循的基本规律。

任何一个创新性理政活动，都需要把主体、环境、动力相结合来实施完成。网络理政创新，主体是党和政府，环境是网络空间各要素的综合，动力是公众需求变化等带来的内外驱动力。网络理政创新是网络空间动态互动过程的集群效应，是一个时空环境内的积极变化和综合性主动回应。主体具有的主导作用、环境蕴含的基础作用、需求包含的决定作用，构成一个完整的组织系统（见图3-1）。

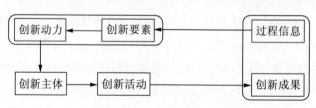

图 3-1 党和政府网络理政创新模型

由上述总结可知，关于网络空间治国理政实践，目前还有很大的思考空间。

在网络理政要求的持续稳定、内容高质、动态延续、创新实践等特质中，动态性是外部环境对网络理政的过程影响，其余三项是网络理政要求系统内部需要具备的基本组成部分。党委政府在实际开展网络空间的实践时，所要面对的要素颇多。由此，可以对网络理政实践和系统内要素之间的互动作如下推理，以进一步理解网络理政实践，理解网络理政系统内发生的要素制约和影响。

假设系统内部存在 n 个组成要素共同构成网络理政系统，则可将在 t 时刻网络理政系统内组成的 n 个要素构成的性能定义为 $\sum P_n^t$，则

$$\sum P_n^t = P_1^t + P_2^t + P_3^t + \cdots + P_n^t \quad (n = 1, 2, 3, \cdots, n)$$

其中，P_n^t 代表其中一个组成部分在 t 时刻的性能。假设此时网络理政系统在 t 时刻受到的环境内外相互影响和作用为 A^t，各内部组成部分之间相互作用系数为 B^t，则在 t 时刻整个系统产生的效用即理政效果 V^t 为：

$$V^t = A^t \cdot B^t \cdot \sum P_n^t$$

从上述公式包含的逻辑关系可以看出，网络理政系统应至少具备要素相关性、系统层次性、彼此制约性、发展动态性以及系统的目标综合性等多重特征。

（1）要素相关性。单个组成要素是系统基本单位，各要素之间具备一定的独立性，但整个网络治理系统并非一个个要素的单纯累加，而是彼此关联，协调统一。一个网络治理系统内部及多个系统与系统之间彼此存在关联。系统内部和系统之间各要素彼此作用，通过一系列组织行为将所有要素连接起来，组成一个整体，通过网络理政活动进行决策或信息传输，系统内要素充分流动，相辅相成，在网络空间发挥整体效能。

（2）系统层次性。网络理政系统是一个综合系统，内外结合必定形成多个子系统。各子系统彼此作用，由此产生的层级结构便代表着网络理政系统的层次性特征。

（3）相互制约性。网络理政系统存在于网络环境之中，外部因素必然对网络理政系统存在约束性。同时，系统内部结构必定受自身客观条件限制，在实践中对内部要素组合产生约束。内外约束和限制，便是网络理政系统的制约性。

（4）发展动态性。网络理政系统面对执政环境动态变化必定引起相应的反应。系统的运行状态发生变化，必定使其功能大小作用性质都发生变动，从而使实践效应发生变化。网络理政系统因现存环境时空动态变化而发生相应动态变化，便是网络理政系统的动态性。

（5）目标综合性。网络理政系统的功能，对内外组成要素的识别，都是为达到一定的目的。系统内外机制运行及系统成果有一个或多个目的，这便是网络理政系统的目标综合性。

上述五项特征，是党委和政府在网络空间开展工作要把握好的关键因素。充分理解并驾驭网络理政系统活动的这些特征，因势利导地开展与网民的沟通

协调，结合实际大胆创新，最大限度地发挥互联网技术优势，实现网络空间要素流动，实现党和政府工作系统内外信息的输入与输出，以提升网络民意在党和政府履职实践中的价值比重。

案例八　网络空间不良信息治理

（一）网络空间乱象及治理情况简介

随着中国社会经济的发展和人民生活水平的不断提高，互联网的普及和使用力度持续增大，人与网络的关系愈益紧密，网络彻底地改变了人们的生产生活状态。网络乱象，特别是一些淫秽信息的制作与传播，是近年来互联网崛起的一个负面产品。它的存在和蔓延，一直为社会公众所痛恨。网络平台一旦出现乱象，甚至呈现娱乐消费无底线和渲染低俗炒作之风的局面，对社会的消极影响就会加剧。党的十九大报告要求"加强互联网内容建设，建立网络综合治理体系"[1]，治理网络空间乱象，清除网络不良信息，是相关职能部门的一项重要职责。

1. 2017 年网络空间乱象及其治理

回顾 2017 年这一整年，有关部门对网络乱象进行过较大力度的清理与整治。针对一些群魔乱舞现象，特别是一些毒害青少年身心的不良乃至违法信息，相关部门开展了强有力的打击。相关部门主动出击，通力配合，全年处置网络淫秽有害信息达 455 万条，关闭淫秽色情不良网站 12.8 万个。[2] 一年下来，网络空间阴霾渐消，治理效果显著。

从这一轮"扫黄打非"情况来看，互联网在社会不良现象传播中起着重要作用。通过互联网进行传播的违背伦理道德甚至违反国家法律的非法行为占到相当比例。从我国"扫黄打非"网公布的资料获悉，2017 年的"扫黄打非"十大案件中，有四起与网络空间治理直接相关，另有两起案件以网络为渠道进行违法活动（见表 3-10），存在间接关系。二者合计，以网络为平台的违法犯罪行为占到被整治案件的 60% 之多。

---

① 习近平：《决胜全面建成小康社会　夺取新时代中国特色社会主义伟大胜利》，人民出版社 2017 年版，第 42 页。

② 参见《2017 年"扫黄打非"十大数据发布》，新华网，http：//www.xinhuanet.com/politics/2018-01/08/c_ 1122227725.htm，2018 年 3 月 2 日。

表 3-10　2017 年"扫黄打非"十大案件中与网络空间治理存在关系的案件

	时　间	案件名称
直接关系	2 月	江苏宿迁王某传播淫秽物品牟利案
	5 月	浙江绍兴"老虎"直播平台传播淫秽物品牟利案
	7 月	湖南岳阳"狼友"直播平台传播淫秽物品牟利案
	9 月	山东泰安"月光宝盒"直播平台传播淫秽物品牟利案
间接关系	6 月	湖北荆州"6·22"假期刊案
	10 月	浙江绍兴"9·11"印制销售非法出版物案

资料来源：《2017 年"扫黄打非"十大案件》，人民网，http：//legal. people. com. cn/n1/ 2018/0108/c42510-29752061. html，2018 年 4 月 21 日。

　　互联网在传播针对少年儿童的有害信息方面，消极作用尤为突出。2017 年涉及儿童情色的五起典型案件，全部以网络为渠道，通过网站、QQ 群等方式进行传播。其他环节也同网络存在些许关联，严重危害未成年人身心健康。

　　在这些毒害青少年的网络信息中，更多的是采取新型传播形式进行，危害更快更大。网络直播和网络短视频作为新型传播手段，2016～2017 年呈现井喷之势，数以百计的直播平台涌现。这类直播平台采用主播入驻的方式吸引用户，对用户参与设置较低门槛，受众颇多。

　　对这些新型传播平台，有关部门难以进行有效的监管。直播等网络传播新形式最大的特点就是即时性，导致对它们无法像网络电影或综艺等节目一样，进行提前审查。一些直播平台为吸引更多的用户关注，出于利益角度考虑，"博眼球"式表演频现。"夜宿故宫直播慈禧床榻""直播大闹机场"等闹剧在各直播平台不断上演。更有甚者，一些直播平台大肆宣扬淫秽色情、封建迷信、谣言、暴力等非法有害信息，踏法律红线，破道德底线，扰乱社会公共秩序。

　　尽管存在监管难度，但有关部门仍然通过实际行动努力抵制这些为社会公众所不容的网络乱象，对发现的不良信息坚决打击。

　　2017 年 5 月 24 日，文化部（现文化和旅游部）召开新闻发布会，就前一阶段网络表演市场执法检查和整治清理情况作了说明：通过各方努力，关闭直播间数量为 30325，整改直播间数量为 3382，处理表演者 31371 人次。根据检查情况，关停直播平台 10 家，行政处罚经营单位 48 家，① 有效地遏制了不良信息迅速蔓延的势头。

2017 年 6 月 7 日，北京市网信办依法约谈微博、"今日头条"、百度等诸家网站。约谈针对"追星炒作"不良现象，对违规账号实施关闭。此次治理涉及平台七家，关闭账号 61 个，其中包括"全明星探""名侦探赵五儿""长春国贸""娱乐圈揭秘"等"知名"八卦账号在内。②

8 月，"今日头条"、凤凰网因含有淫秽色情等低级庸俗内容，被依法进行行政处罚，相关频道关闭整顿一周。

12 月，"今日头条"、凤凰网被再次点名，进行约谈。与上次约谈原因不同，这次传播低俗信息的平台皆为手机客户端。由于两者用户众多，对网络生态造成恶劣影响，"今日头条"手机客户端六个频道停止更新 24 小时，凤凰新闻客户端两个频道停止更新 12 小时。二者被要求全面清理违规信息，同时进行自查自纠。2018 年伊始，多家视频平台根据相关国家法律法规，开展自查自纠活动。截至 4 月下旬，爱奇艺下线网络大电影 1022 部，搜狐视频下线数量为 139 部，拒绝问题影片合作达 600 余部。③ 优酷视频和腾讯视频亦在同期开展自查清理行动。

2. 2018 年对网络空间乱象的持续整治

进入 2018 年，为进一步打造清朗的网络空间，更好地建设网络生态，国家采取强有力的部署和行动，对乱象频现的网络空间进行持续治理。

（1）对"儿童邪典视频"的整治。"儿童邪典视频"是一种以邪恶歪曲现存儿童卡通经典形象为外观进行包装的新型影像视频。它的惯用手法是在二次加工儿童卡通经典形象时毫无底线地加入暴力、恐怖、色情等低俗违法信息，制作成新的视频影像，然后在网络视频平台大肆传播。此类视频传播的目标群体为未成年人，视频中加入严重的误导因素和扭曲的价值观，对未成年人构成潜在的心理伤害，隐藏着严重的社会心理风险，影响极其恶劣。

———————————

① 参见《文化部严查违规直播平台》，中国青年网，http：//news. youth. cn/jsxw/201705/t20170525_ 9869848. htm，2018 年 3 月 2 日。

② 参见《北京市网信办遏制追星炒作　全明星探、卓伟等一批"知名"违规账号被关闭》，中国青年网，http：//news. youth. cn/jsxw/201706/t20170607_ 10000311. htm，2018 年 3 月 2 日。

③ 参见《网络大电影迎清理风暴　未来仍是品质为王》，央广网，http：//www. cnr. cn/chanjing/ gundong/20180427/t20180427_ 524214147. shtml，2018 年 4 月 28 日。

2018年1月16日，网友"@肉呆大魔王"发布一则微博，使"儿童邪典视频"的"画皮"被揭开，其真面目被示众。该微博经过转发和网络媒体的评论报道，引起网民广泛热议。网络空间主体高度关注此事件，纷纷对涉事主体进行抨击。针对此恶劣现象，有网友对网络平台主体责任进行反思，对监管缺失等问题进行分析批评。

舆论热议中，有关部门采取果断的严厉打击。1月21日，"@公安部打四黑除四害"发布信息，呼吁公众参与，共同保护未成年人健康成长，呼吁网友"一旦发现，立即举报"。次日，全国"扫黄打非"办公室官方微博发布消息，称对此类食品信息"一经查实，必予严惩"。同日，北京市行政执法总队发布了查禁"儿童邪典视频"工作的紧急通知。不久，视频制作者广州胤钧公司业务被依法查封，执法部门要求其将所有相关视频下线。2月5日，在调查取证基础上，该案由广州市天河区公安机关刑事立案查处。次日，该公司营业执照被工商部门吊销。此案中作为网络视频传播平台的优酷、爱奇艺、腾讯等公司，均被立案调查。2018年2月上旬至4月下旬，多个部门合力出击，对"儿童邪典"动漫游戏视频开展集中整治。

（2）对歪曲历史和诬蔑英雄等网络行为的整治。清代思想家龚自珍有一句名言："欲知大道，必先为史。灭人之国，必先去其史。"近几年，恶搞民族文化经典，恶意抹黑历史英雄先烈，"精日"分子挑战公众良知、挑衅民族底线的丑行，频频出现。一些不法之徒捏造所谓"真相"，歪曲历史，通过网络进行传播。这种恶劣行为成本虽小，但传播广、危害大，对中华民族的公序良知和文化传承造成了极大的负面影响。邱少云、黄继光、雷锋、狼牙山五壮士、刘胡兰、江姐等民族精神的脊梁，都成了他们歪曲诬蔑的对象。这一现象引起网民和相关职能部门的注意，2017年1月，一篇题为《方志敏及其红军绑架一对美国传教士夫妇》的文章在网络上流传开来。文章歪曲历史、捏造事实，对方志敏烈士的名誉造成损害。2017年10月1日，方志敏烈士后人方华清向法院提起诉讼，要求涉案的余某、徐某依法承担相应民事责任。2018年4月2日，余、徐二人向方华清致歉并公开道歉，双方达成庭外和解。①

2018年1月25日，体现中国人民坚强不屈斗争精神的抗战歌曲——《黄河

---

① 参见《方志敏烈士名誉侵权案达成和解　两被告诚恳认错并道歉》，中国法院网，https://www.chinacourt.org/article/detail/2018/04/id/3255124.shtml，2018年3月4日。

大合唱》被贴上"搞笑"标签，在网络空间疯狂传播。相关部门发现这一问题后，立即责令相关方清理此类音频和视频。截至 2 月 2 日，短短几天，清理恶搞经典革命歌曲视频近 4000 条，音乐达 165 首。恶搞网帖对历史的不尊重，对民族精神的亵渎，受到广大网民怒斥。截至 2 月 7 日，全网统计数据显示相关资讯有 1964 篇，app 推送 1028 篇，微博达 2000 多条。网友推送的文章从多个角度剖析了这种对包含中国人民精神价值的经典进行"恶搞"的动机。[①]

2018 年 2 月 12 日，中央电视台"焦点访谈"栏目主题为《重拳打击网络乱象》节目播出。该期节目对现存的直播乱象进行分析曝光并予以严厉批评，知名主播"MC 天佑"、卢本伟等人被点名，节目提及"MC 天佑"在某次网络直播中描述吸食毒品冰毒的感受。节目披露"蜜汁直播"等 10 家违规平台被关闭，传播不良影响的违规主播"MC 天佑"、卢本伟被实施跨平台封禁。节目播出后，舆论掀起一阵热议浪潮。

网络空间像恶搞《黄河大合唱》这样对国家历史、民族精神和文化价值进行亵渎的事件，并非个例，相关网络监管和其他职能部门对此进行严肃治理。男子孟某在微信群发布"南京杀 30 万太少""杀少了""才 30 万而已"等挑衅公众良知的粗鄙言论被网友举报。2018 年 2 月 23 日，孟某被依法行政拘留五日。行政拘留结束不久，2018 年 3 月 3 日，孟某又对批评和举报人发表侮辱言论，并拍摄视频进行传播。孟某此次拍摄地点是侵华日军南京大屠杀遇难同胞纪念馆，这是南京大屠杀死难者公祭日公祭活动主会场。如此公然挑衅国家法律、践踏国家和民族尊严的行为，引发网友更强烈的谴责。根据《中华人民共和国治安管理处罚法》，孟某再次被依法行政拘留八日。

互联网技术的发展，给人类生产生活带来的便利有目共睹。便利的条件，使人人都有条件成为自媒体，且准入门槛低。互联网虽便利但不允许冲击社会公德，不允许扭曲价值观念，不允许冲击法律红线。恪守职业道德，尊重公序良俗，是互联网行业健康发展的社会责任。

2018 年 3 月 29 日，中央电视台"经济半小时"栏目播出题为《"今日头条"广告里的"二跳"玄机》的节目，揭露出"今日头条"的广告陷阱等不法行为。不久，北京市工商部门没收其广告收入 23 万元，并处以罚金 70 余万元，

---

①　参见《恶搞〈黄河大合唱〉致文化部出手：红色经典该如何守护？》，人民网，http：//yuqing. people. com. cn/n1/2018/0212/c209043-29820548. html，2018 年 3 月 3 日。

共计94万元。① 在网站治理处罚案例中，此类大金额处罚并不多见。2018年4月1日，"快手""火山小视频"等平台出现未成年孕妇、未成年母亲主播的怪象，被中央电视台再次曝光。2018年4月4日，国家网信办约谈相关平台责任人，对其提出严肃批评并责令全面整改，算法推荐功能暂停使用，要求其进行自查自纠。"快手""火山"相关频道小视频停止更新五天，禁止向未成年人开放注册直播账号。4月5日，"今日头条"发布通告，在自查旗下"火山小视频"平台仅一天时间内，下架存在错误导向视频10318条，查封账号4864个，并增加1700个敏感词。北京快手科技有限公司一边自查平台视频和账号，一边在多家招聘网站发布招聘通知，招聘内容审核编辑岗位名额达3000个。这一数额，比"今日头条"在2018年1月份因传播内容不良信息被约谈后招聘的同类岗位还要多1000个。2018年4月9日，凤凰新闻、网易新闻、"天天快报"和"今日头条"四个移动app因存在导向不正内容，在各应用平台被暂停下载。2018年4月10日，国家广播电视总局在督查"今日头条"旗下两亿用户的"内涵段子"客户端和公众号的过程中，因其格调低俗问题突出，依据相关法规责令"内涵段子"客户端和公众号永久关停。同一天，"今日头条"旗下的"抖音"短视频平台因涉嫌发布售假视频，同样被相关部门约谈。4月10日，"抖音"反沉迷系统上线，11日，"抖音"在整改期间暂停直播和评论功能。截至2018年4月18日，"抖音"短视频平台查删视频805条、查封账号677个，添加违禁词67组。

2018年4月，中宣部网络直播违法违规行为整治行动对网络表演和直播进行执法检查，对网络表演传播渠道和内容进行集中排查。行动共排查直播应用平台达4939款，下架表演平台370个，排查涉及违禁信息内容问题直播间达110个，对集中执法检查的30家网络平台名单进行了公布。② 通过对截至2018年4月底整治结果梳理可以看出，国家对新闻、文化、娱乐等领域多管齐下，进行了持续有效的治理，取得了较好成果。

（3）对网络游戏的集中整治。作为网络文化产业重要的组成部分，网络游戏、网剧及网络综艺同样存在严重的乱象。相关部门也对之进行了全面治理，

---

① 参见《今日头条被北京工商没收广告费并处3倍罚款》，凤凰网，http://finance.ifeng.com/a/20180404/16058927_0.shtml，2018年4月5日。

② 参见《文化和旅游部排查下架370款手机表演平台》，中青在线，http://news.cyol.com/yuanchuang/2018-04-17/content_17107929.htm，2018年4月25日。

为建设清朗的网络空间持续努力。

2017 年 12 月底，《关于严格规范网络游戏市场管理意见》由中宣部、中央网信办、公安部等多个职能部门联合印发。职能部门统一对网络游戏包含的不良信息内容和涉及违法违规行为集中整治。截至 2018 年 1 月 23 日，整治行动出动 12000 人次，检查运营单位 7820 家次，责令整改 363 家次，受理群众举报 751 件，对六起典型案件进行了通报（见表 3-11）。

表 3-11　2018 年 1 月文化部公布网络游戏六起典型案件

违法运营单位	网络游戏名称	禁止内容
北京糖果创世纪信息技术有限公司	《街机电玩城》	宣扬赌博
北京微游互动网络科技有限公司	《新世纪福音战士：破晓》	宣扬色情
芜湖享游网络技术有限公司	《命运冠位指定》《碧蓝航线》	违背社会公德
深圳创酷互动信息技术有限公司	《极品芝麻官》	违背社会公德
杭州快定网络股份有限公司	《欢乐炸金花》	宣扬赌博
江西贪玩信息技术有限公司	《贪狼蓝月》	宣传推广含有违背社会公德内容

资料来源：《严查网游禁止内容，文化部公布六起典型案件》，载 2018 年 1 月 24 日《新华每日电讯》。

2018 年 4 月，相关部门针对网络游戏市场涉及提供色情淫秽、赌博、违背社会公德的游戏产品问题，针对推广及未采取预防措施防止未成年人沉迷、实名注册相关问题，针对其他诱导游戏用户行为等，全方位进行了集中执法检查，并对"恋与制作人"等 50 个网络游戏进行了排查清理。

（二）网络空间乱象的原因分析

文化是人类在社会生活实践活动中建立起来的综合体，它包含着价值观、道德、信仰、好恶等认知因素。网络空间乱象的出现有诸多原因，文化因素是其中的重要一项，并通过知识、群体、边界等具体形式表现出来。国家相关职能部门采取治理行动，也是从这些具体表现入手，并通过对这些具体形式施加影响，达到改善网络生态的目的。

1. 关于知识的显性与隐性因素

网络空间治理对象是网络空间所涵盖的文化知识内容。在互联网技术发达的今天，文化知识内容的表达形式已不仅仅以文字形式展开，更多的是诸如视频、音乐、游戏等形式，同样可以作为文化知识的载体，更直观地展现给网络用户。这样的表达形式，更易于使文化知识在个体和群体之间形成碰撞和传递，产生联系，达成共识。

英国物理化学家、哲学家迈克尔·波拉尼将知识从外延上区分为显性知识与隐性知识两大类。他认为，显性知识是可以通过具体形式表现出来的知识，隐性知识具有难以具体描述的特征。隐性知识的表达是隐蔽在显性知识表达过程中，更多的是隐蔽在个人和群体背后的内在特质和日常行为中，与一个人、一个组织的时空综合场景密切相关，与其审美、经历、观念等多个因素紧密相连。个体知识通过在人与人、人与组织间的互动，进行着学习与被学习。在这个过程中，主体对知识不断进行加工、整理、总结，从而更新知识体系。知识在这个过程中被凝聚，甚至被创造，不断循环。这种知识在个体与组织间循环上升的过程，又称为"知识的螺旋"。依靠"知识的螺旋"，显性知识和隐性知识相互转化（见图3-2），彼此影响，构成人类知识系统。①

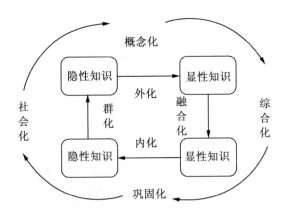

图3-2 显性知识与隐性知识互相转化关系

---

① M. Polanyi, *The Tacit Dimension*, London: Routledge & Kegan Paul, 1966, p. 4.

显性知识和隐性知识作为知识的两个类别彼此关联，相互影响。

显性知识与显性知识的关联。这是一个显性知识之间的相互联结，是一个扩大显性知识的过程。显性知识在此过程中相互融合，实现个体与组织间的综合化过程，显性知识基础得到不断巩固和扩大。

显性知识与隐性知识的关联。这是通过学习和实践行为，将已获得的显性知识和扩大后的显性知识转化为隐性知识的内化过程。通过这一过程，显性知识变为个人成长经验和经历感受，对显性知识进行深入巩固和持续内化。

隐性知识和显性知识的关联。这是一个外化过程，隐性知识转化为显性知识，将原本隐蔽的知识通过一定的形式表现出来，是一个将难以言说的隐性知识概念化的过程。

隐性知识和隐性知识的关联。这是个体或组织间对形成的隐性知识产生共鸣的过程。主体根据自身经验和经历等因素，透过切身体验，增加彼此间的认同感，传递隐性知识。这是一个群化过程，是一个将隐性知识社会化的关键过程。

概念化、综合化、巩固内化、社会化是知识以显性知识和隐性知识在个体和组织之间传递的必然过程。显性知识可通过达成共识以隐性知识的形式来传递，隐性知识通过社会化过程将其群化，成为可感知的集体行为，进一步影响显性知识。两者之间循环传递，互为两种知识创造新基础，使知识总量和获得知识人数都得到增加。

网络空间知识将显性知识和隐性知识的分类及彼此之间的关系表现得更为清晰。网络空间在这种知识的循环传递中，通过显性知识和隐性知识的互动，承载着一国文化在网络空间的传播和发展。当网络空间两类知识出现导向和内容的性质变化而危害公众身心发展时，尤其是不良知识信息对一国文化构成侵蚀时，相关职能部门就应对其进行整治。清除不良知识信息，弘扬符合社会公德和基本道德的精神和法则，构建清朗的网络空间，最终推动国家文化建设。

2. 关于态度与群体相关性因素

态度是个体或群体对客观存在事物的综合评价。这个客观事物既可以是具体的人和物，也可以是一种行为或一类事情、一个事件等。客观事物引发态度回应的诱因，对个人来讲，在无外部其他因素影响的一定时间内具备持续性；对群体来讲，对一个客观事物有着不同的回应，而每种回应都具备一定的普遍性。网络空间主体的态度（或立场）与网络群体的形成及演变有着密切的关系。

这种关系是互联网管理部门关注网络主体态度立场并针对问题及时进行治理的主要原因和依据。

个体是群体的最基本的组成单位，个体对某个客观事物的反应，即对该客观事物的态度，综合理性和感性等多维度判断，存在积极、中性、消极三种表现。无论哪种表现，都是个体在知识、价值观以及其他认知因素作用下的态度体现。群体是个体的集合，群体的反应态度也可分为积极、中性、消极三种形式。个体与个体、个体与群体、群体与群体之间存在多重互动、多维度影响。网络技术的发展，增强了不同个体或群体之间的互相影响。不同个体或群体之间，以无社交边界的网络平台为支撑，开展着密切的交流。无论主动还是被动，这种交流都会产生相互影响、相互作用，使来自不同群体的成员相互认知、相互学习，逐渐形成新群体并形成新群体内部的知识螺旋。

上述群体与态度之间存在着强大的关联性。假设群体 A、群体 B 对一个客观事物的态度有积极、中性、消极三种表现，分别用"＋""0""－"三种符号表示，则由于态度差异，群体 A 与群体 B 之间相互影响，彼此作用（见表3-12）。

表3-12　群体间互相影响组合

群体 B / 群体 A	积极 ＋	中性 0	消极 －
积极 ＋	＋，＋	＋，0	＋，－
中性 0	0，＋	0，0	0，－
消极 －	－，＋	－，0	－，－

表3-12中，某个客观事物在群体间相互作用的结果分为三类：正、零、负。对于正相关和负相关作用，两个重新组合的群体对该客观事物的态度在一定时期内具有一定的稳定性。重新组合的正相关群体，对该客观事物的支持态度也必定坚决，反之亦然。这是网络空间治理需要特别关注的现象。例如直播平台中，主播的言行对粉丝影响甚大，粉丝数量巨大的主播影响力倍增。粉丝对主播言行的效仿，粉丝间的相互学习，必将产生言行内化，从而实现群化。群化会导致一种良性或恶性行为被无限放大，从而使积极或消极影响更加普遍、更为深远。这是相关网络治理部门采取不同治理行为的重要依据。

对于群体间"零"相关性来讲，存在"－，＋""0，0""＋，－"三种组合。深入分析后可知，对于客观事物的反应在"零"相关性组合中，因积极"＋"和消极"－"的存在，这种态度都具有持续性，会在群体内产生认知博弈，得出"接收"或"拒绝"的结果。在此基础上，群体会对客观事物产生一个重新认识的过程，进一步将"零"相关群体划分成"接受"或"拒绝"的子群体。在这个重新组合的过程中，存在观望的"0，0"组合成员也会受到影响，其中一部分会归属到"接受"或"拒绝"子群体。一个由接受、观望、拒绝三个子群体组成的群体将会与其他群体发生新的交互作用，依次循环，产生群体相关性影响（见图3-3）。

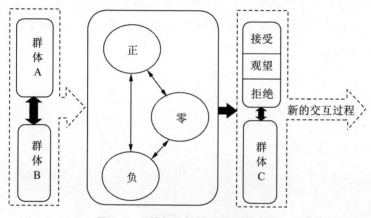

图3-3　群体相关性影响循环示意图

由上述可知，在单个循环中，接受子群体和拒绝子群体都会得到扩大；作为观望态度的"零"相关子群体，在与其他两个群体交互影响中，群体数量会出现减少情况，如此循环。在多个群体交互影响过程中，因为其他子群体外部影响和自身存在"＋""－"对"0"态度的影响，会导致观望数量不断减少，使"零"相关性群体中的个体不断地与"接受"或"反对"群体进行融合。所以，在一定时期内，交互作用持续存在使得主体对特定客观事物的态度，在无新客观因素出现和影响时，总群体中会形成"接受"和"反对"的两极化。这种对特定事物态度的两极化现象，是网络空间治理的一项重大课题。极化带来的非理性行为，如果纠合到现实利益中去，会产生更大的影响。网络空间治理的一个重要职责就是要警惕态度与群体间的高关联性，使网络空间行为主体保持理性，防止极化，引导网络空间行为在平等公开的基础上依法进行。

态度与群体之间的关联关系也同样适用于环境与群体之间的关系。网络群体的形成和演变，网络行为的实施，都与一定的宏观、微观环境密切相连。宏观、微观环境与群体之间也存在着彼此影响、彼此作用的关系。这也是网络空间治理的重要考量因素。

3. 关于现实世界与虚拟世界的边界模糊性因素

随着互联网技术的普及，网络使用人数逐年增多。网民上网时间持续增加，网络参与的广泛性和深入性愈加增强。随着互联网 3.0 时代的到来，新网络技术出现，信息互动平台更加多样化，现实世界与虚拟世界之间的边界更加模糊，相互影响、相互渗透更加明显。在这种发展趋势下，网络群体、现实世界、虚拟世界以及宏观、微观环境之间，产生了丰富的信息流动，形成了复杂的交互作用（见图3-4）。

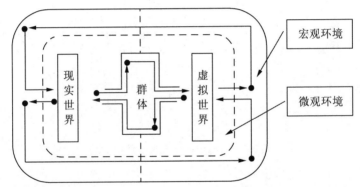

图 3-4　群体、现实世界与虚拟世界、宏观环境与微观环境之间的交互作用

网络群体、现实世界和虚拟世界、宏观环境和微观环境之间，影响多样。网络群体可在现实世界与虚拟世界之间融合，同时将现实世界与虚拟世界构成的微观环境，在虚拟世界进行延伸，产生影响。微观环境的变化，会给宏观环境带来变化，使宏观环境在虚拟世界得到延伸，产生影响。现实世界和虚拟世界边界的模糊性，使不够理性的网民不时产生二者合一的印象，导致网民将虚拟世界的言行延伸到现实世界，从而可能触及法律、道德界限而不自知，从而导致因界限混淆而产生违法犯罪行为的出现。譬如一些网络世界中的打打杀杀且不需负责的游戏体验，被失去理性的玩家带到现实世界，从而导致恶性事件的发生，这样的事例也不罕见。

上述知识分类及转化、态度与群体的相互影响、行为空间界限属性的混淆等内容，都是产生网络乱象的影响因素。网民自身和网络治理部门都应对此有清晰的认识，理性参与网络实践，共同打造良性网络空间。

四、中国网络空间民主参与的实践效果调查

为更好地把握网络空间民主参与的发展及影响，准确了解网络空间民主参与在国家和社会治理中的作用、地位、实施和绩效，获取网络空间民主参与在人民参与国家事务和社会事务治理中的实践及效果第一手资料，增强本研究的科学性和对策措施的实效性，更好地检验本研究的观点和论断，从而开展本调查研究。

（一）调查对象的确定和样本数量的选择

1. 调查对象的确定

本调查要解决的直接问题是网络空间民主参与在人民群众管理国家事务和社会事务中的价值及效度，力图观察分析在国家治理体系中网络空间民主参与的身份、地位和意义，致力于进一步分析我国网络空间民主参与发展的现状、问题及未来努力的方向。所以，调研确定的直接对象是党政部门主要负责人和一般工作人员。本调查对象的职责、对待网络空间民主参与的认知和立场，是我国网络空间民主参与发展态势的最直接的反映。借助于工作条件，调查对象构成如表3-13所示。

表3-13 调查对象的构成

分类指标		比率
年龄	25~30 岁	17.38%
	30~40 岁	24.64%
	40~58 岁	57.98%
所属群体	市厅领导干部培训班学员	15.11%
	县委和处级领导干部培训班学员	35.26%
	中青年领导干部培训班学员	31.42%
	党政研究生班学员	16.05%
	其他人员	2.16%

说明：上述调查对象包含某单位2013年和2014年相关培训班次学员及部分访谈人员。

2. 样本数量的选择

本调查展开的对象属于特殊群体，与本研究有着直接的关系：是网络空间民主参与在党领导人民治理国家和社会事务中价值和作用的直接体现者。调查在党政工作人员群体中进行，既便于观察党政工作人员对待网络空间民主参与的态度，又便于观察网络空间民主参与在国家治理系统中起作用的方式和程度。

样本以党政工作人员为观察对象，具有较强代表性。

A. 该地区属于东部沿海地区，相对而言，经济发展水平在全国处于相对发达序列，在党委政府工作过程中，该地区对网络空间民主参与的引导和运用具备基本经济物质条件，既不属于中国经济最发达省份，又不属于落后省份，排除经济物质代表上可能存在的极端特殊情形，"数字鸿沟"的障碍该地区（总体水平上，相对于全国经济物质条件而言）基本得到克服。

B. 本调查选择的对象为该地区两个年度的有关班次培训学员，学员来源包括该地区各单位党政机关负责人及工作人员，覆盖政治、经济、文化、社会等各领域，调研结果具有广泛的代表性。

上述两条件，有助于从根本上保障对网络空间民主参与在党委和政府工作实践中的价值和绩效问题进行观察和思考的随机性、代表性、合理性和科学性。基于上述考虑，本调查从调查对象对调查问题的严肃性出发，将所有调研的五个群体的 397 份结果都纳入分析样本进行研究。

（二）调查分析的实施方式和具体内容

本调查采取问卷调查和访谈调查相结合的方式，在该地区部分党政工作人员中展开，纸质问卷由各班次学员在课后完成并随即回收。纸质问卷回收及时，填写效率和过程都得到了保障。访谈调查在调查者和调查对象之间以面对面的方式展开。访谈者提前准备好问题，按照研究目的，与部分随机抽取选择的调查对象进行访谈。调查的具体内容围绕网络空间民主参与与人民参与国家和社会事务治理的互动关系展开，既体现调查对象的经济收入水平、学历水平，又包含调查对象对网络空间民主参与的态度，以及调查对象关注、使用网络的方式、渠道、频度状况等。

（三）调查结果的统计和样本分析

问卷调查和访谈调查的结果显示，在网络空间民主参与和人民参与国家和社会事务治理之间存在着高度的关联性。这种关联性表明，当前，网络空间民主参与已经给党和政府工作实践带来机遇和挑战。网络空间民主参与与党委和政府工作的关联可从表 3-14 体现出来。

表 3-14 我国网络空间民主参与价值与效度调查

您是否关注网络民意？	是：89%
您了解社会热点问题的主要渠道	网络：85%
	电视：90%
	报刊：60%
您通过哪些网络互动平台了解信息？	博客：95%
	微博：60%
	微信：70%
	论坛：95%
	党政门户网站：55%
您参与网络意见表达、讨论的状况	从不参与：15%
	偶尔参与：77%
	经常参与：8%
您不参与网络意见、建议和讨论的原因	技术不熟练：10%
	网络意见起不了多少作用：50%
	身份原因：10%
	不了解所讨论问题的相关背景和知识：30%
您是否关注政府网络工作平台	关注：62%
	不关注：38%
您关注/不关注政府网络工作平台的原因	关注，了解党政机关对网络民意的态度和进展：38%
	不关注，这是我的合法权利和义务：30%
	自己有类似的问题期待得到解答：15%
您认为党政决策对网络意见的采纳和体现状况是	应该体现：77%
	已经体现：75%
	体现程度在 1%～10%：53%
	体现程度在 10%～20%：15%
	体现程度在 20% 以上：31%

您认为当前网络民意对党政决策的影响主要体现在哪里？	增加民意在政府决策中的权重，使政策更民主、公平：38%
	群策群力，增加了选择方案，使决策更科学、合理：62%
	有力地监督政府行为和政策制定：54%
您认为当前政府对网络民意应该采取的立场是	鼓励：15%
	限制：8%
	引导：77%
您认为当前网络意见能否真实反映现实问题	比较能够：31%
	一般：38%
	不能：31%
您认为当前网络民意实践中存在的主要障碍是	政府管制太多：4%
	信息繁杂难辨：33%
	网络支撑平台不足：12%
	网民意见情绪化：30%
	少数网民表达意见，多数观望：21%
您认为党政机关应该对网络意见持有的态度是	重视：76%
	限制：8%
	无所谓：0%
	其他：16%
您认为当前政府门户网站能否起到汇集民意的作用	完全：16%
	多数：46%
	起不到：38%
您对政府门户网站建设的意见建议（自选填写项）	此项意见建议多集中于几个主要内容： A. 党政门户网站信息陈旧、单调，规范性差； B. 中央层面可建立规范性模式，供地方直接统一使用，加强标准化建设； C. 各级党政门户网站要加强信息公开时效性，增强服务内容针对性和服务质量； D. "网络猛于虎"，要增强党政部门的"驯虎"能力，配备专职人员管理网站，加强管理。

说明：此调查问卷为多项选择题，故同类各项之和可能超过或不足100%。

（四）案例反思及调研总结

针对前述包含网络投票、网络管理、网络决策、网络监督以及最为本质的网络表达八个网络空间民主参与在党和政府工作实践中的运用个案，针对上文开展的实际调查进行梳理和分析，可作总结如下。

1. 网络空间民主参与拥有巨大的从虚拟空间发展为现实社会的内在冲动

天涯社区总编辑胡彬说："网络事件爆热的真正动力在于事件本身，也在于传统媒体的响应和互动。"① 这是他对自己所熟知的工作领域和工作内容的经验总结。网络事件发生在虚拟社区，传统媒体响应和互动发生在客观生活中，上述论断揭示的正是网络空间民主参与从虚拟到现实的内在冲动属性。

20 世纪 90 年代来，我国一直在努力进行社会结构调整。进入新世纪，社会转型面临新任务，在信息技术发展冲击下，公民的政治参与热情被广泛激发起来。而区分一个国家的现代性或传统性程度，最重要的一项指标就是人民的群体行为对公共政治的参与及其对公共决策的影响。社会性的大规模、高程度的集体参与，是一国现代化政治的最基本要素。这一逻辑，揭示出把"法律面前人人平等"的政治权利和公民享有自主参与社会利益分配和国家政治决策的权利作为考察政治现代化标准的合理性。信息社会出现的我国公民参政热情与政治现代化标准之间存在契合，我国公民政治参与热情符合世界各国政治现代化一般规律，公民在虚拟空间的热情参与最终还是要落实到现实社会利益和政治格局中。从关系国家利益的 1999 年中国驻南斯拉夫大使馆被炸后网络舆论喧哗到上街游行，到对官员个人各种贪污、行贿受贿行为的披露，最后发展为对现实党政机关问责的不断追问，网络空间民主参与体现的是从虚拟社会意见表达出发，最后落脚到现实社会利益或政治行动的内在规律性。这一规律与马克思主义关于人的本质的论述完全吻合，表达出了"人的本质在其现实性上是一切社会关系的总和"② 的观点，虚拟社会的言行是"一切社会关系"的一小部分，它最终服从并服务于人的社会关系"总和"整体，实现由虚拟向现实的飞跃。

2. 网络空间民主参与更多地表现为网络监督的民众意愿表达形式

当前，我国网络空间民主参与在政策制定和决策选择中的作用并没有成熟

---

① 胡彬：《网民政治影响力正释放》，载 2009 年 12 月 30 日《中国青年报》。

② 马克思说："人的本质并不是单个人所固有的抽象物。在其现实性上，它是一切社会关系的总和。"（《马克思恩格斯选集》第 1 卷，人民出版社 1995 年版，第 56 页）

的操作和表达形式，更多的是以事后监督的方式表现出来。从当前我国民主政治的发展现状看，这种事后监督多与党和国家的紧迫任务密切结合，集中于党和国家重大历史使命，如在新时代全面从严治党的形势下，网络反腐败监督充分发育，对党政干部的监督成为网民生活主题。作为政治现象，各国网络空间民主参与发展具有一定的共性。可以预见，随着我国网络空间民主参与的逐渐发育成熟，网络空间民主参与将更多地影响中国民主政治进程。美国前总统比尔·克林顿竞选团队首席专家莫里斯（Dick Morris）2001 年在谈及互联网时曾乐观地预言，互联网对直接民主的实现具有巨大的潜力。他认为互联网不仅重塑着政治系统，同时也改造了政府形式。我国网络空间民主参与的发展也将随其自身的发展、完善更多地体现到党和政府决策的各个环节，在党和政府决策中起到更加重要的作用。

3. 要遵循技术发展规律，顺应网络空间民主参与发展潮流

遵循技术发展规律，顺应网络空间民主参与发展潮流，是党和政府工作能力建设赋予网络空间民主参与的基本经验。

中西方网络空间民主参与发展具有不同的背景，我国网络空间民主参与的发展是在我国社会主义民主政治力图追求更丰富形式的基础上展开的，是在"更好地为党完成对社会和国家的领导"的背景下进行的，网络空间民主参与发育的语境是坚持党的领导、人民当家作主、依法治国三者统一，即国家、政党、社会"三位一体"，具有明显的执政党引导属性，和谐主题显著。西方国家网络空间民主参与兴起和发育更多地包含着政党竞争因素（如 20 世纪末围绕"克林顿性丑闻"掀起的轩然大波、2008 年美国总统大选在美国掀起的网络空间民主参与浪潮），包含着不同政党之间的相互拆台，政党博弈属性明显，冲突主题典型。上述中西方网络空间民主参与兴起和发展的状况符合各自国家民主政治传统和制度规范，与各自的国家性质、政党制度、选举制度、政府性质和职能等政治架构相一致，隶属于各自的政治传统、政治环境和制度设置。

在各具特色的同时，中西方网络空间民主参与也具有共同的特征，因互联网技术传播降低了民主成本，使民主具有更直接、便利、及时的特征，为更多人尤其为体制外群体提供了发声的机会，让社会强者之声更为响亮，使社会弱者之声能够传递到权力机构的顶端。网络空间民主参与以一种新兴的形式架起不同社会群体间的话语桥梁，为实现民主信息畅通提供了一种可能。技术更新成为民主进步的一个重要变量，以技术为依托，更多地掌握民意，更好地顺应

民意，是我国网络空间民主参与发展的基本经验。

4. 要重视网络精英作用提升网民民主政治素质

网络空间存在一对互相影响的基本矛盾体：网络精英和普通网民。赵虎吉指出："每一个社会成员都有可能对政治关系和政治过程产生影响。具有政治意识和政治行为能力并且实际参与政治过程的人，我们称之为政治人。根据每个政治人在政治过程中的地位和作用不同，可以将政治人分为政治精英和大众。"① 这种政治精英和大众在虚拟空间就成了网络精英和普通网民。

网络精英是指在网络空间对普通网民具有很强的影响力和主导作用的人。网络精英发挥作用的主要方式是主导或影响网络空间公共舆论，"公共舆论是理解中国政治的一个十分关键的概念，中国政治是建立在舆论基础之上的"②。从作用形式上看，网络精英多通过网络社群这一载体，以设置议题或提出倡议等形式，引导网络公共舆论，通过影响普通网民的方式，影响党政机关或社会重大事务的决策进程。鉴于网络精英在网络空间及网络公共舆论中的巨大影响力，网络精英的作用必须得到重视。

无论是现实社会还是虚拟社会，人们参与其中的活动都是出于自身的需要。对人们参与虚拟社群的动机，克劳科（Peter Kollock）认为是出于三个要素：预期互惠（Anticipated Reciprocity）、增加认同（Increased Recognition）、效能感（Sense of Efficacy）。③ 这三要素中，克劳科把预期互惠放在第一位。政治学家对利益——互惠的原则认同存在一致性。王浦劬说："人们的社会关系形成以后，不仅使人们在特定的社会范围内生产和生活，而且支配着生产成果在社会成员之间的分配，因而本质上制约着人们需要的满足，这使得人和需求对象之间的关系转化为人和人之间的关系，需要由此以个人的生理和心理形式获得了社会内容和社会特性。这种获得了社会内容和特性的人们的需要，就是利益。"④ 利益兼具物质和精神双重形态。对于网络精英来说，按照自身需要，根据网络特性和普通网民的喜好，设置合适议题对党政决策或社会事件施加影响，使事情的走向符合自己的预期，这就是最大利益。在这一环节中，作为信息接收者的

---

① 赵虎吉主编：《政治学基本问题》，中共中央党校出版社，第31页。

② 谢岳：《当代中国的政治沟通》，上海人民出版社2006年版，第16页。

③ Peter Kollock, "Communities in Cyberspace", in Marc Smith and Peter Kollock (eds.), *The Economies of Online Cooperation: Gifts and Public Goods in Cyberspace*, London: Routledge, 1999.

④ 王浦劬主编：《政治学基础》，北京大学出版社1995年版，第52~53页。

普通网民的互动会强化或削弱网络精英的预期，从而在网络精英和普通网民这一矛盾体内使议题扩大或湮没。

网络精英一般能够把握网民喜好，会挑选符合网民口味的话题以引起更大关注和反响，从而达到自己的目的。虽然网络精英设置的议题未必都客观、科学，符合事实，但由于网络精英长期累积的影响力，即便是虚妄的造谣，在网民发现真相之前，也会引起广泛点击、转发，乃至大家在"无知"中以讹传讹。所以网民自身政治素质、政治辨别力和判断力也成为网络精英影响力的重要制约因素。提升网民民主政治素质，在是非面前能够保持正确的判断力和理解力，是促进网络空间健康发展的必要条件。谣言在缺乏判断力的网民面前也会被推崇，真相在缺乏判断力的网民中也会被拒绝，这样的教训值得记取，2003 年的SARS 危机及其化解就是一个典型。要想实现理性、有效的政治民主沟通，就必须从提高网民民主政治素质入手，做好网络普及基本功。

5. 要加强网络制度建设，营造健康向上的网络氛围

无论是学界还是政界，对网络空间民主参与都有不少质疑。大家一面肯定互联网技术给民主政治提供的超级便利；一面又对遍布网络的虚假信息、网络暴力甚至人为恶意中伤、造谣等乱象深恶痛绝。此情形使国家在网络空间民主参与发展进程中处于两难境地：若控制网络空间民主参与发展进程，则有违背互联网技术扩张客观趋势之嫌，会面临各种责难；若放任网络自由发展，既会造成社会主流文化受冲击乃至瓦解局面，又会给传统民主形式尤其是经过实践验证、符合一国民主政治现实的已有民主形式造成干扰。这种两难使党和政府进退维谷，如何权衡并把握好对待网络空间民主参与的态度，更好地加强网络空间治理，它成为考验政党的一个重大课题，和衡量党和政府智慧的一个标杆。

从我国网络空间民主参与发展现状看，党和政府也面对这种两难选择。在"任何违背民意、逆社会发展潮流而进行的宣传和引导，不仅无助于舆情事件的解决，甚至有可能激化矛盾，引发更大范围的冲突"[①] 认识的基础上，我国党和政府对网络空间民主参与发展表现出谨慎的乐观态度。2009 年，胡伟教授提出"互联网不仅可能成为中国民主政治发展的一个新的增长点，而且也可能为

---

① 孟建、裴增雨编：《网络舆情的收集研判与有效沟通》，五洲传播出版社 2013 年版，第124 页。

社会主义民主或人民民主的实现开辟更为广阔的前景"① 的观点，是网络空间民主参与乐观主义思想的集中表达。2009 年之后每年"两会"期间都会形成一个网民积极参与会议议题的高潮，我国党和政府积极主导、网民积极参与的现代治理体系中的互动局面初步形成。

　　健康的网络空间民主参与发育离不开国家规制，国家应积极引导、鼓励网民发表对党和国家发展大计的意见和建议，同时关注网络空间非理性化和泛娱乐化，展开对互联网发展的规制建设，约束、克服网络不良信息和行为可能造成的不良后果。1991 年国务院颁布的《计算机软件保护条例》、1998 年电子工业部出台的《中国金桥信息网公众多媒体信息服务管理办法》、2000 年国务院审议通过的《互联网信息服务管理办法》等早期互联网管理政策文件，为我国网络空间民主参与发育做了早期准备。2006 年司法部、国务院新闻办、全国普法办发布的《〈关于加强互联网法制宣传教育工作〉的通知》、2007 年国务院出台的《中华人民共和国信息公开条例》及 2008 年以来出台的一系列政策文件，把加强互联网制度建设、加大网络空间治理力度、营造健康向上的网络氛围，推向前进。

---

　　① 胡伟：《网络民主：机遇与挑战——胡伟教授在上海交通大学的讲演》，厦门网，http：//www. xmnn. cn/llzx/mjjt/rwlt/200909/t20090901_ 1101888. htm，2009 年 9 月 1 日。

第四章　中国网络空间民主参与发展的
制约因素与问题

进入新时代，网络空间民主参与在党和政府工作实践中的作用愈益显现，党和政府也愈加重视网络空间民主参与的发展，重视对网民民主参与的正确引领。但是，网络虚拟世界与人类现实世界存在着巨大落差。正是由于网络空间民主参与自身的本质、特点和属性，决定了它在人民民主实践中发挥正向价值的同时，也面临着诸多问题，存在着某些负面影响。党和政府在应对这些问题和负面影响时，既积累了经验，也接受了教训。

一、中国网络空间民主参与发展的制约因素

我国是社会主义国家，人民是国家的主人，党和政府的一切工作都是为践行为人民服务宗旨而开展的。尽管如此，由于长远利益和近期利益、整体利益和局部利益之间辩证关系的客观存在，在党和政府工作与公民权利之间存在一个走向生态化的需求和过程。这一过程中的生态化，以党和政府为人民服务的工作自觉和社会成员的公民意识觉醒为条件。恩格斯在分析国家给予社会经济发展的作用力时，指出其作用力分为三个方向：沿着同一方向起作用、沿着相反方向起作用、阻碍经济发展沿着某些方向走而推动它沿着另一种方向走。①按照这一原理，网络空间民主参与在党和政府工作实践中的价值存在三种可能：网络空间民主参与推进党和政府工作实践、网络空间民主参与阻碍党和政府工作实践、网络空间民主参与带给党和政府工作实践以不确定性。在社会主义初级阶段，网络空间民主参与的发展是在党领导人民治理国家总体框架下推进的。新时代中国特色社会主义民主政治发展以习近平新时代中国特色社会主义思想

为指导，网络空间民主参与作为我国社会主义民主政治的内容之一，其发展必然遵循社会主义国家政治发展规则，但网络空间民主参与依然在其发展进程中面对身份性质呈现模糊、发展前景具有变动性和监督性质呈现不确定等问题。这些问题的存在，对网络空间民主参与实现与党和政府工作的协调互动造成了阻碍。

（一）网络空间民主参与的身份性质呈现模糊

网络空间民主参与的身份性质模糊缘于一个主因素：网络空间行为主体——网民，和社会主义国家政治行为主体——公民的一致与差异。

在社会主义民主政治体系中，两个影响元素——网民和公民之间存在共性与差异，两者并不完全吻合。中国互联网络信息中心界定相关概念时对"网民"这样界定："过去半年内使用过互联网的六周岁及以上的中国居民。"[①] 而公民，在我国宪法和相关法律中的界定是，具有中华人民共和国国籍，按照我国法律规定享有权利和承担义务的人。从定义可以看出，网民与公民既有区别又有联系。

1. 网民与公民的区别

网民与公民的区别主要体现在两者的法律地位、区域归属及现实性三个方面。

（1）法律地位的差异。与公民作为一个"受国家法律承认和保护的民主主体"的法律概念相比，网民作为活跃在网络空间的行为主体，其法律地位具有不确定性。网民在我国政治发展中的参与价值，只在党和国家领导人的论述中得到体现，在党和政府工作过程中，网民、网络民意、网络民智等还仅仅是作为一个参考，是民意和智慧的来源，并没有在国家法律中作为一个具有独立权利和义务的主体资格而存在。网民，是作为一个 ID 符号在网络空间存在和游走的行为主体，"网民在网络上的参政身份往往是模糊不清的，或者说其身份是难以确定的，而且网民参与政治生活的权利并未被明确的法律所赋予"[②]。而公民，其法律地位与网民有着极大不同。公民在国家政治体制中作为国家主权主体而存在，它是"享有人身独立、自由的权利和义务主体"[③]。上述差异是将网

---

① 中国互联网络信息中心：《中国互联网络发展状况统计报告（2010 年 7 月）》。
② 李斌：《网络政治学导论》，中国社会科学出版社 2006 年版，第 122 页。
③ 孙关宏、胡雨春、任军锋主编：《政治学概论》，复旦大学出版社 2008 年版，第 195 页。

民和公民各自作为一个整体分析的。

就网民与公民各自内部成员之间关系而言，网民与公民也存在区别。在网络空间中，网民与网民之间的关系体现出更多的平等性。网民在网络空间也存在诸如管理人员和普通论坛成员或会员的身份差异，但从政治表达角度看，决定网民政治表达的关键因素是使用者对技术和信息的驾驭能力。网络用户的政治身份、经济地位、社会属性等因素都不是彼此间进行政治探讨的话语权利的决定因素，也不是网民寻求网络空间志同道合者的主要标准。从民主政治视角看，导致网民分分合合的因素多是政治观点、政治立场、政治喜好等，网民之间在网络空间的知情权、表达权等方面的差别比在现实空间小很多。现实空间公民与公民之间的平等性有一定限度，我国法律规定法律面前人人平等，但在现实空间，因经济基础、政治身份、权利习惯、历史文化等因素的影响，公民在行使权利和承担义务时存在着实质上的不平等现象。这种不平等是我国政治体系的一种反映。

（2）区域归属的差异。从区域归属角度看，网民与公民之间存在区别。公民是指具有一国国籍的权利义务主体，网民则是参与到互联网活动空间来的虚拟社会活动主体。具有一国国籍的公民在所属国家内拥有政治权利，履行公民义务，参与国家民主政治活动；缘于互联网世界的无国界性，拥有互联网空间活动主体资格的个人或组织未必拥有所参与政治活动国家的公民资格。互联网世界有一句话广为人知："通过网络，谁也不知道自己对面坐着的是人还是一只狗。"这句话一针见血地指出互联网世界的独特属性——隐蔽性，对方身份的高度隐蔽性，当然包括对方的区域归属。虽然多数网民都是现实社会中的公民，但网民毕竟只是以虚拟世界的一个 ID 符号为代表。这个符号任何国界的人都可以注册使用，甚至不具备公民权利和义务资格的逃犯也可做到。"在国内微博上，一些国外媒体开设了账户，如《华尔街日报》等在新浪微博上都有自己的点。而他们刊载的各种消息也可以在这些地方堂而皇之地刊发"①，这些都是网民隐蔽性、无国界性特征的典型表现。

（3）现实性差异。网民与公民的现实性差异缘于二者存在的关键性依托不同：网民的存在，依托于互联网技术平台；公民的存在，在现代社会依托于一国法律法规法治平台。网民是科技发展的产物，是人类社会数字化生存状态的

---

① 项平：《公共网络舆情事件研究》，人民出版社 2012 年版，第 86 页。

一种显示，是虚拟与现实的结合；公民是人类政治发展民主进步的产物，是现实的。虚拟社会中生存的数字化符号——网民，以数字面纱为遮蔽，摆脱现实中多数法律、权力关系、政治地位、利益集团归属等限制，利用网络身份在虚拟空间进行意见表达和政治参与。公民首先是现实社会中的人，是现实社会中一切社会关系、利益关系、法律关系、权力关系的真实统一，公民体现着马克思所讲的"人的本质……是一切社会关系的总和"①的真实的、现实的"社会关系的统一体"内涵。此外，公民的现实性还在于，公民的政治参与，如选举投票、政治结社、创制或复议政府政策等，都发生在现实社会中，只要行为合法就会得到法律认可、保护和体现，并被党和政府上升为国家意志，并以国家法律法规、制度规则体现出来；网络政治参与则不同，网络空间民主政治行为体现出的诉求，从根本上只有党和政府认可并具有体现在政策和法规中的主观意愿，才具有体现到党和政府政策中的可能，离开党和政府的主观意愿，网络空间民主政治行为就失去了转化为现实的基本条件。

2. 网民与公民的联系

网民与公民之间存在密切的联系，这种联系的前提在于，互联网等科技发展的动因是为了服务人类。网络政治行为无论是何种方式，都是为了表达现实社会中公民的政治利益和政治要求，无论网民以哪一 ID、哪一身份、哪一代码出现，身后反映的依然是现实社会中的政治需求。网民是数字化的，但注册、打造"网民"的主体是现实社会的公民或公民组成的实体机构。美国学者戴森说"网络不会取代人类交往，而是将其加以延伸"②，表明的就是数字化公民行为与现实公民行为之间的关系。亚里士多德说，"人天生是一种政治动物"③，网络空间的民主政治行为恰恰是现代人——公民的政治性的集中体现。当然，虚拟空间的民主政治行为可能会反映、夸大乃至歪曲现实空间公民的民主政治行为，即便如此，站在网民背后的依然是现实社会中行使权利、履行义务的公民，网络参政议政依然反映的是现实社会中公民的意见、建议和需求。

网民和公民之间存在的这种既区别又联系的矛盾关系，带来网络空间民主

---

① 《马克思恩格斯选集》第1卷，人民出版社1995年版，第56页。
② ［美］埃瑟·戴森：《2.0版：数字化时代的生活设计》，胡泳、范海燕译，海南出版社1998年版，"致中国读者"第1页。
③ ［古希腊］亚里士多德：《亚里士多德选集·政治学卷》，颜一编译，中国人民大学出版社1999年版，第6页。

参与在党和政府工作中的身份性质表现出模糊性：网络民意反映现实民意的真实性、反映程度和应该在党和政府工作中得到的体现程度。近年来，我国就规范网络空间行为连续出台了几部法规，动因就是为解决因网络空间行为主体与现实国家权利义务主体存在的差异而造成的对党和政府汇集民意工作的潜在干扰。

（二）网络空间民主参与的发展前景具有变动性

在资源配置总量和配置手段的关系理论中，以生产和分配为代表的经济问题和政治问题存在一种逻辑：当一个国家资源总量严重不足时，资源生产（经济问题）将成为一个国家的核心问题；当这个国家的经济达到一定的规模后，资源分配（政治问题）将会凸显出来。经济问题和政治问题的交互，在发展中国家的政治经济现代化中格外明显。

改革开放40年来，特别是党的十八大以来，我国经济建设取得重大成就，民主法治建设迈出重大步伐。进入新时代，经济发展和政治发展关系在我国现代化进程中也体现出显著特点。40年来，尤其是近五年来，我国经济建设取得的巨大成就为世界所瞩目。40年的改革开放，取得了人们公认的"经济持续发展"的大好局面，是为将我国从贫穷落后的经济面貌中摆脱出来的战略选择，也是20世纪70年代末80年代初党中央选择非均衡发展战略的初衷。

网络空间民主参与发展的首要条件是网络空间信息的自由流动、意见建议的自由表达，这是网络参政议政、网络监督得以存在的前提。就发展中国家政治发展限度而言，其民主政治在特定阶段的容纳限度是一定的，超越特定民主政治容纳限度的政治参与，超越容纳限度的任何阶级、阶层包括新兴阶层的利益表达和诉求，无论动机如何，都会引起现行制度的不稳定，有给国家和社会带来风险的可能。"政治参与/政治制度＝政治稳定"的范式，揭示了这一道理，也是党和政府工作实践与网络空间民主参与之间呈现对立统一关系的原因。

网络空间民主参与追求的自由、开放、流动，承载着网络空间民主参与的生命力。我们党和政府工作追求网络空间民意的真实表达，同时要维护和实现现行政治体制的稳定，这是党和政府的历史使命。在网络空间民主参与与党和政府之间的这种目标和动力的差异，使得网络空间民主参与在发展中面临着自由与秩序的两难，使得党和政府在对待网络空间民主参与发展的态度上存在着自由与秩序的选择——任由网络空间民主参与自由发展或是规范、引导网络空间民主参与发展。

面对自由与秩序的博弈，如何正确处理自由与秩序的关系，既能充分利用网络空间民主参与对民主促进的正效应，又能有效克服网络空间民主参与对社会稳定和民主危机的冲击，是对党和政府智慧的重大考验。

这一考验中，党领导人民治理国家面对两大关系：一是面对一个期望与失望的冲击——社会公众尤其是新兴社会阶层的高度参与热情带来的对我国民主政治发展的期望，与对现实参政议政方式不够健全的失望的冲击；二是面对一个真实民意的表达与挑唆煽动的辨别——辨别分析网络声音究竟是网络空间民意的真实表达、真实的网络民情民意，还是"翻墙"而入的境外网民或受雇佣的网络"敌特"挑唆和煽动。在两大关系中，前者需党和政府工作的主体考虑网络空间民主参与给社会稳定带来的挑战，后者更多地考验党和政府工作主体对网络空间民主参与真实性的判断。后一对关系中，若辨别不清、分析不透，以虚假的"网络民意"作为党和政府的决策依据和出发点，将会给真实民意造成伤害，给公民利益带来伤害。

总之，网络空间民主参与在发展中国家党和政府实践中不得不面对"网络空间民主参与要独立、要自由、要流动"而党和政府工作要稳定、要秩序、要有限度的博弈。对进入新时代的中国来说，如何巧妙地突破"'一放就乱，一乱就统，一统就死'的恶性循环"①，是处于新历史方位中的党和政府开展工作需要解决的重大课题。

（三）网络空间民主参与的监督性质呈现不确定

世界各国大众舆论监督与政治权力之间都存在远近不等的联系，舆论监督与政治权力保持适度、一定的张力，是舆论监督起监督作用的基本条件。中华人民共和国成立以来，大众舆论监督与国家权力之间的张力经历了一个由小渐大的过程。改革开放前，在计划经济体制环境下，国家权力相对集中，大众媒体在国家政治发展中承担更多的是国家政策、法律法规的宣传和政治动员功能，真正意义的大众舆论监督主要不是来自大众媒介，而只能来自外部力量。这一时期，大众媒介实际上相当于是国家政治权力的延伸，大众舆论监督和国家权力之间张力较小，媒体起到的监督作用也相对较小。改革开放后，市场经济在中国逐渐发展成型，媒体市场化成为我国经济体制改革的一项重要内容。媒介

---

① 邓正来：《导论》，载邓正来、[美] 杰弗里·亚历山大主编：《国家与市民社会：一种社会理论的研究路径》，上海人民出版社 2006 年版，第 12 页。

市场化带来的一个积极效应是使大众舆论监督逐渐远离国家政治权力，开始履行起更大的政治监督和政治纠错功能。媒介与政治权力之间张力的增大，是我国追求现代化过程中政治分权的结果。但是这种增大的张力必须保持在一定限度内而不能过分扩大，否则对国家稳定和国家权力的健康运行也会造成伤害。履行监督职责时大众舆论监督面临着两个现实选择，网络空间民主参与在我国政治运行体系中也面临着这两个选择：第一，在整个中国特色社会主义民主政治发展中，网络空间民主参与主要承担建设功能还是批判功能？第二，网络空间民主参与的监督功能究竟依赖虚拟属性还是现实属性？

1. 建设与批判之争

政治分权所带来的大众媒体的监督作用，建立在我国市场经济体制逐渐健全的基础上。改革开放头二三十年，经济放宽与政治控制双重特征显著，大众媒介与政治权力高度结合，其监督作用只能在放权和控制间寻求一丝狭小的生存空间。在这样的政治生态中，监督只能进行有限、相对的监督。在等级制度特征显著的政治系统中，有限的监督多集中于基层的、位权有限的群体或个人，对于垄断性的、中高层群体或个人而言，舆论监督基本处于"失语"状态。有人对《人民日报》1993～1997年间批评性报道抽样调查发现，在所有涉及批评性的报道中，"有58.6%是刊登在读者来信中，有53.2%不涉及具体的人和单位，针对集体或单位的占报道总量的17.8%，针对不法分子的占17.1%，而针对各级干部的批评只有8.5%，针对处级以上干部的批评只有2.6%，而且大部分是根据有关部门查处结果报道的，完全由报纸发现和揭露的很少"①。这种监督带有典型的体制内行政监督特征，体现的是舆论监督对政治权力的高度依赖，是改革开放后相当长一段时间内中国媒体监督的生存状态。

近年来，随着国家经济体制改革的持续深入，民主政治建设逐渐推进，中央对待政治体制发展的思路更加清晰，在明确"人民民主是我们党始终高扬的光辉旗帜"的同时，提出社会主义民主政治坚持党的领导、人民当家作主、依法治国有机统一，以保证人民当家作主为根本，强调更加注重改进党的领导方式和执政方式，保证党领导人民有效治理国家；明确要更加注重健全民主集中制、丰富民主形式，保证人民依法实行民主选举、民主决策、民主管理、民主监督等要求，民主政治建设思路更加明确，为进一步理清民主监督和政治权力

---

① 孙旭培：《舆论监督的必要性和可行性》，载《同舟共进》，1999年第7期。

间的关系奠定基础。在实际操作中，在基层许多地方，媒体对党和政府的作用受传统习惯影响，依然和政治权力之间保持密切关系。政治权力对建议采取欢迎态度，但对待批评、批判的态度不是那么乐观。当年，刘少奇曾对党内害怕批判、抵制批判的现象进行过批评："在我们党内有没有那类叫人吹拍的戈尔洛夫呢？有的。你批评他，他不高兴，给他吹吹拍拍，他高兴了。"① 改革开放几十年后，依然能在现实生活中找到这种现象的影子。网络媒体的崛起，同样面临建设性为主还是批判性为主的选择。从技术上看，互联网突破了体制束缚，具备进行全面监督的技术可能和监督理念，新世纪以来，我国网络空间民主参与的发展确实在"自由至上"的道路上开展；但如果国家从技术上控制互联网，那么网络空间民主参与的发展依然存在被纳入体制内轨道、充当党和政府的"传声筒"的可能。一旦进入这种情形，网络空间民主参与的自由和限度就会受到很大的限制，其建设性监督还有发展空间，但批判性监督的发展余地就会大大缩小。

2. 虚拟与现实之辩

在近十余年中，互联网监督表现出一些规律性特征。在流程上，很多网络事件是先由网民发现并发布信息，进而引发网络空间大讨论，再经各大媒体转载，最后由传统媒体介入，从而改变整个事件的走向的。"南京房产局长天价烟"事件、"表哥杨达才"事件等，都呈现出这个逻辑。"2009 年'两会'期间，人民网舆情研究中心针对网络政治监督做了一次在线调查，调查数据显示，网络政治监督在公众中的地位越来越重要，公众对政治监督的政治效能感增强，在参与调查的网民中，有 87.9% 的网民非常关注网络监督，有 50.4% 的网民认为网络政治监督非常必要，并有 92.3% 的网民表示，如果遇到社会不良现象，选择网络进行曝光监督，更为方便可行。"② 由此，网络空间民主参与的监督路径和效能凸显在世人面前：互联网监督，究竟是依赖虚拟空间，还是依赖现实社会？虚拟空间监督具有极大的扩散、流动、快捷特质，这是网络空间民主参与监督的独特优势。现阶段我国网络空间民主参与的发展显示，网络空间民主参与监督的独特优势还未得到充分发挥，主要原因在于我国网络虚拟监督必须纳入现实轨道，实现从虚拟空间到现实空间的转换才会有效。从虚拟到现实的

---

① 刘少奇：《对华北记者团的讲话》，见中国社会科学院新闻研究所编：《中国共产党新闻工作文件汇编》下册，新华出版社 1980 年版，第 252 页。

② 郭小安：《网络民主的可能及限度》，中国社会科学出版社 2011 年版，第 221 页。

转换依赖一定的条件——介入"人"的因素：党和政府工作主体对网络空间民主监督的认可和使用，并且要通过法制化步骤和程序。"人"的因素介入，使网络空间民主参与监督从判断、辨别、分析、选择到使用、落实，直至进入制度和法律程序，都融入了更多主观因素。主观因素的融入，网络空间民主参与监督的时效、实效都可能发生转变，有时因为部门保护或其他人为因素可能使事情出现逆转。

　　不管怎样，无论是虚拟空间监督还是最终转化为现实社会监督，网络空间民主参与在我国当代民主政治发展中都起着推动作用，对党和政府服务人民的工作的发展也起着推动作用。当然，在"十三五"规划落实的新时代，更好地探索民主政治建设中出现的问题和思路，依然是关系我国政治经济现代化的重要内容，这其中必然包含着对网络空间民主参与监督的准确分析、合理定位和正确对待。

二、中国网络空间民主参与发展存在的主要问题

　　网络空间民主参与崛起，在国家政治经济发展和政党治理国家的实践中日益重要。从我国经济发展和民主政治发育阶段看，网络空间民主参与在推进党领导人民有效治理国家进程中依然存在不少问题。这些问题的存在，影响着党和政府工作人员对待网络空间民主参与的态度，也影响着网络空间民主参与在国家和社会治理体系中的价值和效度。

　　（一）网络空间民主参与还是"网络的民主"对有效的国家治理和社会治理的干扰

　　网络空间民主参与本质上是政治主体借助网络技术在网络虚拟空间的民主政治表达，是网民以电子技术为支撑在网络空间进行对话、协商等民主实践。健全、规范、完善的网络空间民主参与，能够正确反映全体政治主体的意愿和诉求。按照美国当代参与式民主理论代表人物、前国际政治科学协会主席卡罗尔·佩特曼对真正的民主的分析判断，健全、规范、完善的网络空间民主参与应该是公民在网络空间对公共事务从议程设定到决策执行全过程的参与，是全体具有法律权利的公民负责的、自由发展的、平等的参与。这种参与权利和政治地位不受经济能力和经济地位的制约，不以经济为条件。然而，网络作为科技，它的普及具有经济属性。对国家而言，网络技术的扩张是由国家整体经济实力决定的；对家庭或个人而言，网络技术的使用受家庭或个人经济能力制约。

平等和广泛是民主的本质属性和真谛，但网络空间民主参与因互联网本身具有的经济属性而在客观上造成民主政治参与主体的不平等性。由于"数字鸿沟"的存在，网络空间民主参与带有地域差异、个体差异，不同地区、不同个体对信息、网络技术的应用能力和程度不同，从而造成网络空间的"知识分割"和"贫富分化"。

我国网民数量虽然已经达到7.72亿，互联网普及率也已过半，但这只是全体社会十几亿公民中的一部分。这7亿多网民相对于其他没有条件接触和使用网络的社会公民而言，经济地位在国家中处于富裕阶层，从而使我国网络空间民主参与一定程度地显示出"贵族民主"色彩。7亿多网民中，拥有足够的互联网使用和表达技术的又只占其中一小部分，更多的是以手机终端方式存在的网民，多数手机网民的技术和时间条件不足以支撑起他们所享有的民主政治权利完整意义上的实践。这样，网络空间民主参与只能是互联网上的部分网民的民主，是一小部分社会成员的发声。这种"网络的民主"干扰通过以下三种差异表现出来。

1. 全球国别和地区间差异

国别和地区间的差异是相对宏观的，决定着我国在整个国际互联网空间的地位和发展程度。这是对我国网络空间民主参与干扰的总体因素。我国互联网发展的总体程度和阶段，它所体现出来的民意的真实性，影响着网络空间民主参与在国家治理体系中的地位、价值和作用，又反过来影响党和政府对网络空间民主参与的立场、态度和对策。我国接入国际互联网20余年来，互联网发展带来的成绩有目共睹，但互联网渗透率为54.6%，仅高于亚洲地区平均渗透率6.5个百分点（见表4-1）。①

表4-1　亚洲互联网使用、人口数据统计（2017年12月）

	人口（2018年估计数）	互联网用户（2000年）	互联网用户（2017年12月31日）	互联网渗透率（占总人口%）	互联网用户占亚洲%
阿富汗	36373176	1000	5700905	15.7%	0.3%
亚美尼亚	2934152	30000	2126716	72.5%	0.1%
阿塞拜疆	9923914	12000	7999431	80.6%	0.4%

---

① 亚洲地区互联网平均渗透率为48.1%。数据来自Internet World Stats，"Internet Usage in Asia"，https：//www. internetworldstats. com，2018年5月25日。

	人口（2018年估计数）	互联网用户（2000年）	互联网用户（2017年12月31日）	互联网渗透率（占总人口%）	互联网用户占亚洲%
孟加拉国	166368149	100000	80483000	48.4%	3.8%
不丹	817054	500	370423	45.3%	0.0%
文莱	434076	30000	410836	94.6%	0.0%
柬埔寨	16245729	6000	8005551	49.3%	0.4%
中国	1415045928	22500000	772000000	54.6%	38.1%
格鲁吉亚	3907131	20000	2658311	68.0%	0.1%
印度	1354051854	5000000	462124989	34.1%	22.8%
印度尼西亚	266794980	2000000	143260000	53.7%	7.1%
日本	127185332	47080000	118626672	93.3%	5.9%
哈萨克斯坦	18403860	70000	14063513	76.4%	0.7%
韩国	51164435	19040000	47353649	92.6%	2.3%
吉尔吉斯斯坦	6132932	51600	2493400	40.7%	0.1%
老挝	6961210	6000	2439106	35.0%	0.1%
马来西亚	32042458	3700000	25084255	78.3%	1.2%
马尔代夫	444259	6000	340000	76.5%	0.0%
蒙古	3121772	30000	2000000	64.1%	0.1%

注：亚洲国家和地区较多，数据只选取其中一部分。
资料来源：亚洲互联使用、人口数据统计来源于 https：//www. internetworldstats. com/stats3. htm#asia。

整个数据显示，亚洲地区的互联网渗透率为48.1%。这一比率在全球范围内毫无排名优势。它比非洲地区渗透率35.2%高一些，但离普及率最高的北美地区95.0%的渗透率尚有巨大距离（见表4-2）。

表4-2　世界互联网使用和人口统计（2017年12月31日更新）

	人口（2018年估计数）	占世界人口%	互联网用户（2017年12月31日）	互联网渗透率（占总人口%）	2000~2018年增长	互联网用户占世界%
非洲	1287914329	16.9%	453329534	35.2%	9941%	10.9%
亚洲	4207588157	55.1%	2023630194	48.1%	1670%	48.7%
欧洲	827650849	10.8%	704833752	85.2%	570%	17.0%

	人口（2018年估计数）	占世界人口%	互联网用户（2017年12月31日）	互联网渗透率（占总人口%）	2000～2018年增长	互联网用户占世界%
拉丁美洲	652047996	8.5%	437001277	67.0%	2318%	10.5%
中东	254438981	3.3%	16403759	64.5%	4893%	3.9%
北美洲	363844662	4.8%	345660847	95.0%	219%	8.3%
大洋洲	41273454	0.6%	28439277	68.9%	273%	0.7%
WORLD TOTAL	7634758428	100.0%	4156932140	54.4%	1052%	100.0%

资料来源：Internet World Stats，"Internet Usage Statistics"，https：//www. internetworldstats. com/stats. htm，2018 年 5 月 23 日。

从世界范围互联网渗透率比较来看，北美地区（95.0%）和欧洲地区（85.2%）占据排名前二位。从互联网用户数量来看，亚洲地区占比为48.7%，我国互联网用户占亚洲地区38.1%。这种客观情况对中国来讲是机遇与挑战并存。一方面，在信息社会，人们对互联网的依赖程度越来越高，国内巨大的发展潜力，国外可借鉴的经验，都可以使我国结合自身情况进行创新，进而产生巨大生产力，更好地提高民众对美好生活的满意度；另一方面，数字鸿沟客观存在，互联网没有边界，信息必定会在一定时期内良莠不齐并向低的一端流动，必定会对一个国家的政治、经济、社会、文化等产生消极作用，从而对民众的心理和价值观产生不良影响。这两方面问题是相对落后的发展中国家推进互联网事业的过程中需要解决的课题。

2. 我国国内城乡之间差异和城乡内部群体差异

国内城乡差异与下面第三种中国国内区域差异一样，都属于我国政治经济二元结构的内容，是我国城乡二元结构的重要表现。国内城乡差异是影响我国网络空间民主参与民意代表性的重要因素，也是我国"数字鸿沟"的重要决定因素。从近些年我国城乡差异的发展数据看，尽管我国在推进城乡统筹发展下力度不断增大，但城乡之间的"数字鸿沟"并没表现出显著缩小的趋势，而是保持了一种相对稳定的状态：城市要远远优于农村，城乡网民用户规模差距也必将存在一段时期。这种在一定时期存在的用户规模差距，决定了农村在网络空间民主参与发展中的劣势地位，是网络民意对农村发展不公平的重要成因。2014～2015年我国互联网发展尽管在农村比较迅速（见表4-3），但是从构成上来看，农村主要体现在手机网络用户的崛起上，而手机网络用户的民主参与程度和深度还是一个很大的问题。从这些因素中可以推断：即便农村互联网用户比例相对上升，但是由于网民政治文化素质及互联网使用手段的制约，网络空间民主参与对农村公民意愿的体现程度也难以在短期内获得提升。这是"网络的民主"对全体人民有效参与国家和社会治理产生干扰的一项重要因素，对于转型中的中国而言，这一干扰表现得尤为明显。这是我国"数字鸿沟"伤害人民当家作主的社会主义国家民主政治质量的原因所在。

表 4-3　2014～2015 年中国网民城乡结构　　　　　　　　　单位：%

	2014	2015
城镇	72.5	71.6
农村	27.5	28.4

资料来源：中国互联网络信息中心《中国互联网络发展状况统计报告（2016 年 1 月）》。

通过对近两年我国互联网发展态势的分析可见，我国农村和城镇在网络使用上的差距依然较大（见表 4-4），没有显著改观。这种网络使用规模对网络空间民主参与的质量和代表性，都将形成较大的影响。

表 4-4　2016～2017 年中国城乡网民规模对比关系结构　　　　单位：%

	2016	2017
城镇	72.6	73.0
农村	27.4	27.0

资料来源：中国互联网络信息中心《中国互联网络发展状况统计报告（2018 年 1 月）》。

"数字鸿沟"在城乡内部群体间的存在，也是一项影响网络空间民主参与质量的重要因素。截至 2017 年 12 月，我国城镇地区互联网普及率为 72.1%，农村地区该指数为 35.4%。2014～2017 年城镇和农村地区互联网普及率数据显示，虽然两个群体的普及率都有增长，但两个群体之间"数字鸿沟"现象仍表现突出，特别是农村地区普及率较低（见表 4-5）。这一现象同时表明，两个群体之间的渗透性、关联性及相互转化仍需加强。

表4-5　2014～2017年中国城乡互联网普及率　　　　　　单位:%

	2014	2015	2016	2017
城镇	62.8	65.8	69.1	71
农村	28.8	31.6	33.1	35.4

资料来源：中国互联网络信息中心《中国互联网络发展状况统计报告（2018年1月)》。

3. 我国国内区域差异

在我国"数字鸿沟"的成因中，有一种因素对人民管理国家和社会事务中网络空间民主参与作用的发挥有很大的制约，即我国国内体现在省区之间的互联网发展和网络空间民主参与发育程度。在我国30多个省、市、区中，不同地区的经济发展水平存在差异。而在各地区经济发展水平与互联网发展水平之间存在着一种正相关关系（见图4-1）：经济发展水平高的地区，互联网发展水平也相对较高，这是一种总体态势。这种总体态势，从图4-1中2016年我国互联网发展水平与经济水平的关联性数据中可以清晰地看出来。这种关联性，给网络空间民主参与的作用发挥和价值实现带来的结果是：在不同地区之间，网络空间民主参与所赖以存在的物质技术条件决定了"网络的民主"代表性的不同。经济发展水平高、互联网发展水平高的地区，网民通过互联网了解信息、表达意愿、传递诉求的可能性高；经济发展水平低、互联网发展水平低的地区，网民通过互联网进行民意传递的可能性低。而从图4-1数据中直观地分析，最高普及率（77.8%）与最低普及率差（39.9%）相差37.9个百分点，差距近一倍。排除主观因素的影响，这种"数字鸿沟"对网络空间民主参与推进党领导人民治理国家的干扰是巨大的。这种国内区域差异，和国内城乡差异一起，使我国的网络民意代表性受到很多质疑，是我国网络空间民主参与推进现代国家治理需要认真对待的重要因素。

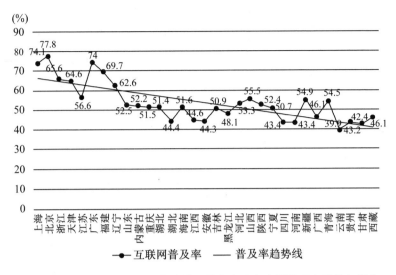

图4-1　2016年中国内地各省互联网普及率及各省居民可支配收入排名

注：图中各省可支配收入排名从高到低排列。

资料来源：（1）中国互联网络信息中心《中国互联网络发展状况统计报告（2017年1月）》。（2）《2016年全国31省份GDP与人均可支配收入大比拼》，人民网，http://sh.people.com.cn/n2/2017/0307/c176738-29816257.html，2018年5月10日。

　　对比可见，2016年内地各省互联网普及率趋势线与同年度各省居民可支配收入排名基本平行。这种情况说明，各地经济发展水平与当地互联网普及水平关联度比较高，由此带来的"数字鸿沟"现象成为一种客观存在。

　　综合上述三种情况的分析可以看出，网络空间民主参与要最真实地接近全体政治主体意愿，从技术支撑上讲，需要最大范围地将互联网技术普及开来。互联网普及率越高，网络空间民主参与可能反映的民意程度就越高。党和政府若要利用网络搜集、了解民意，利用网络汇集民智，那就需要对网络民意进行正确的分析和研判。党和政府需要搞清楚网络空间民主参与背后隐藏的主体的主要构成，认识清楚网络空间民主参与背后代表的利益主体的范围，并能够把它还原到整个社会公众的大背景中去分析。只有这样，党和政府才有可能将网络民意还原成社会公众意愿，使决策不仅能够考虑到网络空间民意立场，也能够考虑到那些未能在网络空间表达民主政治诉求的社会民主政治主体的利益。网络空间民主参与能够在多大程度上反映、代表社会整体公众的利益和要求，这是网络空间民主参与在现代国家和社会治理体系中作用效度的一个重要考量因素，是对党和政府为人民服务能力的基本检验。

（二）"沉默的螺旋"现象对党的执政质量的影响

"沉默的螺旋"理论的提出，归功于德国社会学研究者伊丽莎白·诺埃勒 - 诺依曼的《重归大众传媒的强力观》一文。① 1984 年，诺埃勒 - 诺依曼在《沉默的螺旋：公众舆论——我们的社会皮肤》中进一步阐释了"沉默的螺旋"现象。她对 1973 年的联邦德国大选及一系列舆论调查之后发现，在竞选过程中，总会有某些观点占上风。于是，人们保持沉默，而不愿意发表自己的看法。② "在某个语境（大众媒介）中得出的观察结果会传递到另一个语境中，鼓励人们要么申明自己的观点，要么把话咽回去保持沉默，直到经过一个'螺旋'的过程，某种观点在公开场所占据统治地位，其他观点因其追随者的沉默不语而在公共意识中消失。"③ 后人对"沉默的螺旋"解读认为，"沉默的螺旋"由三个命题构成，其中第二个命题是：意见的表明和"沉默"的扩散是一个螺旋式的社会传播过程。也就是说，一方的"沉默"造成另一方意见的增势，使"优势"意见更加强大，这种强大反过来又迫使更多持不同意见者转向"沉默"。如此循环往复，便形成一个"一方越来越大声疾呼，而另一方越来越沉默下去的螺旋式过程"④。"沉默的螺旋"反映出的是一种在新兴技术、新兴事物面前公民平等权的实践差距。在这种差距中，垄断媒体力量、握有媒体权力的阶级、阶层拥有发声平台和渠道，不具备新媒体力量、权力的群体的声音实质上被湮没了。

"沉默的螺旋"现象在当今中国的网络社区中屡有发生。以微博和微信群为例，常见的现象就是当某一人或某几人由谈及某官员腐败扩展为对中国公务员队伍总体进行攻击时，若有人表达不同观点乃至反对观点便会遭到激烈的批驳，甚至被捎带着辱骂。有些甚至上升为激烈的言语冲突或围攻。多数人为避免这样的结果，都会在看到不同观点和言论时保持沉默。这是上网群体中发生的最为常见的一类沉默现象。从更为广泛的群体上看，"沉默的螺旋"现象在中国有

---

① E. Noelle-Neumann, "Return to the Concept of the Powerful Mass Media", *Studies of Broadcasting*, Vol. 9, 1973, pp. 68-105.

② E. Noelle-Neumann, *The Spiral of Silence: Public Opinion-Our Social Skin*, 2nd ed., Chicago, IL: University of Chicago Press, 1993, pp. 23-35.

③ 张春华：《网络舆情：社会学的阐释》，社会科学文献出版社 2012 年版，第 21~22 页。

④ 谢新洲：《"沉默的螺旋"假说在互联网环境下的实证研究》，载《现代传播》，2003 年第 6 期。

着另外一层含义：没有条件上网发表言论的群体，成为"沉默"的、"被代表"的一群，他们的立场、观点和利益被有条件进行网络参与的群体的呼声所淹没。

"沉默的螺旋"现象对网络空间民主参与和社会主义民主政治都会造成一定的困扰，一方面，"沉默的螺旋"会降低网络民意的代表程度，使网络民意不能完全真实地反映出社会意愿；另一方面，以这样的网络民意作为党和政府决策的基础，最终也会伤害决策的民主化程度和科学性，从而影响党领导人民治理国家和管理各类事务的效果。

（三）网络空间民主参与无序化和极化现象对人民管理国家和社会事务的冲击

网络空间民主参与除了主体代表性影响人民管理国家和社会事务之外，网民参与网络行动的形式和秩序也会影响其在人民管理国家和社会事务中的价值作用。

相对于我国制度化的民主参与形式而言，网络空间民主参与具有更强的"碎片化"特征。现实社会民主制度下的公民参与，是拥有人民代表大会制度、政治协商制度、基层自治制度等多种保障的制度化政治参与方式。公民在政治系统内的参与制度化、程序化、规范化更高。网络空间民主参与多散见于网络论坛、字数内容有限的微博和微信等，以网络投票、发帖跟帖等形式存在，这样表达出来的见解和主张是零碎的、散乱的。这种零碎的、散乱的民主参与会造成以下两种结果。

1. 民主参与无序化

相对于现实社会的民主行为，网络空间民主参与最大的特点就是相对平等性。这种相对平等性使得所有人同时具有了发言的能力：只要是某个网络空间的一分子，就能够在该区域就某问题发表自己的见解。即兴发言、即兴发挥，甚至某些不顾事实地出于从众心理而大放厥词的行为屡见不鲜。网络自由性最大限度地满足了网民的表达需求。这种网络参与，在目前中国对网络社区管理还没有成熟的规则和程序可遵循的情形下，如果网民对某一话题参与热情过度高涨，理性屈服于情绪，那么这种无序化参与就非常有可能造成过度参与的后果。网民对特定议题大量地表达出自己的利益诉求而形成过度参与，力图影响政府决策；而政府在努力吸取网络意见以形成民主决策时，因网络民意的泛滥加之参与主体的局限性，从而导致对政府的信息输入失真，使政府决策部门难以做到去粗取精、去伪存真。这种情形下的政府决策，因其依据的局限性而造成决策的局限性，从而对决策的民主性和科学性造成伤害。

2. 网络空间民主参与参与极化现象

网络空间民主参与参与的极化现象是指发生在网络空间的群体极化言论或行为。美国学者凯斯·桑斯坦对"群体极化"（group polarization）进行了解读，并进一步阐释了网络舆论形成的心理机制。桑斯坦认为，"群体极化"现象是指团体成员一开始即有某些偏向，在商议后，人们朝偏向的方向继续移动，最后形成极端的观点。在此观点的深入论述中，桑斯坦列举了从"温和的女性主义者"到"强烈的女性主义者"、法国公民"质疑美国这个国家及其经济援助的意图"、有种族偏见的白人对于种族主义是否应该为非裔美国人在美国所面对的问题负责等几个例子，解释说明极化现象的发生和演变。经过论证和分析，在观察现实社会之后，桑斯坦针对网络虚拟空间提出了虚拟空间群体极化问题。他说："毫无疑问地，群体极化正发生在网络上。"针对虚拟空间的极化现象，桑斯坦认为："网络对许多人而言，正是极端主义的温床。"① 他指出了导致网络空间民主参与极化现象发生的两个要素：一是网络空间的个人或团体本来就存在某种认识或心理上的一致性——志同道合；二是这些具有一致性认识或心理的个人或团体能够轻易并频繁地利用网络便利进行沟通，且听不到不同的看法。在这种基础上，网络空间这种具有倾向性团体的意见持续暴露并影响一些原本没有既定想法的人，使之逐渐相信他们的立场，并进而跟随继续发展，最终走向极端，或导致分裂，或带来混乱。

从桑斯坦对网络空间极化现象的论述，可以得出产生这一问题的四个基本要件：一是网络空间行为部分主体在心理上的一致性。这种一致性在具有"先入为主"的倾向性作用下，会在观点选择和行为判断上越来越集中。这是网络空间民主参与极化现象产生的心理要素。二是互联网的便利性。互联网能够提供的交流和沟通的便利，为网络空间民主参与极化现象的出现提供了物质支撑。三是部分网民的盲从性。对网络空间讨论问题缺乏必要的了解和认知，使一些网民在观点选择和行为判断上易于被引导甚至被误导，作出错误的判断和选择，甚至会在恶意诱导下走上违法犯罪的道路。四是网络空间法律法规的欠缺。发育不健全的网络社会是群体极化现象发生的最好空间。缺少制度和规则的约束，

---

① ［美］凯斯·桑斯坦：《网络共和国——网络社会中的民主问题》，黄维明译，上海人民出版社 2003 年版，第 50～51 页。

网民在虚拟空间"百家争鸣",言所欲言,为所欲为。极度的群体极化现象会超越正常的网络协商和意见表达范畴,甚至会形成网络暴力,干扰正常的网络秩序,影响网络空间民主参与的健康发展。

对我国来说,网络空间民主参与的无序化和极化现象,在网络自媒体性质基础上,对网络信息的客观性、公正性和代表性造成损害。无序和极化状态中,议程设置很容易发生偏差,人为操控性容易被少数活跃分子利用,通过强势挤压的方式,吸引并独霸网民的注意力,控制议程和话语方式,"少数人得以让自己的声音压倒大多数人"①,导致网络协商无法正常展开,民意表达无法正常进行,冲击党和政府对网络空间的治理。网络空间治理程度不高时,网络空间民主参与参与的无序和极化使网民难以达成共识,或达成的"共识"具有极大偏颇性,使人民依靠网络技术拓展参与社会治理渠道的实践无法在理想的科学状态下展开。

三、中国网络空间民主参与发展存在问题的原因

网络空间民主参与在推进人民当家作主中存在的一系列问题,有着复杂的技术和社会心理因素。此外,以网络社会规则不足为表征的网络空间发育程度低,也是上述问题存在的重要原因。

(一)重视程度不足是存在问题的主观性因素

作为实践工作主体,党政机关及工作人员对网络空间民主参与地位和作用的认识经历了一个渐进过程。网络空间民主参与作为一个新事物刚兴起时,其作用没有经过实践检验,因此其价值也没有得到重视。经过近20年的发展,网络空间民主参与的作用日益展现。由于网络空间民主参与先天存在积极和消极两方面影响,对人民当家作主具有"双刃剑"作用,所以今天仍然有相当一部分人对网络空间民主参与抱拒绝、排斥的态度。持这种态度的人既有公务人员,也有普通公众。随着时间的推移,国家信息技术规范不断发展,网络空间民主参与的消极作用会逐渐得到控制,而积极作用会逐渐凸显,网络空间民主参与对党领导人民治理国家的推动价值会日益显现。

(二)网络发展和使用不足是存在问题的技术性因素

我国网民在2013年上半年达到6亿多人,至2017年12月发展为7.72亿的

---

① 胡泳:《网络政治》,国家行政学院出版社2014年版,第35页。

规模,① 总体规模和发展速度都比较乐观。网络空间民主参与推进我国现代治理体系发展,不仅取决于能够接触网络的人数多寡——网络空间民主参与影响人民当家作主的量的指标;还取决于网民对网络的使用深度和广度——网络空间民主参与影响人民当家作主的质的指标。当前我国7亿多网民中,能对党和政府工作形成有效影响的成员只占其中一小部分。之所以形成这一现实,有如下两个关键性技术因素。

1. 我国互联网发展虽快但普及程度仍然不足

互联网普及程度涉及三个主要方面:国家经济水平的基础性制约、国家信息发展战略的政策性制约、国家民主政治发展程度的软实力制约。这些制约要素,都不是短期内能解决的。以经济发展水平为基础,影响民主质量和水平的互联网技术必须与国家民主政治发展程度相适应,才会推进国家民主政治的平稳发展。

2. 互联网技术掌握和使用程度依然不足

互联网技术掌握和使用状况,按照网民在现实社会中的工作领域划分,可分为两部分:一是党政机关及工作人员的互联网掌握和使用水平,二是普通社会公众对互联网的掌握和使用水平。在网络空间民主参与作用于国家和社会治理过程中,党政机关及其工作人员的互联网掌握和使用水平的影响主要在于,在我国网民中,党政机关及工作人员所占比例较低(见表4-3),且在对网络的认知、驾驭能力等方面,尚不能满足建立现代治理体系和社会发展的需求。

表4-3 党政机关事业单位领导干部网民和一般职员网民比例

	2012.12	2013.12	2014.12	2015.12	2016.12	2017.12
领导干部	0.5%	0.5%	0.5%	0.4%	0.4%	0.5%
一般职员	4.2%	4.3%	3.4%	4.9%	4.3%	2.9%
共计	4.7%	4.8%	3.9%	5.3%	4.7%	3.4%

资料来源:综合中国互联网络中心发布的第33、35、37、39、41次《中国互联网络状况统计报告》而得。

---

① 参见中国互联网络信息中心:《中国互联网络发展状况统计报告(2018年1月)》。

从社会公众角度看，技术因素在网络空间民主参与作用于国家和社会治理的效度，通过我国网民的学历水平、年龄结构表现出来。综合前文中对 2007～2017 年我国网民统计数据分析，我国网民的主力军是青壮年群体（20～39 岁，10～20 岁的青少年也占有相当比例），这部分网民在当前党和政府工作体系中还不能起到决定作用；学历主要集中于初中和高中或中专、技校水平，这一学历水平也决定了网民主体在政府决策中无法起决定作用。以 2017 年我国网民的年龄、学历结构看，我国互联网络信息中心发布的《第 41 次中国互联网络发展状况统计报告》显示，这一状况仍然保持稳定状态：10～29 岁的青少年群体所占比例为 49.6%，仍超过占 36.7% 的 30～49 岁群体 12.9 个百分点；大专以下学历所占比例为 79.6%，大专及以上学历总计 20.4%。两个因素合起来，无论是社会公众的学历水平和年龄结构都决定了网民对互联网的掌握和使用无法将网络空间民主参与的积极作用发挥到佳境。

网络空间民主参与作用于国家和社会治理系统的效度受制于对互联网技术的掌握和使用情况，除表现在上述网民群体之外，还表现在非网民群体中。我国非网民上网意向及不使用互联网原因的调查表明：相当一部分有上网使用互联网意向的人，因未掌握必备技术不会使用互联网而被排除在网络权利行使范围之外，无法在互联网上表达自己的利益诉求和政治主张（见表 4-4）。这也是影响网络空间民主参与客观代表性的重要因素。

表 4-4　非网民不上网原因　　　　　　　　　　　　　　　　单位：%

	2012.12	2013.12	2014.12	2015.12	2016.12	2017.12
不懂拼音等文化程度限制					24.2	38.2
不需要/不感兴趣	10.8	10.5	11.6	9.1	13.5	9.6
没时间上网	18	17.4	17.3	14.6	17.8	8
当地无法连接互联网	2.8	1.8	3	3.4	4.8	5.2
没有电脑等上网设备	11.7	10	10.7	9.4	8	9.6
年龄太大/太小	18.6	20.6	28.5	30.8	13.8	14.8
不懂电脑/网络	57.5	58.1	61.3	60	54.5	53.5

注：因不上网原因为多选项，故总值可能超过 100%；其中，文化程度限制原因为 2016 年和 2017 年新调查选项。

资料来源：综合中国互联网络信息中心发布的第 33、35、37、39、41 次《中国互联网络发展状况统计报告》数据整理而得。

网民（社会公众和党政机关工作人员整体）对互联网技术的掌握状况决定了互联网空间民主表达、主张、参与状况和参与的水平、质量，决定了我国网络空间民主参与状况。党和国家工作人员的互联网掌握水平和使用状况又决定了其在履职过程中吸取、运用网络空间民主参与的水平和质量。两项因素综合起来，决定了党领导人民治理国家和社会事务过程中网络空间民主参与的价值和效度。

（三）制度规则不足是存在问题的制度性因素

互联网发展20余年，国家和工信管理部门颁布出台了一系列法律法规。由于互联网跨国界、超时空的特点，现实管理中诸多法律对虚拟空间管理无法比照、不能直接使用，所以目前我国互联网管理制度规则还不足以规范网络行为，不足以对网络失范行为、网络犯罪等形成系统的规范、威慑、打击。我国当前已有三大部分互联网规范依据：一是适用于所有公民包括网民在内的国家层面的法律法规，如《宪法》《刑法》等，这是在中华人民共和国范围内的公民一切言行的基本规范和保障，是现实空间和虚拟空间中的一切行为必须遵守的基本规范；二是针对互联网和信息工业发展的专业法律法规，如《中华人民共和国计算机信息系统安全保护条例》《中华人民共和国电信条例》《互联网信息服务管理办法》《全国人民代表大会常务委员会关于维护互联网安全的决定》《互联网电子公告服务管理规定》《互联网安全保护技术措施规定》《互联网站从事登载新闻业务管理暂行规定》《中华人民共和国计算机信息网络国际联网管理暂行规定》等，再如《计算机信息网络国际联网安全保护管理办法》《文化部关于加强网络文化市场管理的通知》《新闻网站电子公告管理暂行办法》《计算机病毒防治管理办法》等全国人大、国务院、国务院新闻办、工信部、文化部（现文化和旅游部）等机构制定出台的法律法规和规范文件，以及中国互联网络信息中心出台的《中文域名注册管理办法》《中文域名争议解决办法》等规范性文件；三是各省颁布的关于互联网络管理的相关规定等指导性文件。

对迅速崛起的互联网而言，这些规则对规范网络空间行为远远不够，还谈不上构建起我国互联网空间制度框架，所以当前我国网络空间行为失范现象屡屡出现。一个事件一旦上网，无论是否侵犯个人隐私权，各种搜索、"人肉"式曝光铺天盖地而来。北京市海淀区人民检察院对2001年到2004年5月间的网络犯罪案件分析后认为，互联网立法严重滞后，是造成网络犯罪的重要原因之一。① 制度规则的缺失也造成国家层面的纠错机制缺失。现实社会中一件个人小事，在网络空间经过公众广泛参与，经过所谓"意见领袖"有意或无意夸大、歪曲之后，甚至经过潜入网络空间的敌对分子煽动、蛊惑之后，因舆论传播领域的"蝴蝶效应"②，就可能酿成一个大事件，影响一个家庭、一个单位的正常生活和工作，乃至引发命案。

近年来，党和国家越加重视互联网空间治理，重视网络空间民主政治参与行为的真实性和代表性建设，对网络政治生态进行刚柔并济的统筹治理。网络空间民主参与要推进人民当家作主的真实性和广泛性进程，首先必须能够正确反映民意的民主参与实践和行为，必须符合民主的基本内涵。民主的基本内涵则必须有基本法律规则作为保障。党和政府正努力建构网络空间民主参与健康生存发展所必需的规则，这成为从中央到地方各级党委政府的共识。经过多年的探索，我国互联网基础管理制度已初具规模。2010年5月，国务院新闻办公室主任王晨表示："我国已初步建立了互联网基础管理制度，并初步形成了网络信息安全保障体系。"③ 党的十九大报告强调："加强互联网内容建设，建立网络综合治理体系，营造清朗的网络空间。"④ 将发展互联网技术和发展互联网规范两件事并提出来，确立起新时期互联网技术发展和网络空间行为规范的目标及准则，为下一阶段互联网发展和网络空间民主政治参与行为奠定了基础。2016年11月7日，全国人大常委会通过《中华人民共和国网络安全法》，并于

---

① 参见《黑客侵入成网络犯罪主流　网络立法严重滞后》，人民网，http：//www. people. com. cn/GB/it/1069/2632613. html，2004年7月12日。

② 蝴蝶效应是混沌理论的核心概念，它最常见的描述为："一只蝴蝶在巴西轻拍翅膀，可以导致一个月后得克萨斯州的一场龙卷风。"在混沌理论中，蝴蝶效应这一形象描述指的是初始条件的十分微小的变化经过不断放大，其未来状态会形成极其巨大的反应。蝴蝶效应最早源于美国气象学家爱德华·罗伦兹1963年提交的一篇论文，文中指出："一个气象学家提及，如果这个理论被证明正确，一个海鸥扇动翅膀足以永远改变天气变化。"1979年，罗伦兹再次提到这一理论，并将之改为蝴蝶，蝴蝶效用理论由此形成，并被逐渐地应用于传播学和社会学领域。（参见张春华《网络舆情：社会学的阐释》，社会科学文献出版社2012年版，第25页）

③ 《我国已初步建立互联网基础管理制度》，新华网，http：//news. xinhuanet. com/fortune/2010-05/02/c_ 1269514. htm，2010年5月2日。

④ 习近平：《决胜全面建成小康社会　夺取新时代中国特色社会主义伟大胜利》，人民出版社2017年版，第42页。

2017年6月1日起正式实施。① 该法草案出台时即以公开征求社会意见为基础，结合我国在十八大以来持续实施的国家网络安全战略和网络强国建设的需要，针对我国在网络安全方面面临的全球性挑战问题，通过立法手段对网络安全做好制度保障，进一步用法律制度来规范网络空间。《中华人民共和国网络安全法》等一系列相关法律法规的制定和实施，将促进网络空间治理能力的大幅提升，促进网络空间法制化，建设良好的网络生态，为我国网络空间民主参与发展营造良好的法制环境。

---

① 参见《中华人民共和国网络安全法（2016年11月7日第十二届全国人民代表大会常务委员会第二十四次会议通过）》，中国人大网，http：//www. npc. gov. cn/npc/xinwen/2016-11/07/content_ 2001605. htm，2018年2月3日。

第五章　新时代中国网络空间民主参与发展的对策思考

从我国网络空间民主参与发展和人民参与国家和社会事务治理的实践看，网络空间民主参与以技术为支撑，有着熏陶公民民主精神、提高公民民主素养、推进现实民主政治发展、促进现实社会的制度民主和程序民主建设进程的可能。但网络空间民主参与的作用有积极和消极两方面，积极作用的发挥又受制于一定的主客观条件。我国网络空间民主参与发展进程证明，党和政府对网络空间民主参与的态度、驾驭互联网的能力及驾驭效果、网络空间民主参与对党和政府工作方略的"回应"等因素，常常决定网络空间民主参与的作用形式及命运。所以，将网络空间民主参与和党领导人民有效治理国家和社会事务这一矛盾体放到我国民主政治建设总进程中去考量，研究如何实现网络空间民主参与健康发展，以推进国家和社会治理体系建设，从而推进整个中国社会主义民主政治建设进程，是本研究的最终落脚点。

新时代，我国社会主要矛盾发生了重大变革，我国社会主义民主政治建设面临着新的条件和机遇。我国网络空间民主参与发展要针对新形势，展开全方面、多层次的系统建设。它不仅要有坚定的理念作指导，要有正确的原则规范作支撑，还要有科学的方法提供路径和效率保证。从网络空间民主参与自身属性及其与党领导人民治理国家和社会的契合关系出发，我国网络空间民主参与建设要站在战略制高点，吸取国外网络空间民主参与发展的经验教训，坚持以人为本的正确导向，抓好法治思维、文化塑造、疏治并举等关键点，最终形成与党领导人民有效治理国家和社会共同发展、共同进步的良性格局。

一、提升新时代网络空间民主参与发展战略高度

我国网络空间民主参与的发展，要具备大局观念和战略眼光。我们要以忧

患意识重要传统为指导，正视网络空间民主参与建设的战略地位，站在国内民主政治发展战略的制高点，思考和推进网络空间民主参与发展。

（一）网络空间民主参与是我国治理体系建设的新的生长点

网上网下、虚拟与现实的互动，成为社会政治生活新常态。① 在国际、国内新环境下，推进网络空间民主参与建设，要从我们国家和社会治理体系发展的战略高度重视网络空间民主参与的发展。自从 2004 年党的十六届四中全会提出完整意义上的民主执政以来，人民当家作主虽然从内容到形式都有了大的发展，但整个国家和社会治理系统还有诸如民众参与平台和渠道不够充分、权力监督流于形式等许多难题，至今还没有破解。所以，要从国家和社会治理的战略高度重视网络空间民主参与的发展，要把网络空间民主参与作为我国治理体系建设的新的生长点来培育。"网络和现实呼应时……在反映社情民意的力度和社会效果方面最直接有效。当前新闻媒体和互联网是所有制度性和非制度性社情民意表达渠道中最重要、最有影响力和最有效的途径。"② 这种"最直接有效""最重要、最有影响力"来源于互联网支撑的网络空间民主参与的蓬勃发展。网络空间民主参与蓬勃发展状态，依赖于以下三个重要条件。

一是全球范围内现代科技的高速发展。科技发展带动政治经济发展已经是全球范围的大趋势，在世界范围的政治经济结构调整和发展浪潮中，科技在国家和政党进步中的作用越来越大。我国作为现代化进程中的一员，也在积极顺应世界科技发展潮流，进行国家发展和治国理政实践调整。

二是我国对待信息技术的科学态度。改革开放以来，我国对待新科技的态度一直是明朗、积极的，在经济结构调整和国家发展方式转换上一直强调科技的地位和力量。党的十八大报告更加强调发展现代信息技术产业体系，推进信息网络技术广泛运用。中共十八大以来，国家的信息化发展步伐不断加快，我国"互联网＋"计划战略逐渐落地实施。在理论和实践双重层面上，我国的网络强国战略都在形成和丰富发展中。2018 年 4 月，在全国网络安全和信息化工作会议上，习近平又系统阐述了网络强国战略的思想内涵，③ 对关系我国改革新动力的重大理论问题进行了解答，为我国互联网事业的发展提供了新的思想

---

① 参见周宇豪主编：《政治传播学》，武汉大学出版社 2013 年版，第 251～252 页。

② 张恒山主编：《当代中国社会管理创新》，中共中央党校出版社 2012 年版，第 133 页。

③ 参见《网络强国战略思想，习近平这样阐释其内涵》，新华网，http：//www. xinhuanet. com/politics/2018-04/24/c_ 1122731031. htm，2018 年 5 月 3 日。

指导。国家重视现代科技对知识经济的推动，重视网络文化对整体国民文化素质提升的促进作用。正是这种积极态度，促使我国互联网普及速度进入快速时期，为我国网络空间民主参与发展奠定了物质基础。

三是我国公民高涨的网络参与热情。改革开放使中国公民的思想获得解放，新时代的新变化、对幸福生活的新追求，都推动着我国公民产生高涨的民主政治参与热情。网络提供了便捷的低成本的政治参与渠道，公民在党和国家建构的"人民主权"道路上更加重视自身参政议政权利的实践。所以，党要高度重视网络空间民主参与的发展，高度重视网络空间民主参与发展给党和政府工作实践带来的新的发展契机。

（二）网络空间民主参与的发展程度关系到我国治理体系建设的发展高度

新的时代条件下，要从实现国家治理体系和治理能力现代化的战略高度，看待网络空间民主参与在我国经济、政治、文化和社会生活中的地位和作用。在信息化、网络化时代潮流中，党领导人民有效治理国家和社会的能力和水平的提高，必须借力于网络空间民主参与发展带来的新动力。可以说，我国网络空间民主参与的发展程度，在一定程度上决定着我国治理体系建设的发展高度。

1. 网络空间民主参与顺应治国理政的新任务、新要求，助力我国治理体系发展迈上新台阶

2013 年，十八届三中全会《中共中央关于全面深化改革若干重大问题的决定》中，对新时期党的历史使命作出新规划。《决定》明确指出新时期党领导人民必须坚持和完善基本经济制度、加强社会主义民主政治制度建设、推进法治中国建设、创新社会治理体制、加强和改善党对全面深化改革的领导等 16 个方面的重要任务。同时指明：到 2020 年，"在重要领域和关键环节改革上取得决定性成果"，完成本决定提出的改革任务，"形成系统完备、科学规范、运行有效的制度体系"，使各方面制度更加成熟、更加定型。①《决定》中 16 项改革重要任务和到 2020 年我国改革的重要目标，是新时期我们党对中国国情的准确把握，是党对自身使命的准确定位，是党为带领人民群众建设中国特色社会主义而提出的治国方略的高度概括。作为世界政党之一，我们党的一举一动都体现着党的性质和宗旨。如果把党的治国方略还原到政党与社会关系中来，"政党来自社会阶级或阶层，存在和活动于社会之中。政党与社会的密切关系，本质上

---

① 《中共中央关于全面深化改革若干重大问题的决定》，人民出版社 2013 年版，第 7 页。

就是政党与本阶级、阶层的联系并为它服务"①，那么，新时期党的治国方略就是党服务于自身所联系的阶级、阶层并为自身所联系的阶级、阶层服务的重要纲领，是党在新时期带领群众实现对国家发展的治理的重要战略部署和思路指导，是党对实现使命提出的施政新标准、新要求。党的新时期施政纲领和要求，必须在对全面深化改革的领导中得到贯彻，在新一轮政府服务人民实践中得到落实。

对我国政府来说，贯彻新时期施政纲领，要在党的领导下落实、保障"党领导人民有效治理国家"的重大部署。在互联网态势下加强党的建设，互联网是推进党的制度和程序建设的"可用或好用的工具"。采取如网络等新的工具和技术来推进党的事业发展是党的能力和责任所在，是党的智慧和胸怀使然。由此，我们党实践初心的新要求中，必然包含此项重要内容：通过控制和引导网络空间民主参与的发展来推进党领导人民治理国家的变革，以网络空间民主参与健康发展推进中国特色社会主义民主政治建设进程。这是新时代我们党面对国内新民主政治生态和顺应国际民主政治发展潮流必须实现的客观要求。

2. 确立提高网络空间民主参与质量以提升党领导人民治理国家的战略眼光

"人民民主是社会主义的生命"主题，人民利益至上原则，需要现实制度、方法、途径、手段支撑。网络空间民主参与为实现这种支撑提供了选择。党和政府要适应新技术挑战，调整新的执政环境下党领导人民治理国家的内容和衡量标准，确立新时代领导人民治理国家的评价指标体系。网络时代，我们党的新评价指标体系必然包含对网络空间民主参与的驾驭和运用，党要有提高网络空间民主参与质量、促进网络空间民主参与发展的胸怀，也要有运用网络空间民主参与来提高治理水平的战略眼光。《中共中央关于加强党的执政能力建设的决定》中要求"牢牢把握舆论导向，正确引导舆论……坚持党管媒体的原则，增强引导舆论的本领，掌握舆论工作的主动权"，这是提高网络空间民主参与质量的明确指导思想。党和政府若能以此为指导，通过健全互联网空间运作制度和行为规范等方式，提高"通过互联网了解民情、汇集民智和引导舆论的能力，提高干部对网络的运用和把握能力"，提高"网络时代的制度创新与制度供给能力，并能保持制度供给与尊重网民自主性的平衡"，能够促进"形成良性网络监督的能力，保护公民的网络监督权，加大网络反腐败的力度"，能提高"利用互

---

① 梁琴、钟德涛：《中外政党制度比较》，商务印书馆 2000 年版，第 279 页。

联网进行民主决策与科学决策的能力"①,那么党领导人民有效治理国家和社会的水平和能力都将获得巨大提高,党和政府将在领导人民管理国家事务、管理经济化事业、管理社会事务的道路上走得更好。

（三）网络空间民主参与建设关系到我国治理体系建设的走向

网络是一把"双刃剑"。网络空间民主参与既有正能量,也有负效应。网络和网络空间民主参与引导和利用得好,不仅有利于实现党的领导,而且对于我国治理体系建设也会产生积极影响。反之,则会危害我国国家和社会治理体系建设的发展走向。所以,要从治理体系建设的战略高度重视网络空间民主参与建设。

当前,我国网络空间民主参与发展进入发展成熟期。经过近20年的探索和演练,我国公民网络参政议政已具备一定的能力,达到了一定的水平。网络空间民主参与对公民民主政治参与意识的提高、公民民主政治参与能力的训练,作用已非常明显。通过网络空间的民主参与,公民参政议政技能得到持续训练,这是我国网络空间民主参与近20年发展的积极效果。

当然,我国网络空间民主参与发育还处于初级阶段,网络空间民主参与政治参与还有很大随意性。网民在发表民主言论和利益诉求时,如果受到恶意鼓动或利用,易发生偏激行为,语言表达和行为方式选择易走入误区,这都是客观现实。此外,我国改革开放40年取得了伟大历史成就,但发展到现阶段也确实积累了一些矛盾。处于当前的矛盾高发期,社会问题在网络空间极易被发酵和无限扩大,引起大范围群体性事件。这些年涉及民族矛盾和地区矛盾的群体性事件,不少都能看到网络参与行为的推动力量。"近年来,因宗教问题而引发的群体性突发事件也有上升趋势。民族宗教问题基本上属于人民内部矛盾问题,但由于这方面的群体性事件敏感度高、政策性强,处理起来难度较大"②,这是对我国新时代党治国理政面对现实的精准概括,也从一个侧面反映出互联网在其中所起的作用。

多年来,在我国互联网发展的过程中,国外不法分子和敌对势力利用网络对我国政治、经济、社会发展进行干扰的事件屡有发生。2008年西藏拉萨的

---

① 赵春丽:《网络民主发展研究》,经济科学出版社2011年版,第305~307页。
② 麻宝斌:《中国社会转型时期的群体性政治参与》,中国社会科学出版社2009年版,第190页。

"3·14"重大暴乱事件，2009年7月5日新疆乌鲁木齐的打砸事件，背后都隐藏着国内外敌对势力利用网络恶意煽动的行为。敌对势力利用网络到处造谣诬蔑，挑起不同阶层之间的矛盾，制造民族仇恨，试图煽动起新的暴乱，制造更为恶劣的扰乱社会安定的严重事件。网络空间违法犯罪行为，从性质上看它与网络民意有着本质区别。网络空间违法犯罪既不属于网络民意，也不属于网络上的民意。对这类违法犯罪行为，网民和党政机关工作人员要保持高度警惕。一些事件如果介入网络力量，会使处理难度倍增，普通矛盾可能被推动演变升级为重大社会问题。

我国发展进入新时代，现实民主政治参与渠道不断拓展畅通，但网络空间民主参与参与依然是社会主义国家建设体系中一个重要的亟待发展的事物。网络空间民主政治参与仍然有不可替代的重要作用。在实践中，它既可缓解群众的情绪压力，也会因过度参与而危害社会稳定和安全。其正、反两面的作用都是党和政府必须面对的现实。对于网络空间民主参与的发展，党和政府既不能忽视它的蓬勃生命力，不能违背事物自身发展规律遏制它的发展，不能伤害网民高涨的参与热情；同时又必须考虑它潜在的破坏性，要因势利导，将网络空间民主参与的消极作用控制在一定限度内。引导网络空间民主参与发展必须充分考虑这些因素，使我国网络空间民主参与发展在社会转型期、矛盾高发期顺利实现转型，走向成熟和理性。

二、夯实新时代网络空间民主参与发展法律基础

"全面依法治国是中国特色社会主义的本质要求和重要保障。"[1] 网络空间民主参与作为社会主义民主政治建设进程中的一个内容，必须在社会主义法治发展框架体系内进行。

（一）网络空间民主参与建设要具备法治思维

法治是民主制度的题中之义。十八届四中全会发展和深化了十五大提出的依法治国理念，提出了全面推进依法治国、建设法治中国的战略构想，把法治提高到基本经验的高度，指出："把坚持党的领导、人民当家作主、依法治国有

---

① 习近平：《决胜全面建成小康社会　夺取新时代中国特色社会主义伟大胜利》，人民出版社2017年版，第22页。

机统一起来是我国社会主义法治建设的一条基本经验。"① 我国的网络空间民主参与建设必须有法治思维，坚持法治原则。民主和法治本质上是一个问题的两个方面："法治将民主制度化、法律化，为民主创造一个可操作的、稳定的运行和发展空间，把民主容易偏向感性的特性引导到理性的轨道，为民主的健康发展保驾护航；民主为法治注入新的内容和动力，使法治为保护人权、自由，促进人的幸福生活服务。"② 网络空间民主参与无论是补充、塑造还是巩固现实民主，其运行和发展都需要依赖法治保障。否则，网络空间民主参与的去中心化和分散化将如脱缰之马，起不到推进现实民主的作用，无法发挥其在现代治理体系中的应有价值。

（二）网络空间民主参与发展要建立健全法律法规

网络空间民主参与发展要有法可依，网民的权利和义务要有法制规定。近年来，我国在互联网新闻信息传播管理法律法规方面取得一些突破，先后颁布《全国人大常委会关于维护互联网安全的决定》《互联网信息服务管理办法》《中国互联网络域名管理办法》《互联网站从事登载新闻业务管理暂行规定》《中华人民共和国网络安全法》等。2013 年 9 月 9 日，最高人民法院和最高人民检察院联合举行新闻发布会，公布《关于办理利用信息网络实施诽谤等刑事案件适用法律若干问题的解释》，针对我国近年来互联网发展中出现的突出问题及时作出法律法规规范调整。其中，《解释》对利用信息网络诽谤他人"引发群体性事件的、引发公共秩序混乱的、引发民族宗教冲突的"等七项比较严重的后果，直接归并入《刑法》"严重危害社会秩序和国家利益"中，直接针对我国当前互联网的民主乱象作出明确规定，对规范网络空间民主参与行为影响较大。但是，同时我们也应该承认，目前关于网络空间民主参与发展的法律法规仍不健全，甚至存在着某些盲点。所以，新时代要使网络空间民主参与健康有序发展，就必须建立健全网络空间民主参与发展的专有法律法规，奠定牢固的法理基础，使一切网络空间言论和行为都能够有法可依。

（三）网络空间民主参与建设要依法有序稳步进行

网络空间民主参与发展有没有法律法规是一回事，有了法能不能落实和依

---

① 《中国共产党第十八届中央委员会第四次全体会议文件汇编》，人民出版社 2014 年版，第 79 页。

② 刘军宁：《从法治国到法治——政治中国》，今日中国出版社 1998 年版，第 259 页。

法建设是另一回事。在网络空间民主参与建设中重视法律法规的建设固然重要，但更要注重已有法律法规的落实和执行力。一是要有法必依。在互联网空间要求网络行为主体在有明确法律规范的情形下，必须依据法律的规定行事。相对我国已经初步建立起来的法律体系而言，直接针对互联网空间参与行为的法律法规仍显不足，但无论是互联网空间还是现实空间，作为行为主体的人或机构都是现实的，即便没有直接明确的规定，网络空间行为主体也应该自律，比照现实法律法规行事，不应该因为网络管理法制的缺位而故意或恶意危害国家、社会或他人利益和安全。自身利益和安全受到威胁或侵害，也应该按照法律规定通过法律手段维护自己的安全、利益和尊严。二是要执法必严。对互联网空间的违法乱纪行为必须进行严厉的惩罚。网络空间的电子选举、电子投票、网络空间事件的意见表达等，如果违背公平正义、透明公开原则并构成了对法律的亵渎和侵害的，理应按照法律给以惩处。上述"两高"的《解释》中对于《刑法》中条款的归并，就是为了在对互联网空间的虚拟行为惩罚时能够有具体的法律条款可以依据，严格执法、惩处。三是要违法必究。在执法必严的要求中，违法必究是一项必然要求。网络空间行为一旦违背法律、践踏法律，就应该严格地按照法律规定追究行为主体的法律责任。2013 年 8 月发生的"立二拆四"案，是我国互联网空间行为治理的典型案例，对秦火火等人的处罚体现了国家对网络违法行为的明确态度。

有法可依、有法必依、执法必严、违法必究是社会主义法治的基本支撑。我国法律体系自身正处于一个不断完善的过程中。相信在"人民民主是社会主义的生命"这一思想指导下，我国互联网空间的民主进程和现实社会的民主进程都将取得重大发展。

三、培育有中国特色的新时代网络政治文化生态

"文化是一个国家、一个民族的灵魂。"① 我国网络空间民主参与与西方网络空间民主参与既有联系也有区别，要使我国网络空间民主参与健康发展，必须以马克思主义为指导，建设中国特色和中国风格的网络政治文化。

---

① 习近平：《决胜全面建成小康社会 夺取新时代中国特色社会主义伟大胜利》，人民出版社 2017 年版，第 40 页。

（一）以社会主义核心价值观为引领，牢牢掌握网络空间意识形态工作领导权

政治文化是一个内涵丰富而又见解颇多的范畴。在西方政治学家阿尔蒙德那里，它的含义是指一种特殊的政治取向，即"对政治系统和系统各个部分的态度，以及对系统中自我角色的态度"，尤其是指"被内化（internalized）于该系统居民的认知、情感和评价之中的政治系统"。① 政治学界对政治文化的探讨，呈现见仁见智的态势。在阿尔蒙德从主观或心理角度界定政治文化的基础上，后来的研究者从信念、观念、规范、价值等多角度，立足"行为"提出对政治文化的诸多见解。我国学者也对政治文化进行了吸收和分析，且由于立足观察视角的差异，对政治文化的分析也各不相同。最为宽泛的是对政治文化进行政治心理、政治制度及政治理论等多层面分析。有学者在对政治文化进行系统梳理之后得出如此结论："所谓政治文化，是人们从政治学的角度所获得的一种文化，是政治系统及其运作层面的文化依托，是有别于其他'文化'而同政治密切相关的人的一种生活方式。"② 显然，无论是从主观角度还是从客观乃至最宽泛的研究角度看，政治文化都与公民所处国家的政治文化系统和层次联系在一起。由此，政治文化必然带有各国自己民族传统和政治发展的属性特征。政治文化受制于该国的政治传统，是一国政治实践的集中反映。

网络政治文化是中国特色社会主义政治文化的有机组成部分，是为广大网民服务的社会主义网络政治文化。我国的网络政治文化，必然带有我国的民主政治发展特色，打上社会主义国家民主政治文化的烙印。但网络及网络空间民主参与的全球化属性，又使我国的网络政治文化无法脱离国际政治文化氛围的影响，从而体现出一些国际尤其西方国家的政治文化色彩。同时，新时代我国网络空间民主参与发展，必须以马克思主义和"集中体现当代中国精神并凝结着全体人民共同价值追求"③ 的社会主义核心价值观为引领，发展符合我国民族发展和国家振兴的网络政治文化体系，推动符合五千年中华文化优秀传统、体现中华民族创新精神的网络政治文化繁荣兴盛。只有符合我国社会主义核心

----

① ［美］加布里埃尔·阿尔蒙德、西德尼·维伯：《公民文化——五个国家的政治态度和民主制》，徐湘林等译，华夏出版社1989年版，第14、16页。

② 孙兰英：《全球化网络化语境下政治文化嬗变》，中国社会科学出版社2010年版，第35页。

③ 习近平：《决胜全面建成小康社会　夺取新时代中国特色社会主义伟大胜利》，人民出版社2017年版，第42页。

价值观潮流的网络政治文化，才能够更好地为党实践为人民执政、靠人民执政的治国方略提供强有力的政治保障。

（二）坚持人民主体原则和培育民主政治意识

我国是社会主义国家，《宪法》规定国家的一切权力属于人民，国家属性就是人民是国家主人，人民是国家一切权力的赋予者。人民群众接受党的领导，党代表最广大人民群众的根本利益，代表人民行使国家领导权。这是我们党带领人民经历97年革命和建设实践决定、选择、验证的。中国特色网络文化建设必须坚持并体现人民主体原则。

人民主体原则根本上就是我国《宪法》规定的人民当家作主的社会主义民主政治本质。这一本质在现实民主政体内，通过人民代表大会制度、中国共产党领导的多党合作和政治协商制度、民族区域自治制度等体现出来，保障人民在国家权力中的主体地位。1954年颁发的《中华人民共和国宪法》规定：中华人民共和国的一切权力属于人民。我国社会主义民主政治显著鲜明的特色就是人民当家作主，这是我国党和政府工作的核心。人民当家作主就是党和政府从制度、法律上保障人民权益，依靠人民支持和参与开展工作，并在国家和社会生活各领域、各环节加以充分、切实贯彻。2002年，十六大报告明确指出：共产党执政就是领导和支持人民当家作主。人民当家作主原则贯彻的主要要求有：中华人民共和国公民不受性别、财产、身份和地位的限制，平等地享有广泛的管理国家和社会事务的权利；人民享有言论、出版、集会、结社、游行、示威的政治权利，以及相应的管理经济、文化、社会等的权利。

上述要求具体到民主实践中可概括为：公民有权利参与国家政治、经济、社会、文化发展决策，决策过程公民有权参与，决策结果公民有权评价。网络空间民主参与实践的最初始动力，即以网络技术支撑，实现公民决策参与权、选择权、评价权，保障公民广泛参与国家和社会事务治理。网络空间民主参与的发展，旨在通过现代科技保障和扩大公民知情权、参与权、表达权、监督权。网络空间民主参与在克服"数字鸿沟"弊端的基础上，对公民的知情权、参与权、表达权和监督权都有巨大的推进。网络技术作为现代民主政治的物质载体，每个公民都享有利用互联网实现民主参与的权利。新时代，党政部门在互联网技术普及和推广上所做的一切努力，国家关于"实行网上受理信访制度，健全及时就地解决群众合理诉求机制"等的规定，以及建设"网络强国"战略的部署，都是党和政府贯彻网络空间民主参与发展人民主体原则的基本表现，是对人民主权原则的落实和保障。

（三）营造言论自由和平等参与的网络政治文化氛围

要形成健康的网络政治文化氛围，离不开自由和平等的基本政治发展原则。同时，自由的言论和平等的参与也会对网络政治文化的发展起到重要的推动作用。

1. 言论自由是网络空间民主参与发展的前提

马克思说："发表意见的自由是一切自由中最神圣的，因为它是一切的基础。"[①] 他将言论自由提高到神圣程度，并准确地指明言论自由的重要地位。在我国《宪法》中，公民享有言论、出版、集会、结社等政治权利的规定也十分完整。表达权与知情权、参与权、监督权一起，构成公民基本政治权利体系。其中，以言论自由为前提的自由表达权是知情权和参与权、监督权存在的基本前提。

（1）言论自由是网络空间知情权得以存在的前提。言论是自由表达的基础。网络知情权之所以能够得到实践，网络空间民主参与之所以存在，根本原因在于公民能够以虚拟或实际认证的身份自由发表关于国家和社会发展的意见建议。公民个体或虚拟组织在网络空间内分享信息，对信息进行传递，分享中进行观察和分析并将观察和分析的结果再分享给其他人，如此传递下去形成信息网络，并使参与网络活动的人能够通过搜索引擎获得更多的信息。博客、微博、微信都是传递这些信息并使公众知情权得到实现的重要途径，主流媒体如党委政府官方网站、网易新闻、新浪网等，都是公民表达权、言论自由权得以实践的重要平台。

（2）言论自由是网络空间参与权得以实现的重要条件。参与权是公民实现国家和社会事务管理的重要渠道。公民对所知晓的国家、社会事务进行治理，参与到事务决策过程中，并对事务实践结果进行评价等。在国家和社会事务的决策过程中，在其决策实践过程中，公民在现实空间或虚拟空间发表自己的见解，以个人或群体的民意影响党委政府的决策，从而实现公民在党的领导下对国家和社会事务治理的全程跟进。在党领导人民治理国家和社会的整个体系中，与现实社会民主实践相比，网络言论自由最大的特点就是网民全天候在线，各项工作实践实时直播，对国家和社会治理活动全程参与。这一功能和优势是现

---

① 《马克思恩格斯全集》第 11 卷，人民出版社 1995 年版，第 573 页。

实民主参与方式所不具备的。

（3）言论自由是网络空间监督权得以实现的重要保障。在知情、参与基础上，公民要对经过广泛参与的党委政府决策的实施和效果进行观察研究。这一观察、研究、评判过程就是对党政部门及工作人员进行监督的过程。监督权指监督决策在实施过程中得以体现的程度、决策结果对决策预期实现的程度，并对决策实施中出现的错误进行纠正。监督权的实现，必须依赖公民对整个决策从实施到结束全过程的意见、观点、看法的自由表达。网络空间的言论自由在满足公民这一表达需求时具有独特的便利。当前我国处在改革开放深入发展阶段，公民监督权更多地体现在对党政领导干部廉洁奉公问题的监督上。网络空间言论自由可以使公民在行使监督权时，减轻来自被监督人尤其是领导干部打击报复的担忧，更充分、更真实地表达自己的意愿，从而依托网络平台将监督权落到实处。

网络言论表达自由权作为我国公民言论自由、表达自由的重要组成部分，"是推动社会主义民主进程，实现公民基本政治权利的有效途径"[1]，是新时代我国公民行使当家作主权利、积极参与中国特色社会主义建设的基本保证。但是，网络言论自由、表达自由不是无边界的。虚拟空间言论自由必须遵循现实社会的道德和法律制约，坚持在社会主义道德和法律体系内进行。网民有权利自由地表达意见、观点、看法，但同时必须以不侵害其他主体的合法权利和尊严为条件；网民有权利对国家和社会事务进行评价、分析和监督，但必须以不危害国家安全和不侵害社会稳定、民族团结为条件；网民有权利要求党务、政务、司法公开并对之进行监督和评价，但必须以不干涉党务、政务的正常开展、不影响司法独立为基础。网络自由言论以事实为基准，任何网络造谣、恶意中伤、煽动蛊惑危害国家安全、社会稳定、伤害公民人格和尊严的言行都将被禁止。

简言之，网络空间的言论自由、表达自由以维护国家安全、社会安定、民族团结、公民尊严及合法利益为前提。违背这一底线的虚拟空间行为依然要受到道德谴责和法律制裁。无论是现实民主政治实践还是虚拟空间民主政治参与，言论自由都是有条件的。自由与限制两者本身就是一个对立统一的矛盾体。新时代公民个人的言论自由建立在对他人的言论自由尊重和维护的基础上，同时

---

[1]　赵春丽：《网络民主发展研究》，经济科学出版社2011年版，第260页。

也因他人对自我言论自由的尊重而得到实现。

2. 平等有序参与是新时代网络空间民主参与发展的保障

平等是社会的基本准则，有序是平等的基本保障。我国公民在民主政治体制中具有法律面前的平等地位，这是《中华人民共和国宪法》赋予每个中国公民的基本权利。十八大报告强调："努力营造公平的社会环境，保证人民平等参与、平等发展权利"①，"法律面前人人平等"。十九大报告进一步指出："要改进党的领导和执政方式，保证党领导人民有效治理国家"，"扩大人民有序政治参与"，"完善基础民主制度"。② 新时代新征程新使命，坚持以人民为中心，坚持人民当家作主，这些先进理念既深入每一位公民的内心深处，又在党和政府工作中拥有日益突出的地位。当然，我国法制化、程序化的民主参与，包括网络空间民主参与，平等都是有条件的、相对的。绝对的平等不仅不存在于现实社会，网络社会也不存在绝对意义上的平等。

（1）平等参与原则。公民因在国家政治体制内的政治地位有所差异，在向党委和政府机关传递信息时享有的权利和承担的义务也各不相同。这种差异是我国现实民主存在的基础。公民平等地享有参与权，享有选举权和被选举权。选举权和被选举权是平等的，但选举权和被选举权行使之后在国家政治体制中的参与有层次差别。网络在克服层级传递对公民诉求和利益表达的约束上具有独特的优势。网民在知情权、参与权和表达权方面的层级差异相对现实政治体制内的层级差异而言要小得多，网络形成的扁平化虚拟社会特征将公民的平等特征强化出来，使普通网民、网民群体、政府机关网络主体等都以虚拟 ID 形式进行表达，一定程度上可以消除现实社会中身份差异的弊端。决策权中，网络也能提高公民平等权实现程度。基于拥有信息的充分性，行使民主权利手段的现代性，参与决策成员的判断和选择可能更为合理、科学。借助方便、快捷的互联网平台，社会公众参与社会决策系统的能力和实际程度都得到提高，在一定程度上推进政府决策的科学性，使党和政府决策更广泛、更真实地体现了民意。这是互联网民主的重要优势。当然，网络空间平等也有局限性。普通网民和网络管理者、网民个人网站和政府官方网站等在各种权限上都存在差异，但这种差异相对现实

---

① 胡锦涛：《坚定不移沿着中国特色社会主义道路前进　为全面建设小康社会而奋斗》，人民出版社 2012 年版，第 15 页。

② 习近平：《决胜全面建成小康社会　夺取新时代中国特色社会主义伟大胜利》，人民出版社 2017 年版，第 37 页。

社会的差异而言，已经最大限度地实现了趋同。

（2）有序参与原则。平等的公民参与必须要以秩序作为保障。20世纪50年代获得独立的发展中国家，多数效仿西方发达国家走上快速民主化道路。在民主化过程中，这些后发国家薄弱的民主素养制约了民主参与的实现。强烈的民主意识，不健全的参与制度程序，在公民参与国家和社会事务管理中纠缠在一起。互联网的迅速普及，网络空间民主参与的无限制发展，对培育公民民主意识有重要价值，但对社会稳定和民族和谐造成了冲击。这种对民主的强烈追求与现实能够提供的民主参与渠道的狭隘之间的矛盾，是后发国家民主进程中不得不面对的问题。再者，在虚拟的网络空间里也不是人民需要的民主。不符合现实价值观且激进的民主，从世界各国的发展现实看，对发展中国家来说，激进的民主道路往往给其民主发展进程造成严重危机。在发展中国家的民主进程中，网络空间民主参与激发的巨大参与热情，以及这种热情所可能带来的巨大冲动，如果缺乏健全的制度来引导和吸纳，必然造成混乱，打断发展中国家民主政治进程，使发展中国家民主落入网络空间民主参与的陷阱。这是发展中国家必须谨慎对待的现实。

我国在对待公民有序参与问题上的态度始终明朗积极。十六大报告指明要"扩大公民有序的政治参与"①。十七大报告进一步指出："坚持国家一切权力属于人民，从各个层次、各个领域扩大公民有序政治参与。"② 十八大报告强调："以扩大有序参与、推进信息公开、加强议事协商、强化权力监督为重点，拓宽范围和途径，丰富内容和形式，保障人民享有更多更切实的民主权利。"③ 这是从基层自治机制角度对有序参与地位的肯定。有序参与是当前我国互联网空间民主参与亟待解决的关键问题。鉴于我国互联网空间发育的速度和规模，社会主义制度下公民的参与热情、积极性极度高涨，网络空间违背社会秩序和参与规则的行为时有发生。以谩骂和污言秽语形式进行的网络表达对社会主义政治文化也是一种污染和破坏。网络空间民主参与参与失序、无序、暴力等，不利

---

① 江泽民：《全面建设小康社会 开创中国特色社会主义事业新局面》，人民出版社2002年版，第32页。

② 中共中央文献研究室编：《十七大以来重要文献选编》（上），中央文献出版社2009年版，第22页。

③ 胡锦涛：《坚定不移沿着中国特色社会主义道路前进 为全面建设小康社会而奋斗》，人民出版社2012年版，第27页。

于网民真实意见的表达，对网络空间民主参与长期发展来说是一种阻碍和伤害。十九大报告指出：要"建立网络综合治理体系"①，即是对网络空间民主参与参与的内容和形式及秩序的高度关注和有力指导。规范网络空间民主参与参与，加强网民的道德和法律自律，规范虚拟空间非制度化参与，既是互联网发展的技术要求，也是社会主义政治文化发展的基本内容。

四、确立新时代网络空间民主参与治理方略

在我国网络空间民主参与发展过程中，由于我国互联网技术起步相对较晚而崛起速度较快，所以党和政府对于新兴网络空间民主参与的重视虽然很高，但一段时期内对一些领域出现问题的应对经验和策略相对缺乏。实践中，政府部门和新闻管理部门过去多采取"删""堵"等机械的办法，删帖、禁言现象较多，对网络情绪的疏导和积极治理不足。观察我国网络空间民主参与发展，这种"删""堵"方式效果有限，对于缓解社会情绪、释放压力作用欠佳。从长远看，以往的做法无助于提升我国政府形象，不利于我国民主政治的健康持续发展。

（一）改变消极防范思路，采取积极应对战略

对互联网的治理，对网络空间民主参与发展的态度，是政党驾驭网络媒体能力的重要表现。我们党作为向现代化转型的先进政党，必须在驾驭新事物时表现出高瞻远瞩的姿态，放弃无视网络、畏惧网络的消极思路，转到正视网络、积极应对网络挑战的思路上来。这种转变是现代科技形势下政党危机意识的觉醒，是党的执政理念的提升，是现代化政党的必备素质。

改变消极防范，采取积极应对战略，我国党政部门及工作人员要改变传统时代媒体宣传的僵化、生硬模式，克服过去党务、政务内容和信息发布的空泛的情况，切实运用网络增强服务群众的本领，避免使我国主流声音因上述因素的存在而失去在全球传播系统中的话语权。积极应对网络挑战，引导互联网政治文化发展方向，是掌握网络话语权的前提条件，是现代化转型中政党必备的重要本领。

（二）疏导与治理并举治理不良信息规范互联网运行

运用网络空间民主参与推进党和政府服务群众、党领导人民治理国家的效

---

① 习近平：《决胜全面建成小康社会　夺取新时代中国特色社会主义伟大胜利》，人民出版社 2017 年版，第 42 页。

果，必须在治理不良信息规范网络运行的基础上做到疏导与治理并举。这是党和政府工作多年来获得的一项重要经验。十九大报告指出，要"加强互联网内容建设"，"营造清朗的网络空间"，① 这是我们党在新时代总结宝贵经验获得的重要理论发展。

20 世纪 90 年代以来，社会管理理念越来越强调社会的治理（governance）内涵而非统治（government）层面。近年来，我国的重要文件都重点突出"党领导人民有效治理国家"理念。从"管理"到"治理"的转变，是世界各国政党针对人类社会政治发展阶段进行的重大变革，贯穿其中的是执政理念中政府主导向群众主导的变迁。观察我国网络空间民主参与历程可知，网络空间民主参与活动、党和政府工作实践对事件中焦点人物尤其是核心人员的命运起了关键作用。近几年发生的一系列网络事件中，政府网络行动的被动性特征明显，主导性不足，导向性差，履职行为对网络空间民主参与发展的主动控制不足，这是我国互联网发展的重大教训，是网络空间民主参与的作用发挥不足的重要原因。

发挥网络空间民主参与在国家和社会生活中的重要作用，必须重视互联网运行秩序，规范互联网运行，治理不良信息。正常发挥作用的网络空间民主参与参与，必须建立在网络空间有秩序运行的基础之上。有正常的政治秩序，有网络秩序的基本保障，才有正常的网络空间政治参与，才能进行充足的政治协商和参政议政。正常的网络秩序是互联网疏导和治理的先决条件。

在政治秩序的基础上，网络空间民主参与推进人民治理国家和社会实践必须做到疏导与治理并举。互联网空间的嘈杂和喧嚣，从本质上看，是社会公众情绪得不到足够宣泄和缓解的表现。2010 年 5 ~ 8 月，河南省开封市发生三起领导干部因腐败问题相继落马的案件。案件发生地相同，时间间隔短，在网络上引起轩然大波，继而转化为网友对加强干部人事制度建设和对干部加强监督的强烈呼声。网络空间呼声越来越大，以网民为风向标的公众对政府干部形象越来越质疑，对党和政府工作正常发展不利。顺应此势，在充分尊重公民知情权、参与权、表达权和监督权的基础上，国家作出调整，加快完善人事管理制度，加大对党政干部的监督。2013 年 12 月 4 日，中央纪委监察部在其网站刊发题为

---

① 习近平：《决胜全面建成小康社会　夺取新时代中国特色社会主义伟大胜利》，人民出版社 2017 年版，第 42 页。

《如何加强和改进对主要领导干部行使权力的制约和监督》的文章，指出："要高度重视运用和规范互联网监督，建立健全网络舆情收集、研判、处置机制和引导、反馈、应对机制，对反映领导干部违纪违法问题的要及时调查处理，对反映失实的要及时澄清，对诬告陷害的要追究责任。"① 这是我国党和政府运用网络空间民主参与推进建立人民参与国家和社会事务治理体系的重要表态，说明党和政府对网络空间民主参与地位的清醒认识。这是党在发展社会主义民主中善于总结经验教训，推进社会主义事业更好前进的一种反映。

（三）以党和政府的积极主导实现对网络空间民主参与的疏治并举

党和政府要在网络空间民主参与发展中起到应有的主导作用。互联网技术虽然不具有阶级特性，但活跃其间的意识形态却具有明显的特征。不同立场、不同社会结构和经济地位的个人、团体的观点、意见和诉求必然存在性质上的差别。对互联网及其所支撑的网络空间民主参与发展，党和政府必须进行合理定位，主导我国网络空间民主参与发展方向，使网络空间民主参与在社会主义道路上健康发展。

1. 主导网络舆论发展方向

马克思说："如果从观念上来考察，那么一定的意识形式的解体足以使整个时代覆灭。"② 江泽民曾说："舆论导向正确，是党和人民之福；舆论导向错误，是党和人民之祸。"③ 网络舆论是一把"双刃剑"，是民意的风向标，其积极作用是相对的。据资料介绍，在国际互联网世界，海量的网络信息中，"90%是英文，5%是法文，其他语种合起来才占5%"④。西方发达国家在网络领域称王称霸的局面有目共睹。"全球互联网的全部业务中有90%在美国发起、终结或通过……世界性的大型数据库在全球有近3000个，其中70%设在美国。全球互联网管理中几乎所有的重大决定都由美国主导做出。"⑤ 鉴于互联网世界的现实态势，如果出现有意图的煽动或敌对势力操纵，则网络空间的舆论导向就存在背

---

① 《中纪委：建立网络舆情收集机制　官员违法及时调查》，人民网，http：//politics. people. com. cn/n/2013/1205/c1001-23748651. html，2013 年 12 月 5 日。

② 《马克思恩格斯全集》第 46 卷（下），人民出版社 1980 年版，第 35 页。

③ 江泽民：《视察人民日报社的讲话》，载 1996 年 10 月 21 日《人民日报》。

④ 雷厚礼：《中国共产党执政学》，人民出版社 2007 年版，第 161 页。

⑤ 廖胜刚：《当代境遇中社会主义意识形态话语权的建构与保障》，载《怀化学院学报》，2008 年第 3 期。

离民众真实意愿发展的可能，甚至会出现伤害现实社会民意的局面。在我国，对于互联网的纷繁复杂、良莠不齐，党和政府要有清醒的认识，在主导网络空间舆论发展方向的过程中，党和政府要科学把握我国社会主义建设历史使命，了解真实社会民意，既通过网络空间舆论动向了解人民群众参与社会治理的需求，又能通过宣传主流文化、主导网络空间舆论发展方向等方式矫正社会舆论方向，保证网络空间舆论在社会主义思想道德、文化意识范围内发展，"不断增强意识形态领域的主导权和话语权"[1]。

2. 主导网络空间制度建设和行为规范

进入新时代，不仅意味着我国经济、政治、文化、社会和生态建设取得巨大成就，也意味着新时代我国各领域工作和发展要达到更高的标准，满足更高的需求。这一现状，就要求更为健全的制度和规范来保障。互联网空间民主行为的消极作用，很大程度是由网络空间制度建设不足和行为规范不够造成的。网络谣言、网络谩骂、网络暴力、人身攻击等网络乱象的发生，除了归因于网民自身法律意识和道德素养不够之外，更重要的是网络空间制度和规范缺位，致使互联网空间行为主体陷入可以为所欲为的无约束状态。多年前，邓小平在《党和国家领导制度的改革》一文中集中论述制度建设的重要性时向全党指出："我们过去发生的各种错误，固然与某些领导人的思想、作风有关，但是组织制度、工作制度方面的问题更重要……不是说个人没有责任，而是说领导制度、组织制度问题更带有根本性、全局性、稳定性和长期性。"[2] 互联网行为乱象证明了邓小平这一论述的科学性。新时代网络空间民主参与要健康发展，党和政府要发挥好、运用好网络空间民主参与的积极作用，必须让党和政府主导虚拟空间制度建设和规范制定，促进网络法治化和有序化，使网络空间民主参与摆脱"广场式民主"恶名，真正起到促进社会主义民主的积极作用。

3. 主导理性网民的培育

同一网络空间文化和网络参与行为，不同参与者从中获取的信息和影响不同。导致这一现象的原因很复杂，大致有客观和主观两个原因。客观上，不同网络参与主体所处的社会经济、政治地位不同，在社会结构中拥有的身份不同，

---

① 习近平：《决胜全面建成小康社会　夺取新时代中国特色社会主义伟大胜利》，人民出版社 2017 年版，第 23 页。

② 《邓小平文选》第 2 卷，人民出版社 1994 年版，第 333 页。

受制于这些因素，不同行为主体会对同一现象作出不同的反应。主观上，因世界观、人生观、价值观、权力观、事业观不同，即便处于同一阶层、隶属同一群体的民主行为主体，也可能对同一现象作出不同的反应和认知。对此，党和政府在主导网络空间民主参与发展时必须进行基本的网络知识普及、网络使用权限预告、网络文化和网络思想教育引导，培育网络空间行为理性、头脑清醒、立场明确、遵纪守法的理性网民。培育理性网民要求政府在推进"网络言论、网络出版、网络结社、网络集会、网络游行、网络示威"等权利实践时，能够理性地表达，保障网络空间民主参与的有效性。要让网民懂得，网络空间的违法和违背社会道德的行为也会受到道德谴责和法律严惩。要培养网民的公共精神，让网民在网络公共领域尊重他人尊重自己，实现有效民主协商和政治沟通。

4. 主导互联网的普及和使用，以抑制网络空间民主参与的消极作用

互联网消极作用的存在，网民认知不足和理性缺失是一方面原因，另一方面是网络技术自身的普及和使用状况，这是物质层面的决定因素。这一问题上党和政府的主导作用，除了体现在完善电子政府，让网络空间民主参与取得质量上的实际提升之外，更根本的是如何让被"排斥"在网络世界之外的另一半中国民众能够进入网络空间，能够运用网络拓展知情权、参与权、表达权和监督权。这一主导作用重在党和政府履行实现社会公平的责任和义务。党和政府要致力于缩小社会贫富差距，要改善社会低收入群体和弱势群体的经济状况，为实现全体公民民主政治权利做好物质基础准备；要进一步致力于促进社会教育公平，提高社会公众尤其是贫困地区民众的文化水平，使拥有互联网技术的民众群体扩大，扩大真正意义上使用互联网的民众群体。当前，我国推进信息工程和网络强国战略都包含这一内容。2007 年 12 月 19 日成立的中国互联网协会农村信息服务工作委员会积极倡导开展的服务"三农"模式，就是力图形成资源共享、信息互通、市场共赢格局，把农业新技术、新成果通过互联网推进到农村，缩小"数字鸿沟"的局限，让更多的人走进互联网世界，享受互联网带来的益处。

当然，党和政府发挥主导作用，绝不是要排斥网络空间民主参与自身发展规律。作为以互联网为支撑的民主形式，网络空间民主参与必然有趋向于市场的特性。党和政府的主导作用要在尊重互联网市场属性的基础上进行，网络空间民主参与的市场属性和意识形态属性都需同时得到尊重。

五、走网络和现实相结合的发展道路

网络空间民主参与对现实民主政治具有积极作用，也有自身无法克服的消极影响。如果因为网络空间民主参与给现实民主带来活力而欢欣鼓舞、不顾其他，就会陷入盲目乐观；如果因为网络空间民主参与给现实民主带来困扰而抵制、压制网络空间民主参与的发展，又会陷入"因噎废食"的误区。党领导人民治理国家和网络空间民主参与之间的合理关系应该是在习近平新时代中国特色社会主义思想指导下，引导网络空间民主参与的正确发展方向，充分利用网络空间民主参与给党领导人民治理国家带来的发展契机，开创网络空间民主参与与党领导人民治理国家的共进局面，共同推进我国社会主义民主政治发展。

（一）以善治为目标推进网络空间民主参与和党领导人民治理国家共进

我国网络空间民主参与作为我国公民实现当家作主权利的途径，最终是为实现人民主权原则而存在的。说到底，我国网络空间民主参与只是党领导人民实现掌握国家权力的战略策略。党和政府代表人民执掌国家政权的目标，是在保持党的先进性和保障执政政权先进性的过程中，实现国家与社会、政府与公民、政党与群众之间关系的良性运行。所以，实现善治和善政，才是网络空间民主参与和党领导人民治理国家要达成的直接目标。善治表示国家与社会或政府与公民之间的良好合作，"概括地说，善治就是使公共利益最大化的社会管理过程。善治的本质特征就在于它是政府与公民对公共生活的合作管理，是政治国家与公民社会的一种新颖关系，是两者的最佳状态"①。在善治和善政目标下，要让网络空间民主参与成为疏导社会情绪、设置热点议题、化解社会矛盾的"安全阀""减震器"和"防火墙"；在构建充满活力、和谐有序、建设性的网络空间民主参与平台中，实现党和政府部门、社会公众和网络舆论的多层次和谐与共赢。

实现善治要求党和政府保持实践理性，以诚恳的态度对待网络空间民主参与。网络空间民主参与强调公民意志在网络空间的抒发和表达，党和政府的主导是为了让公民意志得到更好的抒发和表达，这是运用网络空间民主参与提升党和政府工作效果的真谛。无论当前网络空间民主参与的消极作用有多大，只要承认互联网技术对民主的积极作用，就须以真诚、积极的态度对待网络空间

---

① 俞可平主编：《治理与善治》，社会科学文献出版社 2000 年版，第 8~9 页。

民主参与。

1. 诚恳态度是发挥网络空间民主参与积极作用的关键

尊重网络民意才会赢得网民的真挚回应。建设网络空间民主参与与党和政府工作共赢的局面,基本要义是在国家民主进程中党和政府工作充分尊重民意。以诚恳的态度对待民意是克服网络空间民主参与与党和政府工作间冲突的秘诀。1959 年,传播学先驱霍夫兰提出了著名的态度改变模式。霍夫兰认为,受众态度的改变和形成受到信息源、沟通方式、受众本身以及周围环境等因素的影响,信息源的权威性、可靠性以及受众对其喜爱程度将影响信息传播的效果。① 党和政府工作过程中,网民作为工作行为的受众,党政机关及工作人员的信息传递方式、对待问题和事件的态度,以及事件发生时的环境等要素间的变动,决定着党和政府工作行为在网民心中的影响力,决定着党和政府工作行为的实践效果。在这一关系中,党政机关工作人员的态度是重要的自变量。党政机关工作人员态度诚恳坦率,是影响受众取得良好实践效果的重要条件。公关之父艾维·李认为在面对危机时领导人应该"说真话",中国工程院院士钟南山曾说"诚实永远是上策",其中所蕴含的就是党政机关工作人员的态度是影响实践行为在受众方反应效果的重要因素。

中国网络空间事件发展有着正、反两方面经验教训。2003 年非典肆虐时,在社会恐慌中,政府借助大众传媒向社会通报疫情的真实发展和政府处理措施,以一种诚恳的态度将事件的核心信息传递出去,获得公众认可,赢得人民信任,成功地创造了化解危机的条件。相反,2011 年爆发的"郭美美事件"是一个足以对党和政府工作方式方法形成教训的案例。事件主角爆红网络之后,红会等相关职能部门行动迟缓,回应网民追问时躲躲闪闪、支支吾吾,网民在职能部门的态度上看不到"诚恳"二字,于是爆发"人肉搜索"等网络行为。等到红会领导人出来解释、澄清、表态时,网民对整个事件的看法已经基本成型,网民与政府职能部门之间的双向互动关系已出现断裂和冲突,公众已经由初始时对政府职能部门的期盼演变为对政府职能部门表态的拒绝和否定,政府职能部门权威和官员形象大打折扣,导致一个"郭美美事件"给红会带来巨大危害的严重局面。红会危机除了红会组织自身管理层面确实存在一定问题之外,"郭美美事件"带来的消极影响也是严峻的,事件中政府职能部门的反应是事件后果

---

① 段鹏:《政治传播:历史、发展与外延》,中国传媒大学出版社 2011 年版,第 212 页。

升级的重要因素。

2. 合理确定对网络媒体的监管内容和边界

诚恳的态度要外化为实际行动才能得到回应。网络空间民主参与对社会的积极作用显而易见：互联网提供的拓宽社情民意表达的渠道有利于扩大人民对国家和社会治理的广度和深度，有利于促进国家宪政文明的发展，有利于保障公民基本人权的实现，有利于促进政群关系的和谐发展，有利于维护社会稳定、有利于降低社会运行成本。① 党和政府既要监管网络，又要促进民众主动治理网络，在党和政府治理网络环境与民众主动净化网络生态二者的结合中，实现政府导向和公众导向合二为一。

（二）网络空间民主参与发展必须走一条网络空间民主参与和现实社会民主相结合的发展道路

网络空间民主参与发展必须与现实民主互动结合。网络空间民主参与作为虚拟空间参政议政行为，最终受制于现实社会经济基础和社会结构。现实社会经济基础和社会结构对民主的包容度，既决定着现实社会民主发展的程度和结构，也决定着网络空间民主发展的程度、结构和作用。网络空间民主参与作为一种新型民主形式，无法独立支撑一国政治发展。当代世界各国民主政治，都依托已经探索百年的实体民主政治制度。现实民主制度及其内涵的深度、广度，其健全程度和对新兴事物的容纳程度，决定着网络空间民主参与的作用内容、形式和作用程度、性质。说到底，网络空间的民主政治参与，是现实社会中的政治主体的政治参与；网络空间民主行为，归根到底是现实社会中的民主主体的民主行为。现实社会中的民主政治主体是客观存在的，虚拟空间的表达方式最终必将落脚到现实世界中，为现实世界行为主体实现意见描述、观点表达、诉求主张。这是网络空间民主参与发展要做到"虚实结合"的根源。

我国是共产党领导的社会主义国家，政府为实践党的领导宗旨服务。党的领导对象、政府行政服务对象，是我国国家权力的主体——人民。人民对党的领导和政府行为的要求都是现实的，尽管可能是通过网络虚拟空间发布出来的。虚拟空间民主参与，目标是实现现实社会主人翁地位和利益诉求。人民通过虚拟空间发布的对党和政府的要求必须落实到现实社会中才能达到。网络空间民主参与实践从最终要达到的目标看，都要落实到现实社会中来，这是网络空间

---

① 张恒山主编：《当代中国社会管理创新》，中共中央党校出版社 2012 年，第 135～139 页。

民主参与作为新技术支撑的民主形式获得生命力的重要原因。

我国网络空间民主参与是民主在虚拟空间运作的一种表现方式，新时代，伴随"网络强国"战略的推进，我国虚拟空间的民主依托现实民主，依据科学原则，借助科学发展方法，推进党领导人民治理国家有效健康发展，服务于党领导下的中国特色社会主义民主政治总任务，将为实现社会主义人民民主宗旨提供一项富有生命力的选择。

（三）提高实现网络空间民主参与与现实民主对接的政治智慧

面对网络技术对人类思想文化观念的深层渗透和对一国政治经济文化社会变迁的巨大影响，政党自觉成为政党现代化的必然要求。政党自觉要求党和政府在互联网挑战下转变执政思维，以政党智慧促进网络空间民主参与与现实民主对接。我国党和政府要顺应时代趋势，让新兴技术为民主政治体制的建设健全注入活力。要以一种动态心理对待网络空间民主参与，以深层次网络文化和网络议程设置引导网络舆论走向。

结束语

十八大以来，党和国家领导人多次强调人民对美好生活的向往就是我们的奋斗目标。十九大更是响亮地指出，中国共产党人的初心和使命就是为中国人民谋幸福，为中华民族谋复兴。实现党的奋斗目标，实现党的初心和使命，要求在新时代坚持和加强党的领导，不断提高党领导人民治理国家的能力和水平，要求党自身适应新时代中国发生的巨大转变，应对世情、国情和党情出现的新机遇和新挑战。在这些新机遇和新挑战中，互联网技术和依托互联网崛起的网络空间民主参与就是其中重要的构成要素。

中华人民共和国建立 69 年来，我国民主法制建设迈出了重大步伐，社会主义民主不断发展。当代我国社会主义民主政治建设取得的重大成就，互联网起了重要的技术支撑作用，网络空间民主参与对国家、政党、人民三者关系的构建有着重要的影响。在追求国家、政党和人民三者间形成更加和谐的关系时，网络空间民主参与是党和政府判断民意、汇集民智的重要途径，是党和政府传递正能量、推进现代国家治理体系建设进程的重要方式。随着时代的发展，伴随着我国网络强国建设进程的推进，网络空间民主参与在我国民主政治发展和社会治理体系中的重要价值，有待作更深入的思考和分析。

以往，我们在理论上认为，在制度化民主和非制度化民主的区分中，网络空间民主参与属于非制度化民主内容中的一项。综观当前我国网络空间民主参与在党领导人民治理国家发展过程中的地位、作用、方式和效果，它与中国以人民代表大会制度和政治协商制度等为特征的传统民主形式存在诸多不同，但它在党的领导和政府行政实践中也日益表现出制度化倾向，党和政府越来越重视发挥网络空间民主参与在推进党和政府决策民主化中的功能价值。对于推进我国社会主义民主政治发展而言，网络空间民主参与和我国传统的民主形式两者均不可或缺，都是推进我国民主政治建设进程的重要手段和方法，是坚持党的领导和人民当家作主有机统一的重要方式和渠道。

网络空间民主参与具有的积极作用并不意味着网络空间民主参与的负面影响可以被忽略。"数字鸿沟"现实存在，网络精英和网络专家的主导作用引人注目，网络全球化大发展趋势日益显现，这些因素都促使学界和政界高度关注网络空间民主参与积极作用背后的价值有限性问题。甚至有学者因网络空间民主参与的消极作用而对其提出质疑乃至否定。在我国网络空间民主参与发展的初级阶段，网络制度建设不足、网络伦理建设不够等因素造成的网络空间民主参与缺陷更是突出。如果我们把对民主政治的追求完全寄托到网络空间民主参与身上，那必然会失望。综合考量网络空间民主参与的积极作用与消极影响，明晰信息化成为现实经济政治生活中不可抗拒的一个重大现实，虽然中国社会主义民主政治的优越性和模式魅力远非网络空间民主参与所能替代、所能包容，但若因为网络空间民主参与的消极影响而否定或怀疑其积极作用似乎缺少一些辩证精神。我们应正视网络空间民主参与所具有的积极效应和有限性，全面统筹，既努力限制或化解网络空间民主参与所能导致网络社会混乱和网络暴力的可能性，维护网络社会秩序，促进网络社会健康有序发展，又能坚持正确导向和理性思维，引导网络社会稳步建设，推进网络空间民主参与良性发展，拓宽民主权益表达渠道，推动中国民主政治发展进程和现代国家治理体系建设在健康轨道上前进。

戈德斯通（J. A. Goldstone）曾说："社会运动有时会产生社会混乱和暴力，从而给国家带来许多问题。在社会抗议活动面前不能维持社会秩序的国家是无法长治久安的，但是严厉镇压社会运动的国家会丧失公民对国家的信任，而且有害于民主政治。"[1] 我国网络空间民主参与的发展，也须保持这种全面思维和积极态度，认清网络空间民主参与和我国传统民主形式在参与主体方面具有的重合性，明确两者民主参与实践的目标指向往往是同样的机构，民主参与实践的目标内容也往往具有一致性，清醒认识驾驭网络虚拟空间的民主要求必然最终落到现实政治制度中来的规律。

习近平总书记多次要求领导干部要学会上网了解民情民意，网络民意到了哪里，领导干部就应该到哪里。[2] 这是我们党实践全心全意为人民服务宗旨的

---

① [美] 杰克·戈德斯通主编：《国家、政党与社会运动》，章延杰译，上海人民出版社2009年版，"中文版序"第7页。

② 参见《习近平：领导干部要学会通过网络走群众路线》，人民网，http：//opinion. peo-ple. com. cn/n1/2016/0422/c1003-28295462. html，2016年4月22日。

科学理念，是一个具有自我革新精神的执政党的视野和胸怀。新时代，党具有推动协商民主广泛、多层、制度化发展的战略思维，具有培育多元化民主力量的战略眼光。实现网络空间民主参与与其他民主形式的协调互补，完成网络空间民主参与与现实民主对接，在"虚实"结合中实现社会主义民主政治的动态平衡发展，充分利用网络这种"很好的方式"，在"问政于民、问计于民"中学会利用互联网赋予民主的"摇摆不定性"加强党的领导，提高党领导人民治理国家的能力和水平，则新时代中国社会主义民主政治建设将会取得空前的伟大成就，中华民族伟大复兴的历史伟业将会平稳顺利向前推进。

参考文献

一、中文文献

（一）著作

《马克思恩格斯选集》第 1 卷，人民出版社 1995 年版。

《马克思恩格斯选集》第 3 卷，人民出版社 1995 年版。

《马克思恩格斯选集》第 4 卷，人民出版社 1995 年版。

《马克思恩格斯全集》第 7 卷，人民出版社 1959 年版。

《马克思恩格斯全集》第 11 卷，人民出版社 1995 年版。

《马克思恩格斯全集》第 46 卷（下），人民出版社 1980 年版。

《列宁全集》第 31 卷，人民出版社 1985 年版。

中共中央文献研究室编：《三中全会以来重要文献选编》（上），人民出版社 1982 年版。

中共中央文献研究室编：《十三大以来重要文献选编》（上），人民出版社 1991 年版。

中共中央文献研究室编：《十六大以来重要文献选编》（中），中央文献出版社 2006 年版。

中共中央文献研究室编：《十七大以来重要文献选编》（上），中央文献出版社 2007 年版。

《中国共产党第十七次全国代表大会文件汇编》，人民出版社 2007 年版。

《毛泽东选集》第 3 卷，人民出版社 1991 年版。

《建国以来毛泽东文稿》第 6 册，中央文献出版社 1992 年版。

《邓小平文选》第 2 卷，人民出版社 1994 年版。

《江泽民文选》第 3 卷，人民出版社 2006 年版。

江泽民：《全面建设小康社会　开创中国特色社会主义事业新局面》，人民出版社 2002 年版。

胡锦涛：《坚定不移沿着中国特色社会主义道路前进 为全面建设小康社会而奋斗》，人民出版社 2012 年版。

习近平：《决胜全面建成小康社会 夺取新时代中国特色社会主义伟大胜利》，人民出版社 2017 年版。

编写组：《学习十二届全国人大一次会议文件辅导》，中共中央党校出版社 2013 年版。

《中共中央关于全面深化改革若干重大问题的决定》，人民出版社 2013 年版。

《中国共产党第十八届中央委员会第四次全体会议文件汇编》，人民出版社 2014 年版。

《习近平谈治国理政》，外文出版社 2014 年版。

《习近平谈治国理政》第 2 卷，外文出版社 2017 年版。

金冲及主编：《毛泽东传（1893～1949）》，中央文献出版社 2004 年版。

赵春丽：《网络民主发展研究》，经济科学出版社 2011 年版。

郭小安：《网络民主的可能及限度》，中国社会科学出版社 2011 年版。

刘京希：《政治生态论——政治发展的生态学考察》，山东大学出版社 2007 年版。

胡泳等：《网络为王》，海南出版社 1997 年版。

胡泳：《网络政治》，国家行政学院出版社 2014 年版。

周淑真：《政党和政党制度比较研究》，人民出版社 2001 年版。

王韶兴主编：《政党政治论》，山东人民出版社 2011 年版。

李斌：《网络政治学导论》，中国社会科学出版社 2006 年版。

李民、李宏等：《领导干部如何应对大众传媒》，中共中央党校出版社 2008 年版。

王沪宁主编：《政治的逻辑：马克思主义政治学原理》，上海人民出版社 2004 年版。

段鹏：《政治传播：历史、发展与外延》，中国传媒大学出版社 2011 年版。

孙关宏、胡雨春、任军锋主编：《政治学概论》，复旦大学出版社 2008 年版。

陈方勐：《转型社会中的中国共产党》，中央编译出版社 2010 年版。

赵虎吉主编：《政治学基本问题》，中共中央党校出版社 2012 年版。

谢岳：《当代中国的政治沟通》，上海人民出版社 2006 年版。

王浦劬主编：《政治学基础》，北京大学出版社 1995 年版。

孟建、裴增雨编：《网络舆情的收集研判与有效沟通》，五洲传播出版社 2013 年版。

李忠杰主编：《中国共产党执政理论新体系》，人民出版社 2006 年版。

杨松菊：《中国共产党执政环境研究》，知识产权出版社 2010 年版。

杨绍华：《科学执政　民主执政　依法执政——中国共产党执政方式问题研究》，人民出版社 2008 年版。

编写组：《解读新党章》，中央文献出版社 2002 年版。

丁柏铨等：《执政党与大众传媒：基于党的执政能力建设的研究》，江苏人民出版社 2010 年版。

汪民安：《文化研究关键词》，江苏人民出版社 2007 年版。

高桂云：《网络媒体与党的执政能力建设》，中国社会科学出版社 2012 年版。

王学俭、张新平编著：《政治学原理新编》，兰州大学出版社 2006 年版。

刘文富：《网络政治——网络社会与国家治理》，商务印书馆 2002 年版。

项平：《公共网络舆情事件研究》，人民出版社 2012 年版。

邓正来：《导论》，见［美］杰弗里·亚历山大主编：《国家与市民社会：一种社会理论的研究路径》，上海人民出版社 2006 年版。

刘少奇：《对华北记者团的讲话》，见中国社会科学院新闻研究所编：《中国共产党新闻工作文件汇编》下册，新华出版社 1980 年版。

傅思明、李文鹏主编：《党政干部提升网络执政能力读本》，东方出版社 2013 年版。

［美］塞缪尔·亨廷顿：《第三波——20 世纪末的民主化浪潮》，刘军宁译，三联书店 1998 年版。

张春华：《网络舆情：社会学的阐释》，社会科学文献出版社 2012 年版。

马国钧：《中国共产党现代化建设论要》，中共中央党校出版社 2007 年版。

本书编写组：《跨入新世纪的行动纲领》，党建读物出版社 1997 年版。

高明勇：《微博问政的 30 堂课》，浙江人民出版社 2012 年版。

卢金珠：《微博问政》，东方出版社 2012 年版。

南都报系网络问政团队:《网络问政》,南方日报出版社 2010 年版。

刘上洋:《中外应对网络舆情 100 例》,百花洲文艺出版社 2011 年版。

俞可平等:《中国公民社会的兴起与治理的变迁》,社会科学文献出版社 2002 年版。

魏星河等:《当代中国公民有序政治参与研究》,人民出版社 2007 年版。

周宇豪主编:《政治传播学》,武汉大学出版社 2013 年版。

张恒山主编:《当代中国社会管理创新》,中共中央党校出版社 2012 年版。

袁峰:《网络反腐的政治学:模式与应用》,中央编译出版社 2012 年版。

麻宝斌:《中国社会转型时期的群体性政治参与》,中国社会科学文献出版社 2009 年版。

王惠岩主编:《政治学原理》,高等教育出版社 1991 年版。

《中共中央关于全面深化改革若干重大问题的决定》,人民出版社 2013 年版。

梁琴、钟德涛:《中外政党制度比较》,商务印书馆 2000 年版。

刘军宁:《从法治国到法治——政治中国》,今日中国出版社 1998 年版。

孙兰英:《全球化网络化语境下政治文化嬗变》,中国社会科学出版社 2010 年版。

高新民、张希贤主编:《中国共产党建设史》,中共中央党校出版社 2009 年版。

司马光:《资治通鉴》,中华书局 1956 年版。

雷厚礼:《中国共产党执政学》,人民出版社 2007 年版。

史达:《政府网络与网络政治:多维视角的研究》,东北财经大学出版社 2011 年版。

俞可平:《治理与善治》,社会科学文献出版社 2000 年版。

俞可平:《敬畏民意:中国的民主治理与政治改革》,中央编译出版社 2012 年版。

李培林、陈光金、张翼:《2017 年中国社会形势分析与预测》,社会科学文献出版社 2016 年版。

李培林、陈光金、张翼:《2018 年中国社会形势分析与预测》,社会科学文献出版社 2018 年版。

张晓峰、孙璐等编著:《传媒与政治》,中国传媒大学出版社 2014 年版。

李光斗：《总统战：奥巴马的政治营销》，新世界出版社 2012 年版。

韩松洋：《网权论：大数据时代的政治网络营销》，电子工业出版社 2014 年版。

［美］曼纽尔·卡斯特主编：《网络社会：跨文化的视角》，周凯译，社会科学文献出版社 2009 年版。

［美］曼纽尔·卡斯特：《网络星河：对互联网、商业和社会的反思》，郑波、武炜译，社会科学文献出版社 2007 年版。

［德］尤尔根·哈贝马斯：《交往与社会进化》，张博树译，重庆出版社 1993 年版。

［美］凯斯·桑斯坦：《网络共和国——网络社会中的民主问题》，黄维明译，上海人民出版社 2003 年版。

［美］弥尔顿·穆勒《网络与国家：互联网治理的全球政治学》，周程等译，上海交通大学出版社 2015 年版。

［英］约翰·诺顿：《互联网——从神话到现实》，朱平译，江苏人民出版社 2001 年版。

［美］布鲁斯·宾伯：《信息与美国民主：技术在政治权力演化中的作用》，刘钢等译，科学出版社 2010 年版。

［加］罗伯特·A. 海科特、威廉姆·凯偌尔：《媒介重构：公共传播的民主化运动》，李异平、李波译，暨南大学出版社 2011 年版。

［美］本杰明·巴伯：《强势民主》，彭斌、吴润洲译，吉林人民出版社 2006 年版。

［美］查尔斯·蒂利：《民主》，魏洪钟译，上海人民出版社 2009 年版。

［英］克莱格：《中国的全球战略：走向一个多极世界》，葛雪蕾、洪漫、李莎译，新华出版社 2010 年版。

［美］塞缪尔·亨廷顿：《文明的冲突与世界秩序的重建》（修订版），周琪等译，新华出版社 2010 年版。

［美］拉里·戴蒙德、理查德·冈瑟主编：《政党与民主》，徐琳译，上海人民出版社 2012 年版。

［美］马克·斯劳卡：《大冲突：赛博空间和高科技对现实的威胁》，黄锫坚译，江西教育出版社 1999 年版。

［英］查德威克：《互联网政治学：国家、公民与新传播技术》，任孟山译，

华夏出版社 2010 年版。

　　[美] 罗伯特·达尔：《论民主》，李柏光等译，商务印书馆 1999 年版。

　　[英] 戴维·冈特利特主编：《网络研究：数字化时代媒介研究的重新定向》，彭兰等译，新华出版社 2004 年版。

　　[美] 塞缪尔·亨廷顿：《变化社会中的政治秩序》，王冠华等译，上海人民出版社 2008 年版。

　　[美] 亨利·罗伯特：《罗伯特议事规则》（第 10 版），袁天鹏、孙涤译，格致出版社、上海人民出版社 2008 年版。

　　[美] 戴维·伊斯顿：《政治体系：政治学状况研究》，马清槐译，商务印书馆 1993 年版。

　　[德] 汉斯·萨克塞：《生态哲学》，文韬等译，东方出版社 1991 年版。

　　[美] 韦尔伯·斯拉姆等：《报刊的四种理论》，中国人民大学新闻系译，新华出版社 1980 年版。

　　[日] 增田米二：《资讯地球村》，游婉娟译，（台北）天下出版社 1994 年版。

　　[美] 阿尔文·托夫勒：《第三次浪潮》，朱志焱等译，新华出版社 1996 年版。

　　[英] 戴维·赫尔德：《民主的模式》，燕继荣译，中央编辑出版社 1998 年版。

　　[德] 哈贝马斯：《在事实与规范之间：关于法律和民主法治国的商谈理论》，童世骏译，三联书店 2003 年版。

　　[美] 科恩：《论民主》，聂崇信、朱秀贤译，商务印书馆 1988 年版。

　　[美] 埃瑟·戴森：《2.0 版数字化时代的生活设计》，胡泳、范海燕译，海南出版社 1998 年版。

　　[古希腊] 亚里士多德：《亚里士多德选集·政治学卷》，颜一编译，中国人民大学出版社 1999 年版。

　　[美] 李普曼：《公共舆论》，阎克文、江红译，上海人民出版社 2002 年版。

　　[美] 道格拉斯·霍姆斯：《电子政务》，詹俊峰译，机械工业出版社 2003 年版。

　　[英] 安德鲁·甘步尔：《自由的铁笼——哈耶克传》，王晓东等译，江苏人民出版社 2002 年版。

［美］杰克·戈德斯通主编：《国家、政党与社会运动》，章延杰译，上海人民出版社 2009 年版。

［美］加布里埃尔·阿尔蒙德、西德尼·维伯：《公民文化——五个国家的政治态度和民主制》，徐湘林等译，华夏出版社 1989 年版。

［美］布莱恩·琼斯：《再思民主政治中的决策制定》，李丹阳译，北京大学出版社 2010 年版。

（二）期刊文章及博士学位论文、网络文章、网站

迪莉娅：《关于西方电子民主》，载《中国信息界》，2006 年第 13 期。

毛寿龙：《网络民主的局限》，百度文库，2012 年 8 月 8 日。

侯彬：《试析"网络民主"特征及其对民主政治发展的影响》，载《中共云南省委党校学报》，2005 年第 1 期。

宋迎法、刘新全：《电子民主：网络时代的民主新形式》，载《江海学刊》，2004 年第 6 期。

王守光：《加强网络环境下民主执政对策研究》，载《理论学刊》，2009 年第 12 期。

张书林：《近年来民主执政问题研究综述》，载《人大研究》，2007 年第 12 期。

郑曙村：《互联网给民主带来的机遇与挑战》，载《政治学研究》，2001 年第 2 期。

郭小安、虞崇胜：《国外网络民主研究述评》，载《新视野》，2011 年第 5 期。

李永刚：《互联网与民主的前景》，载《江海学刊》，1999 年第 4 期。

赵宬斐：《西方政党发展现状及前瞻》，载《中国社会科学报》，2013 年 6 月 26 日。

谭国雄：《世界政党对互联网的运用与启示》，载《桂海论丛》，2005 年第 1 期。

马千山：《英国政党对互联网的应用》，载《中央社会主义学院学报》，2008 年第 2 期。

人民论坛问卷调查中心：《2010～2014 社会思潮动向调查分析报告》，载《人民论坛》，2015 年第 1 期。

邹国煜：《国外政党创新群众工作的方式方法》，载《理论导报》，2013 年第 5 期。

刘红凛、张垚：《深刻认识信息化对党的建设的影响》，中国共产党新闻网，2012 年 9 月 14 日。

《在十届全国人大四次会议记者招待会上　温家宝总理答中外记者问》，载《新华日报》，2006 年 3 月 15 日。

《胡锦涛在人民日报社考察工作时的讲话》，中国共产党新闻网，2008 年 6 月 21 日。

《温家宝：利用现代网络与群众交流是种很好的方式》，中国新闻网，2009 年 2 月 28 日。

《李长春在第八届中国公民道德论坛上的讲话》，中国青年网，2011 年 9 月 23 日。

《刘云山：切实做好新形势下的群众工作》，中国共产党新闻网，2011 年 12 月 16 日。

马奔、周明昆：《协商民主：概念、缘起及其在中国的运用》，载《中国特色社会主义研究》，2006 年第 4 期。

《图表：中国网民数量达 5.38 亿》，搜狐网，2012 年 8 月 16 日。

中国互联网络信息中心：《第 31 次中国互联网络发展状况统计报告》，2013 年 1 月 15 日。

杨雪梅：《中国网民更愿"发言"，网上论坛数量全球第一》，载《人民日报》，2008 年 1 月 4 日。

胡彬：《网民政治影响力正释放》，载《中国青年报》，2009 年 12 月 30 日。

胡伟：《网络民主：机遇与挑战——胡伟教授在上海交通大学的讲演》，厦门网。

喻国明：《中国传媒业三十年：发展逻辑与现实走势》，载《北方论丛》，2008 年第 4 期。

翟杉：《我国微博政治参与研究》，载《湖南社会科学》，2011 年第 6 期。

邵道生：《互联网式民主》，人民网，2003 年 9 月 24 日。

孙旭培：《舆论监督的必要性和可行性》，载《同舟共进》，1999 年第 7 期。

张国：《网络时代的政治生态：官员触"网"　贪官落"网"》，载《政府法制》，2009 年第 2 期。

邱思开：《发展电子党务　增强执政能力》，载《中共福建省委党校学报》，2005 年第 1 期。

法制网舆情监测中心：《网络实名举报案例分析研究》，人民网，2013 年 10 月 29 日。

《全国微博账号突破 13 亿》，载《人民日报》，2013 年 12 月 5 日。

《中国政务微博账号近 28 万　电子政务加快向农村延伸》，国家互联网信息办公室、中共中央网络安全和信息化领导小组办公室网站，2015 年 9 月 29 日。

《中国政府网联合多家网站启动网民为政府工作报告献策活动》，新华网，2015 年 1 月 22 日。

《中组部"12380"举报平台运行机制全解析》，新华网，2013 年 12 月 2 日。

《山东省市县组织部门开通 12380 短信举报平台》，新华网山东频道，2013 年 10 月 24 日。

《中国红十字会称"郭美美"与红十字会无关》，人民网，2011 年 6 月 22 日。

《中国红十字会坦言存在不足》，载《南方日报》，2011 年 6 月 29 日。

《赵白鸽：中国红十字会改革势在必行》，中国广播网，2012 年 8 月 2 日。

彭昊：《论网络围观的伦理意蕴》，载《网络财富》，2009 年第 11 期。

《［现象讨论］你为什么上网上议事厅?》，龙口网论坛，2013 年 8 月 16 日。

《黑客侵入成网络犯罪主流　网络立法严重滞后》，人民网，2004 年 7 月 12 日。

《我国已初步建立互联网基础管理制度》，新华网，2010 年 5 月 2 日。

《中纪委：建立网络舆情收集机制官员违法及时调查》，人民网，2013 年 12 月 5 日。

《近七成信访举报选择网络渠道》，载《京华时报》，2011 年 3 月 7 日。

《调查显示中国人最信任电视　国内媒体可信度胜海外》，中国新闻网，2013 年 12 月 21 日。

《江泽民同志视察人民日报社时的讲话》，载《人民日报》，1996 年 10 月 21 日。

笑蜀：《在游泳中学会游泳，在网络民主中锻炼参与理性》，载《南方周末》，2009 年 2 月 26 日。

唐明勇：《改革开放以来中国共产党的舆论引导：经验与启示》，载《江西社会科学》，2011 年第 11 期。

卢文华：《中国共产党民主执政研究》，中共中央党校 2006 年博士学位论文。

陈蔚：《中国共产党民主执政：理念、体制与运行机制研究》，南京师范大学 2008 年博士学位论文。

叶敏：《中国特色网络民主形态研究》，华东理工大学 2011 年博士学位论文。

邵岗：《网络时代中国政治沟通研究》，复旦大学 2012 年博士学位论文。

张欧阳：《网络民主的核心要素及现实效应理论分析》，吉林大学 2013 年博士学位论文。

罗扬：《网络的民主促进功能与局限》，西南政法大学 2013 年博士学位论文。

《想当美国总统，竞选标志得出彩》，载《河南日报》，2015 年 8 月 5 日。

《严查网游禁止内容，文化部公布 6 起典型案件》，载《新华每日电讯》，2018 年 1 月 24 日。

中国互联网络信息中心：第 1 ~ 41 次《中国互联网络发展状况调查》（1997 年 10 月 ~ 2018 年 1 月）。

人民网、中国共产党新闻网、新华网、中国青年网、中国互联网络信息中心、中国政府网、国家统计信息网、中国军网、山东省政府网、网易、新浪、搜狐网及其他多家大型门户网站文章资料。

［美］格里·斯托克：《作为理论的治理：五个论点》，载《国际社会科学》，1998 年第 3 期。

二、外文文献

［1］ Mark Poster, "Cyber Democracy: The Internet and the Public Sphere", in David Holms (ed.), *Virtual Politics: Identity & Community in Cyberspace*, Sage Publication, 1997.

［2］ Benjamin R. Barber, "Three Scenarios for the Future of Technology and Strong Democracy", *Political Science Quarterly*, Vol. 113, No. 4, 2001.

［3］ Martin Hagen, "Digital Democracy and Political System", in Kenneth Hacker and Jan Van Dijk (eds.), *Digital Democracy-Issue of Theory and Practice*, London: Sage, 2000.

[4] Peter Kollock, "Communities in Cyberspace", in Marc Smith and Peter Kollock (eds.), *The Economies of Online Cooperation: Gifts and Public Goods in Cyberspace*, London: Routledge, 1999.

[5] https://www. internetworldstats. com.

[6] http://www. whitehouse. gov/engage.

[7] Percy Smith, *Digital Democracy: Information and Communication Technologies in Local Politics*, Research Report, No. 14, London: Commission for Local Democracy, 1995.

后　记

　　十年前的阳春三月，在单位安排下，我到山东省委省政府信访局挂职锻炼半年，参与了网上信访和"省长信箱"部分工作，初步感受到互联网在国家和公民政治社会生活中的巨大魅力。2010年之后，伴随着国家信息化战略的部署，我国互联网发展迅猛，以互联网技术为依托的我国公民网络空间民主参与日益深入。作为一名党史党建理论课教员，我深切地感受到我们党执政所面临的重大环境变革，感受到党的领导地位和执政方式正面对崭新的环境变化。2011年，我成功申报了山东省社科规划研究项目"网络民主与中国共产党民主执政关系研究"课题，并于2012年将网络民主主题作为自己的博士论文选题确定下来，正式展开了学术研究。本书是以我的博士论文为基础，经过答辩之后又三年的沉淀、思考修改而成。2017年，借助中共山东省委党校"创新工程"良好契机，我申报"重大项目"并获成功立项，终使本书得以付梓出版。

　　从我对网络空间民主参与问题产生兴趣至今已有十年，回首这十年岁月，无论是工作、生活还是学业，确实是酸甜苦辣一言难尽。在这期间，我的人生由渐渐消逝的青春而步入中年。十年间，工作的倒逼之势加剧，生活的重任在肩，相比较而言，唯有学业能较多地受主观控制，并按照计划顺利完成，也算幸事。但博士学位的取得过程充满艰辛，从论文选题到论证开题，从论文撰写到修改答辩，这其中凝结着多少家人、师长和亲友的心血与关怀。如今掩卷，那些学术的困惑和思索的痛苦早已淡漠，只剩下缕缕白发在额头闪烁，而令人无法释怀的，还有那在寂寞岁月里来自亲友的温暖。

　　感谢山东大学的师长和朋友们！山东大学提供了一个严谨又活泼的学

术环境，汇聚了一大批学高身正的专家学者，吸引了一批朝气蓬勃的学子，聚集了一批尽职敬业的工作人员。感谢恩师崔桂田教授，近十年来，崔教授谆谆教诲，以他的学术热忱感染着我，以他的渊博学识激励着我，即便我早已从山东大学毕业，崔教授依然以一名师长的宽广胸怀，关注着我的学术成长，关注着我的点滴进步。感谢王韶兴教授、臧秀玲教授、张淑兰教授、蒋锐教授以及山东大学政治学与公共管理学院的其他老师们，他们无私地传道、授业、解惑，使我在攻读博士学位期间收益颇多。正是由于他们的辛勤劳动，我才得以顺利完成学业，并以更为自信的姿态坚守在工作岗位。感谢我的博士同学和同门师兄妹们，他们"斤斤计较"的学术争论、活泼细腻的朝夕相处，他们的一颦一笑一言一行，都成了我艰难求学时代的丰富滋养，陪伴我走过了一段酣畅淋漓的岁月。感谢中国书籍出版社编辑们的细致编校，使本书得以更好地出版。感谢所有人的辛勤劳动。

感谢同事们长期对我的支持和关心。自从我进入中共山东省委党校，就在单位的温馨氛围和同事们的热忱帮助下工作、生活、进步。学校的支持，教研部同志们的指导关心，成为我十余年来不断求索的强大动力。每一点进步尽管写着我一人的名字，却都饱含着指导关心我的每一位领导和同事的心血。真诚地感谢他们十年如一日的付出。他们的关注是我努力前进的动力，感谢他们十余年来给予我的温暖和关爱。

感谢身边朋友们带来的温暖和关怀。2008 年上半年挂职之后，从 2017 年下半年开始，按照单位安排，我又在山东省政协研究室进行了为期一年的挂职锻炼。两次挂职经历，给了我不同的工作体验，却让我感受到相同的人间温暖。挂职单位领导同志们的热情接纳，使我一到岗位就体会到发自内心的浓浓暖意；他们对工作认真严谨，一丝不苟，任劳任怨，又成了我工作的无限动力和激励。正是在他们的推动下，我才在挂职工作之余完成了本书稿的修改完善。感谢信访局的同志们，得益于他们的启发我才选择了此研究主题；感谢研究室的同志们，得益于他们的帮助我才完善了此研究主题并最终成书。

感谢我的家人，感恩来自家庭的爱和支持。无论工作还是生活，之所以有人能够一帆风顺，要风得风，要雨有雨，也有人会在经历艰难困苦之后不断成长，正因为有了来自家庭的爱和支持。感恩家人给予我的无私关爱。在我失望时懈怠时，是他们无私的爱给我继续下去的勇气；在我气馁时无助时，是他们无声的支持让我摆脱困扰重新振奋，勇敢坚强地一路走来。

感恩之余，想对书稿不足之处做些说明。学海无涯，学术研究亦无止境。此书不尽人意之处，已超越目前我的学术研究能力范围。囿于时间和精力，只能先以现在的样子呈现给大家，希冀读者朋友包容，以期来日修正补充。

刘树燕
2018 年夏于大明湖畔